Isa Schikorsky

Kurze Geschichte der Kinder- und Jugendliteratur

Die Autorin

Isa Schikorsky (Jg. 1954), Dr. phil., hat Germanistik, Geschichte und Pädagogik studiert. Sie arbeitete an einem Projekt zur Erforschung der historischen Kinder- und Jugendliteratur mit (ALEKI, Köln), war von 1998 bis 2005 als Dozentin für Kinder- und Jugendmedien an der FH Köln tätig und schrieb eine Biografie über Erich Kästner (dtv 1998). Zwischen 2003 und 2006 gehörte sie der Kritikerjury des Deutschen Jugendliteraturpreises an. Sie veröffentlichte zahlreiche wissenschaftliche Beiträge und Rezensionen zur Kinder- und Jugendliteratur und lebt als freie Autorin, Lektorin und Dozentin in Köln.

Weitere Informationen unter: www.Schikorsky.de

Isa Schikorsky

Kurze Geschichte

der

Kinder- und Jugendliteratur

© 2012, Isa Schikorsky, Köln (www.Schikorsky.de)
Titelbild und Umschlaggestaltung: Gerd Struwe, Köln
(www.biogenart.de)

Herstellung und Verlag: Books on Demand GmbH, Norderstedt

ISBN 978-3-8423-5133-2

Inhalt

Vorwort 7

Kapitel 1: Anfänge (1450–1750) 9
Wurzeln in Antike und Mittelalter 9 Tugend- und Anstandsliteratur
seit dem Humanismus 11 Tugendschriften für die weibliche Jugend 15
Werke zur Rhetorikerziehung 17 Religiöse Kinder- und Jugendliteratur 18
Anfänge der Sachliteratur:»Orbis pictus« 21 Unterhaltungslektüre: Fabeln,
Volksbücher, Ritterromane 22

Kapitel 2: Aufklärung (1750–1800) 26
Rousseau und die Folgen 26 Philanthropistische Kinderliteratur 27
Unterhaltungsschriften: Lieder, Almanache, Fabeln 28 ABC- und
Lesebücher 30 Sittenbücher 31 Ratgeber für die Jugend 33 Die Welt
entdecken: Sachliteratur 34 Kinderliterarische Geselligkeit 35 Der erste
deutsche Kinderbuch-Klassiker 37

Exkurs: Kindertheater und Kinderfilm 40

Kapitel 3: Romantik und Biedermeier (1790–1850) 43
Utopie und Kunst 43 Das»göttliche« Kind 43 Volkspoesie als
Kinderliteratur 44 Kunstmärchen 46 Herzens- und Gemütsbildung 47
Erste Bilderbücher 49 »Der Struwwelpeter« 50 Märchen und Sagen im
Biedermeier 51 Moralisch-religiöse Erzählungen 52

Kapitel 4: Tendenzen des Realismus (1830–1900) 55
Hinwendung zur Wirklichkeit 55 Wissen und Weltkenntnis 56
Geschichte im Dienst der Nationalerziehung 58 Der Realismus des Gustav
Nieritz 60 Ferne Welten im Abenteuerbuch 61 Die Sklavenfrage:»Onkel
Toms Hütte« 62 Begeisterung für Indianerbücher 63 Der ideale Deutsche:
Old Shatterhand 64 Vom trotzigen»Backfisch« zur perfekten Dame 65
Die unangepassten Kinder 68

Kapitel 5: Reformbewegungen um 1900 71
Das»Elend« der Kinderliteratur 71 Jugendstil und Kunstmoderne 73
Bilderbücher in der Nachfolge des Jugendstils 78 Anfänge des
Adoleszenzromans 79

Exkurs: Comics 83

Kapitel 6: Bis zur Weimarer Republik (1900–1930) 86
Furcht vor dem Untergang 86 Märchen und Fantastik 86 Wildgänse,
Rehe und andere Tiere 89 »Die Biene Maja« 92 Von Schatzsuchern und
Goldgräbern 93 Der »Kolonialroman« 94 Krieg als Abenteuer 96 Das
bürgerliche Familienmodell: »Nesthäkchen« 97

Kapitel 7: Neue Sachlichkeit und Sozialismus (1920–1932) 100
Bekannte Künstler und Dichter 100 Realistische Großstadt-
geschichten 103 Sozialistische Kinderliteratur 105

Kapitel 8: Nationalsozialismus und Exil (1933–1945) 108
Literaturlenkung 108 Literarische Erziehung zu Gemeinschaft und
Krieg 109 Fluchten in die kinderliterarische Provinz 112 Hoffnungen
und Utopien der Exilautoren 113

Kapitel 9: Nachkriegszeit (1945–1969) 116
Keine Stunde Null 116 Aufbruchstimmung 116 Neue Kinderbuch-
helden 117 Suche nach der »heilen Welt« 119 Die Erfolgsstory der
Enid Blyton 121 Ausbruch aus der Bilderbuchidylle 122 Fantastische
Zivilisationskritik 125 Zögerliche Vergangenheitsbewältigung 128

Kapitel 10: Die neue Aufklärung (1970–1978) 130
»1968« und die Folgen 130 Antiautoritäre Kinderliteratur 131
Konsequenter Realismus 132 Problembücher ohne Tabu 133
Auseinandersetzung mit der Vergangenheit 135 Umwelt entdecken im
Bilderbuch 136 Fantastik gegen den Zeitgeist 137

Exkurs: Die Kinder- und Jugendliteratur der DDR 140

Kapitel 11: Neoromantik und Postmoderne (1979–1997) 145
Rückzug ins Private 145 Fantastische Wende 145 Problembücher über
Zukunft, Gegenwart und Vergangenheit 148 Geänderte Familien- und
Mädchenbilder 150 Der psychologische Kinderroman 152 Jugendliteratur
in der Sinnkrise 154 Postmoderne Bilderbuchwelten 156

Kapitel 12: Grenzüberschreitungen (1998–2011) 159
Das Phänomen »Harry Potter« 159 Variationen fantastischer Leselust 160
Kinderliteratur als Markenerlebnis 162 Provokationen in der Jugend-
literatur 163 All Age – das Ende der Kinder- und Jugendliteratur? 165

Auswahlbibliografie 168

Vorwort

Pippi Langstrumpf und Emil Tischbein, Struwwelpeter und Winnetou – das sind vertraute Helden der Kindheit, mit denen man lachte und litt. Die Geschichte der Kinder- und Jugendliteratur steckt voller Erinnerungen und Entdeckungen. Dieses Buch bietet einen systematischen Überblick über die Entwicklung der erzählenden Kinder- und Jugendliteratur von den Anfängen im Mittelalter bis zur unmittelbaren Gegenwart. Daneben versteht es sich auch als Begleiter individueller Reisen in die literarische Vergangenheit.

Die Vielfalt des kinderliterarischen Gattungs- und Medienspektrums, das neben fiktionalen Texten wie Roman, Erzählung, Lyrik und Schauspiel auch das nichtfiktionale Sachbuch, Mischformen von Text und Bild wie Bilderbuch oder Comic sowie weitere Medien wie Kinderfilm, Hörspiel und elektronische Spielgeschichte einbezieht, zwang zu Auswahl und Beschränkung. Im Mittelpunkt steht die erzählende Kinder- und Jugendliteratur in Deutschland, übersetzte Werke wurden berücksichtigt, wenn sie spürbaren Einfluss auf die nationale Entwicklung hatten. Weitere Gattungen neben Romanen und Erzählungen für junge Leser werden punktuell angesprochen, zumeist im Zusammenhang mit besonderen Akzentsetzungen im Gesamtbereich der Kinder- und Jugendliteratur.

Kinder- und Jugendliteratur wird hier verstanden als Zielgruppenliteratur für etwa Sechs- bis Zwölfjährige (Kinderliteratur) bzw. Zwölf- bis Achtzehnjährige (Jugendliteratur). Was an literarischen Werken speziell für diese Altersgruppen geschrieben und verlegt wird, gilt als spezifische Kinder- und Jugendliteratur. Sie bildet sich etwa um 1750 heraus und steht von da ab auch im Zentrum der Darstellung. Für die Zeit davor spricht man von intentionaler Kinder- und Jugendliteratur. Darunter werden Werke des jeweiligen literarischen Gesamtspektrums begriffen, die Produzenten oder Vermittler als geeignete Lektüre für Kinder und/oder Jugendliche ausgewiesen haben.

Die Perspektive ist auf die innovativen Momente in der Entwicklungsgeschichte der Kinder- und Jugendliteratur gerichtet, und zwar insbesondere auf formale, sprachlich-stilistische und inhaltliche Neuerungen. Als Bezugssystem ist dabei neben literatur- und geisteswissenschaftlichen Koordinaten vor allem der pädagogische Kontext von entscheidender Bedeutung, denn die Kinder- und Jugendliteratur entwickelt sich stets abhängig vom Wandel des Kindheitsbildes, also abhängig von den wechselnden Vorstellungen und Ansichten darüber, was unter Kindheit zu verstehen und welche Bedeutung ihr für die Gesellschaft, die Familie oder den Einzelnen beizumessen sei.

Die so gekennzeichnete Sichtweise ist allerdings diejenige der erwachsenen Vermittlungs- und Bewertungsinstanzen, die nicht zwangsläufig mit den Lektürevorlieben der Zielgruppe übereinstimmt. Um diese Diskrepanz zumindest ansatzweise deutlich zu machen, werden verschiedentlich erklärte Lieblingsbücher von Kindern und Jugendlichen vorgestellt, auch wenn sie von ihrer literarischen Qualität her keinen Fortschritt für die Kinder- und Jugendliteratur bedeuteten.

Der Text dieses Buches erschien zuerst 2003 unter dem Titel »Schnellkurs Kinder- und Jugendliteratur« im DuMont-Verlag, Köln. Der Band ist seit einiger Zeit vergriffen, eine zweite Auflage nicht vorgesehen. Da ich aber feststellen konnte, dass weiterhin Interesse an einer knappen Einführung in die Geschichte der Kinder- und Jugendliteratur besteht, habe ich mich entschlossen, den Text des »Schnellkurses« in dieser überarbeiteten und aktualisierten Neuausgabe zu veröffentlichen.

Köln, Januar 2012
Isa Schikorsky

1. Anfänge (1450–1750)

Wurzeln in Antike und Mittelalter

Die Anfänge der deutschen Kinder- und Jugendliteratur lassen sich zeitlich nicht exakt bestimmen, doch reichen ihre Spuren zurück bis ins Mittelalter. Die ersten Bücher, die man Heranwachsenden in die Hand gab, waren Lehrbücher zur lateinischen Grammatik, Rhetorik und Dialektik, also zu den Fächern, die seit der Antike ganz am Beginn des wissenschaftlichen Unterrichts standen. Zu den elementaren Werken der Artesliteratur zählten Grammatiken wie die »Ars minor« und »Ars maior« (um 350; erste Drucke ab 1445) des Aelius Donatus ebenso wie Wörterbücher, Kommentare, Glossare und Rhetoriken. Sie ergänzten seit der Karolingischen Renaissance ab Ende des 8. Jhs. mündliche Formen der Unterweisung des Klerikernachwuchses durch Privatlehrer und Lehrer an Dom- und Klosterschulen.

Im Lateinunterricht, dessen doppelte inhaltliche Zielsetzung im Streben nach Gottes- und Selbsterkenntnis bestand, fanden auch Werke zur Vermittlung von Pflichten, Tugend- und Anstandsregeln – sogenannte Offizien-, Virtus- und Civilitasliteratur – Verwendung, die Heranwachsenden Orientierungshilfen für die Lebensführung bieten sollten. Das verbreitetste Sittenbuch des Mittelalters für Schüler war die Spruchsammlung »Disticha Catonis«, bekannt als »Der Cato«. Sie wurde von einem unbekannten Autor bereits im 3. oder 4. Jh. verfasst und kam 1487 zum ersten Mal in deutscher Übersetzung heraus. Das als Lehrgespräch zwischen Vater und Sohn gestaltete Buch verfolgte keinen bestimmten philosophischen Ansatz,

> **Artesliteratur** bezeichnet die in den Schulen und Universitäten des Mittelalters verwendete Fachliteratur. Wesentlichen Anteil daran hatten Werke zu den Artes liberales, den sieben Freien Künsten, die in der Antike entstanden und im Bildungswesen des Mittelalters Gegenstand der Grund- und Allgemeinbildung waren. Dazu gehörten sowohl das sprachliche Trivium (Grammatik, Rhetorik, Dialektik) als auch das mathematische Quadrivium (Geometrie, Arithmetik, Astronomie, Musiktheorie). Eine Ausbildung in diesen Fächern war Voraussetzung für das Studium der Theologie und später auch für das Studium der Medizin und Jurisprudenz.

sondern forderte zu klugem und gelassenem Handeln im Alltag auf. Wer die in schlichte Verse gekleideten Lebensmaximen, Klugheitslehren und Anstandsregeln beachtete, dem sollten Wohlstand, Glück und Zufriedenheit winken.

Neben die lateinischen Unterrichtswerke traten im Spätmittelalter deutschsprachige Lehrbücher für die höfische Jugend, die im Kontext einer sich verändernden Adelsgesellschaft entstanden. Nach 1200 wurde es nichtadlig Geborenen möglich, durch Herrschaftsdienste in Ämter am Hof zu gelangen und in die Ritterschaft aufgenommen zu werden. Doch konnte solch ein sozialer Aufstieg nur gelingen, wenn der Emporstrebende sich zuvor mit adligen Lebens- und Verhaltensweisen vertraut gemacht hatte. Die späthöfische Lehrdichtung in deutscher Sprache setzte mit »Der Welsche Gast« (1215/16) von Thomasin von Zerklaere ein. Das an die adlige Hofgesellschaft gerichtete Werk enthält ausführliche Anstandsregeln für Jugendliche am Hofe. Zur gleichen Zeit (zwischen 1210 und 1220) schrieb der »Winsbecke« (vermutlich ein Adliger aus Windsbach in Franken) ein Lehrgespräch zwischen Vater und Sohn, in dem ebenfalls die Grundregeln für das Verhalten in der höfischen Gesellschaft vermittelt werden.

Artes-, Virtus- und ritterlich-höfische Standesliteratur markierten die Anfänge der Kinder- und Jugendliteratur, aus denen sich nach dem Entstehen des Buchdrucks ab 1450 allmählich ein vielschichtiges und zunehmend verzweigtes Gattungsspektrum herausbildete, das allerdings noch lange eng auf die Allgemeinliteratur bezogen blieb. Die Zuweisung zur Kinder- und Jugendliteratur erfolgte üblicherweise aufgrund einer besonderen Erwähnung dieser Zielgruppen, zum Beispiel im Buchtitel, in der Vorrede oder der Zueignung, zumeist ohne dabei die Erwachsenen allgemein oder andere Adressaten (»das gemeine Volk«, Frauen, Einfältige usw.) auszuschließen. Da Kindheit und Jugend bis zum 18. Jh. nicht als eigenwertige Lebensphasen, sondern allein als Vorbereitungsphase auf das Erwachsensein

> **Offizien-, Virtus- und Civilitasliteratur** sind die lateinischen Bezeichnungen für Standes-, Tugend- und Anstandsliteratur, einer Gattungsgruppe, die Werke über Lebenspflichten, Lebensführung und soziales Verhalten sich selbst und anderen gegenüber zusammenfasst. Dazu gehörten vor allem Zucht- und Sittenbücher, Standes-, Anstands-, Klugheits- und Tugendlehren. Sie wiesen eine zunehmend weltliche Orientierung auf und waren hauptsächlich für die Privatlektüre gedacht.

verstanden wurden, nahmen auch Werke für Kinder und Jugendliche in der Anfangsphase nicht auf altersgemäße Interessen, Bedürfnisse oder Fähigkeiten Rücksicht, sondern entwarfen Modelle für zukünftige Rollen in Familie und Gesellschaft. Literatur für junge Leser diente stets der Belehrung. Da die Begriffe Kind und Jugendlicher teilweise synonym verwendet wurden, unterschied man auch nur sehr unscharf zwischen Büchern für Kinder und für Jugendliche, zwischen Schulbüchern und Büchern für die private Lektüre in den freien »Nebenstunden«. Die mögliche Leserschaft war auf einen privilegierten Kreis von Söhnen und Töchtern aus Familien des gehobenen Stadtbürgertums und des Adels begrenzt. Von den Menschen, die auf dem Lande lebten – immerhin etwa achtzig Prozent der Bevölkerung –, beherrschte kaum jemand das Lesen und Schreiben. Kenntnisse und Verhaltensweisen wurden dort in der Haus- und Dorfgemeinschaft durch mündliche Unterweisung oder direkte Anschauung erworben, nicht durch die Lektüre von Büchern.

Tugend- und Anstandsliteratur seit dem Humanismus

Einen ersten Aufschwung erlebte die Kinder- und Jugendliteratur während des Humanismus. Von Italien aus hatte sich die Bildungsbewegung, die sich an der Lebensphilosophie und dem Menschenbild der klassischen Antike orientierte, bis zum 16. Jh. in ganz Westeuropa verbreitet. Im Rückgriff auf die sprachlichen und literarischen Traditionen der Antike überwanden die Humanisten das heilsgeschichtliche christliche Denken des Mittelalters und stellten den Menschen in den Mittelpunkt ihres Denkens. Der Humanismus war auch eine pädagogische Reformbewegung. Erziehung sollte nicht mehr länger allein auf Gotteserkenntnis und Heilserwerb ausgerichtet sein, also nicht länger primär religiös definiert werden, sondern hatte das autonome, vernünftig handelnde Individuum im Blick.

Der wichtigste Vertreter des humanistischen Bildungsideals war der niederländische Gelehrte Erasmus von Rotterdam (1466–1536), der in zahlreichen Werken seine Kritik an kirchlichen Missständen und erstarrten Lehrpositionen formulierte und mit seinen historisch-philologisch orientierten Schriften wichtige Impulse für die Weiterentwicklung der Literatur gab. Erasmus' pädagogisches Programm gründete auf der Auffassung von der natürlichen Neigung

11

des Menschen zu moralischer Würde und Tugend. Doch bedurfte es für ihn der Erziehung, um die von der Natur vorgegebenen positiven Anlagen der Kinder zur Entfaltung zu bringen.

Da Tugend und Gelehrsamkeit gleichrangige Bildungsziele waren, kam im Humanismus neben der sprachlich-literarischen Bildung der moralisch-sittlichen Erziehung und der Gewöhnung an die Umgangsformen eine besondere Bedeutung zu. Deshalb ließ sich im 16. Jh. eine deutliche Zunahme der Werke zur Tugend- und Charakterbildung für Heranwachsende beobachten. Mit»De civilitate morum puerilium« (»Züchtiger Sitten zierlichen wandels und höfflicher Geberden der Jugent«; lat. 1530, dt. 1531) verfasste Erasmus die erste ausführliche und in verschiedener Hinsicht innovative Anstandsschrift des Humanismus. Sie war vornehmlich an Jugendliche aus dem Bürgertum adressiert und wurde häufig als Lesebuch im Lateinunterricht verwendet. Die für die Zeit ungewöhnlich systematische und konzentrierte Darstellung ließ die Schrift bald zum Referenzwerk für gesittete Umgangsformen avancieren. In sieben Kapiteln werden Anweisungen zum korrekten Benehmen in allen Lebenslagen gegeben: Erasmus geht ein auf die äußere Erscheinung und die Kleidung, das Verhalten in der Kirche, bei Tisch, gegenüber anderen, bei Spiel und Geselligkeit sowie im Schlafzimmer. Modern war auch, dass die Regeln ausführlich begründet wurden, damit die jungen Leser zu einem eigenen Urteil über deren Sinn gelangen konnten.

Das Gegenstück zu Erasmus' Anstandslehre legte Friedrich Dedekind (um 1525–1598) mit seinem»Grobianus« (lat. 1549, dt. 1551) vor. Weil, wie der Autor meinte, die Menschen eher Verbote als Gebote befolgten, formulierte er eine Verhaltenslehre in satirischer Form, die jede Benimmregel in ihr Gegenteil verkehrte. Sein Werk stand in der Tradition antiker Ethikvorstellungen (Aristoteles, Plato, Cicero) und nutzte mittelalterliche und humanistische Vorbilder für die parodistische Brechung und das satirische Widerspiel

Als wichtigste Leistungen von **Erasmus'** christlichem Humanismus gelten gemeinhin: Er erkannte die große Bedeutung der literarischen Originalquellen der Antike für die Weiterentwicklung von Kultur und Zivilisation. Mit seiner Kritik an den erstarrten Dogmen der Kirche trug er zur Vorbereitung der Reformation mit bei. Außerdem weitete er den Blick auf die Geschichte über das enge mittelalterliche Weltbild hinaus, trat gegen jede Form des Aberglaubens ein und propagierte den Friedensgedanken.

(zum Beispiel »Disticha Catonis«, Erasmus), aber auch die sogenannte Narrenliteratur (Sebastian Brants »Narrenschiff«, 1494; »Eulenspiegel«, 1515). Ziele solcher »Negativdidaxen« sind Selbsterkenntnis und Verhaltensänderung. In Dedekinds Werk wird der Tagesablauf des unmanierlichen Grobianus begleitet, der nur seinen eigenen Nutzen im Sinn hat, vom mittäglichen Aufstehen bis zum Hinauswurf der Gäste nach dem Abendessen. Im Mittelpunkt steht das Benehmen bei Tisch: Empfohlen wird unter anderem, sich zuerst die besten Stücke aus den Schüsseln zu nehmen, die Zähne zwischendurch mit dem Brotmesser zu reinigen und solange zu essen, bis man

> Der Begriff **Satire** bezeichnet literarische Texte, die sich in kritischer, mahnender, polemischer oder spöttischer Weise mit moralischen Verfehlungen oder gesellschaftlichen Missständen auseinandersetzen, in der Hoffnung, dadurch eine Besserung zu erreichen.

sich bis zum Platzen vollgestopft hat. Negative Vorbilder wie der Grobianus finden sich immer wieder in der Kinder- und Jugendliteratur, bekanntestes Beispiel ist sicher der Struwwelpeter.

Einen weiteren Höhepunkt erlebte die Virtusliteratur schließlich in der Phase der »galanten« Erziehung ab 1650. Im Zuge der Konstituierung der Territorialstaaten nach dem Dreißigjährigen Krieg gelangten humanistisch gebildete junge Adlige, aber auch Bürgerliche in staatliche Führungspositionen. Um die politischen, wirtschaftlichen und kulturellen Organisationsaufgaben bewältigen zu können, erwiesen sich die Muster klassischer Rhetorik als unzeitgemäß. Vorbildfunktionen übernahmen in sprachlicher wie zeremonieller Hinsicht die Höfe in Spanien und Frankreich. Den modernen »homo politicus« und »galant homme« interessierten lebenspraktische Fähigkeiten und ein sicheres Urteilsvermögen. Gelehrte Bildung war

> Als **Galantes Zeitalter** wird in der Literaturgeschichte die Übergangsphase vom Barock zur Aufklärung (ca. 1680–1730) bezeichnet. Angestrebt wurde eine Verbindung der höfischen Ideale des Adels mit den Interessen des aufstrebenden Bürgertums und der Beamten des absolutistischen Staates. Um dieses Ziel zu erreichen, benötigte man praktische Anweisungsbücher, die in großer Zahl und mit unterschiedlichen Akzentuierungen entstanden. Ein Beispiel ist die »Einleitung zur Zeremoniellwissenschaft der Privatpersonen« (1730) von Julius Bernhard von Rohr (1688–1742). Aus der Vorrede geht hervor, dass das Lehrbuch »jungen und erwachsenen Cavalieren eine sichere Anleitung« darüber erteilen wollte, »wie sie sich an Höfen und in der großen Welt manierlich zu bezeugen haben«.

zwar nicht unwichtig, doch Erfolg hatte nur, wer über vollendete Höflichkeit und gewandte Umgangsformen verfügte, und zudem das Komplimentieren und die Konversation perfekt beherrschte. Mit schmeichelhaften Formulierungen und freundlichen Gesten hoffte man, sein Gegenüber im eigenen Sinne beeinflussen zu können. Das nötige Wissen vermittelten Galanterie-, Komplimentier- und Konversationsbücher. Ungemein produktiv war in diesem Genre der Zittauer Gymnasialrektor und Rhetoriker Christian Weise (1642–1708), der in der Umbruchphase vom Barock zur Frühaufklärung viel genutzte, auf die Praxis bezogene Werke für junge Adlige und Bürgerliche schrieb. Weise verband humanistisch-gelehrte Bildungstraditionen mit höfischer Weltläufigkeit. Er wollte seine jungen Leser auf die Berufs- und Lebensbedingungen im Dienst des absolutistischen Staates oder der städtischen Kaufmannschaft vorbereiten. Sein Bildungsprogramm basierte auf Erfahrung, Klugheit und Selbsterkenntnis. Weises bekanntestes Werk für junge Leser war das Rhetoriklehrbuch »Der politische Redner« (1677). Im Politikverständnis der Zeit ging es um die Vermittlung von Techniken zur Durchsetzung individueller und staatlicher Machtansprüche mit persuasiven Mitteln, die auf einer genauen Einschätzung des Gegenübers beruhten. Weises Redelehre galt als Teil gesellschaftlicher Bildung und bezog sich auf die praktischen Bedürfnisse des bürgerlichen und höfischen Lebens. In »Der politische Redner« gibt er Anweisungen zur Gestaltung unterschiedlichster Reden für private und öffentliche Anlässe, die seinen Stilprinzipien Klarheit, Verständlichkeit und Anschaulichkeit entsprechen und auf eine emotionale Bewegung der Zuhörer abzielen. Seine besondere Leistung ist darin zu sehen, dass er Elemente der antiken Rhetorik (Cicero, Quintilian) wie Praxis-, Öffentlichkeits- und Adressatenbezug auf die deutsche Sprache übertrug.

Ein typisches Beispiel für das Zusammenspiel von Weltklugheit und höflichen Umgangsformen in der galanten Phase ist auch »Der getreue Hofmeister« (1703) des Juristen und Hofdichters August Bohse (1661–1742). Karrierebewusste junge Männer aus Adel und Bürgertum erfuhren hier, welche Tugenden, Fähigkeiten und Fertigkeiten sie benötigten, um sich »beliebt zu machen«. Tanzen, Fechten und Reiten gehörten ebenso dazu wie die modernen Fremdsprachen. Die Anleitungen zu standesgemäßer Lebensführung bezogen sich auf die typischen Lebensstationen: Studium, Kavaliersreise, Beruf und schließlich Heirat.

Zur Gattung der Standesliteratur gehören die Fürstenspiegel. Als berühmtestes Werk dieses Genres für Heranwachsende gilt »Die Abenteuer des Telemach« (1699, dt. 1700) des französischen Pfarrers und Hofmanns François de Salignac de la Mothe Fénelon (1651–1715), den Ludwig XIV. zum Erzieher seines Enkels und Thronfolgers ernannte. Fénelon wollte auf unterhaltsame Weise belehren und wählte deshalb Motive des Abenteuerromans wie spektakuläre Reisen, Schiffbrüche und Liebesromanzen als Rahmen für seine Unterrichtungen über fürstliche Gesinnung, die Kunst des Regierens und die gerechte Herrschaft. Inhaltlich bezog sich Fénelon auf Homers »Odyssee«. Telemach begibt sich in Begleitung der Göttin Athene, die die Gestalt des Mentors angenommen hat, auf die Suche nach seinem Vater Odysseus. Die Schilderung der aufregenden Reiseerlebnisse wird durch Gespräche und Prüfungen unterbrochen, die allesamt den Grundsatz veranschaulichen, dass tugendhaftes Handeln, besonders hervorgehoben werden Friedfertigkeit und Brüderlichkeit, immer belohnt wird. Fortschrittliche Ideen wurden in den abwägenden Betrachtungen der unterschiedlichen Staatsformen erkennbar: Der Mentor zeichnet das Ideal eines humanistischem Denken verpflichteten Fürsten ohne Prunk- und Herrschsucht, der stets das Wohl des Volkes im Auge hat. Mit seiner indirekten Kritik an der Regierung des »Sonnenkönigs« zog Fénelon sich dessen Zorn zu und wurde nach Cambrai verbannt. Der »Telemach« wurde zu einem Hauptwerk der frühen Jugendliteratur und fand nicht nur ein adliges, sondern auch ein bürgerliches Lesepublikum, das ihn als Moral- und Klugheitslehre rezipierte.

> Der Begriff **Fürstenspiegel** bezeichnet ein Werk der Offizienliteratur, in dem das Verhalten sowie die Aufgaben und Pflichten eines Herrschers thematisiert werden. »Spiegel« (lat. speculum) ist eine im Mittelalter gebräuchliche Bezeichnung für didaktische Literatur.

Tugendschriften für die weibliche Jugend

Bereits in der Frühzeit der Kinder- und Jugendliteratur gab es zahlreiche, zumeist von Lehrern oder Pfarrern verfasste Werke, die sich unter anderem oder ausschließlich an Mädchen oder junge Frauen wandten. Geschlechtsspezifische Unterschiede kennzeichneten insbesondere die Tugend- und Zuchtliteratur. Gewarnt wurde vor Schwächen, die als typisch weiblich galten: Prunksucht, Geschwätzigkeit, Eitelkeit und Faulheit. Dem wurden positive weibliche Rollenmodelle entgegengesetzt. Es ging darum, zur Keuschheit zu erziehen und auf die Aufgaben einer ebenso tugendhaften wie tatkräftigen Hausfrau und Mutter vorzubereiten. Im Zentrum zeitgenössischer Mädchenbildung standen die Vermittlung elementarer Kenntnisse im Beten, Schreiben und Singen sowie Unterweisungen in christlicher Lebens- und praktischer Haushaltsführung. Der Zugang zu gelehrtem Wissen blieb jungen Mädchen in der Regel verwehrt. Erst nach der Reformation nahm der Stellenwert weiblicher Bildung deutlich zu.

Als das erste ausschließlich für Mädchen geschriebene Werk gilt »Der Ritter vom Turn« (um 1371/72, dt. 1493) von Geoffroy Chevalier de Latour-Landry (um 1350). Die Exempelsammlung für junge Adlige wollte über Sitte, Anstand und Betragen belehren, enthielt daneben aber auch erbauliche und unterhaltende Elemente. Die Beispiele stammen zu einem großen Teil aus der Bibel, aber auch Predigt-, Volks- und Legendenliteratur wurden als Quellen genutzt. Das 1493 von Marquart vom Stein ins Deutsche übersetzte Werk hat die Form eines väterlichen Vermächtnisses an die Töchter. Anschauliche, teilweise auch sehr drastische Exempel in unsystematischer Folge illustrieren vorbildliches und fehlerhaftes Verhalten. Am Beispiel »böser« (zum Beispiel Eva, Lots Frau) und »guter« Frauen (zum Beispiel Sara, Rebekka) aus dem Alten Testament werden tadelnswerte Eigenschaften wie Hochmut, Neid und Habsucht Tugenden wie Keuschheit, Schamhaftigkeit und Bescheidenheit gegenübergestellt. Latour-Landrys Werk wurzelt in einer tiefen Religiosität, die alle Bereiche des Lebens ausfüllt. Propagiert wird das Ideal einer züchtigen und demütigen Frau, die, ganz in Gottes Willen ergeben, ihr Leben damit verbringt, sich auf das Jenseits vorzubereiten.

> **Exempelliteratur** ist eine Gattung der belehrenden Literatur, bei der die moralische Lehre durch eine Beispielerzählung in Form einer fiktionalen Geschichte, einer Fabel oder eines Gleichnisses veranschaulicht wird.

In der Nachfolge mittelalterlicher Exempelliteratur erlebte das Schrifttum zur weiblichen Tugendlehre um 1600 seine Blütezeit. Ein früher Beleg dafür ist Johann Bußlebens religiös-sittlicher Traktat »Jungfrauenspiegelein« (um 1570), der in Knittelversen über

Keuschheit, Frömmigkeit und Fleiß belehrt. Bekannt war auch »Der christlichen Jungfrauen Ehrenkränzlein« (1580) von Lukas Martini, in dem Blumen die weiblichen Tugenden symbolisieren.

Werke zur Rhetorikerziehung

Im Mittelpunkt humanistischer Pädagogik stand eine methodische Revision des Lateinunterrichts, die zu einer neuen Ausrichtung der Artesliteratur führte. An die Stelle des ungeschliffenen Kirchenlateins trat eine Rückbesinnung auf die unverfälschten Quellen der griechisch-römischen Kultur. Erasmus und anderen Pädagogen ging es um eine produktive Aneignung der antiken Literatur durch Lesen, Schreiben und Sprechen als Voraussetzung für Selbstfindung und Weltaneignung im humanistischen Sinne. In der Konversation sah man das beste Mittel zum Erlernen der klassischen Sprachen. Deshalb wurde im Humanismus die Rhetorik zur Leitdisziplin der Gelehrsamkeit. Mithilfe dialogischer Gattungen wie Schauspiel und Schülergespräch sollten junge Menschen auf spielerische Weise ihre Sprachkenntnisse perfektionieren und lernen, in flüssigem, elegantem Latein zu kommunizieren. Darüber hinaus trugen die Inhalte der Stücke aber auch zur Verfestigung moralisch-sittlicher und religiöser Grundsätze bei.

Die umfangreichste und populärste der zahlreichen Dialogsammlungen waren die »Colloquia familiaria« (»Vertraute Gespräche«, 1518–1533) des Erasmus von Rotterdam. Dem Ursprungswerk wurden bei Neuauflagen immer weitere Stücke hinzugefügt, bis es 1533 schließlich auf siebzig Dialoge angewachsen war. Der anfangs deutliche Bezug auf die Gepflogenheiten des Schüler- und Studentenlebens wurde in der Folge ausgedehnt: Es finden sich Gespräche über Glaubens- und Kirchenfragen, die Gräuel des Krieges, die Lebensführung des Adels, die Stellung der Frau und vieles andere mehr, sodass die gesamte Sammlung als Kompendium der politischen, religiösen und sittlichen Zustände der Zeit gelesen werden kann. Beteiligt waren Gesprächspartner unterschiedlichster Altersstufen, Berufsgruppen und Sozialschichten. Mit kritischen Bemerkungen zum Mönchstum, Fasten und zur Beichte machte Erasmus deutlich, dass ihm die innere Einstellung zum Glauben wichtiger war als eine bloß äußerliche Befolgung kirchlicher Rituale. Diese Positionen brachten ihm den Vorwurf der Häresie ein und hatten zur Folge, dass die »Colloquia familiaria« zeitweilig verboten wurden.

Die Sammlung richtete sich in erster Linie an Lateinschüler, die das angemessene sprachliche Verhalten in verschiedenen Szenen des Alltags lernen sollten, wobei es vor allem um die Vermittlung von Formeln, zum Beispiel Bitt-, Versprechens- oder Dankesformeln, sowie anderen festen Wendungen und Phrasen der Beredsamkeit ging. Die Gespräche werden häufig unterbrochen, um auf Varianten in Grammatik und Ausdruck hinzuweisen.

Religiöse Kinder- und Jugendliteratur

Den quantitativ größten Anteil an der frühen Kinder- und Jugendliteratur seit dem 16. Jh. hatten religiöse Lehr- und Erbauungsschriften, insbesondere Kinder- und Bilderbibeln, Sammlungen biblischer Geschichten, Katechismen, Lieder- und Gebetbücher. Die Entwicklung begann mit einer gewissen Verzögerung, denn die Kirche stand selbstständiger Lektüretätigkeit junger Menschen kritisch gegenüber, da sie um ihre Lehrautorität und ihr Deutungsmonopol religiöser Schriften fürchtete. Als sich jedoch weltliche Schriften für Heranwachsende immer mehr durchsetzten, verfassten christliche Autoren altersgemäße und der Frömmigkeit dienliche Werke.

Dieser Intention folgte der unbekannte Autor des »Seelentrostes« (um 1350, erste Druckfassung 1474), der verschiedentlich als erstes spezifisches Jugendbuch bezeichnet wird. Eingekleidet in die traditionelle Form eines Vater-Sohn-Gesprächs werden mehr als zweihundert Exempel zu den Zehn Geboten aufgeführt, ergänzt um Gebete, religiöse Betrachtungen und Erklärungen. Als Quellen dienen biblische Historien, Legenden und Sagen. Das Werk wollte sowohl belehren als auch unterhalten und den Grundsatz vermitteln, dass Gottes Gebot über allem anderen steht.

Die bereits von Erasmus angestoßene Kritik am Absolutheitsanspruch der Kirche, am Papsttum und der Bußpraxis ging nach Martin Luthers (1483–1546) Veröffentlichung seiner Thesen gegen den Ablasshandel in einen breiten christlichen Erneuerungsprozess über. Die kirchliche Reformation traf zusammen mit Emanzipationsbewegungen in der Bauernschaft, im Adel und im Stadtbürgertum am Beginn der Frühen Neuzeit. Die zunehmende Selbstständigkeit der Territorialherrschaften und der wirtschaftliche Aufschwung der Städte erforderten neue berufliche, vor allem juristische, verwaltungstechnische und kaufmännische Qualifikationen, die durch das System der von der Kirche unterhaltenen

Gelehrtenschulen nicht abgedeckt wurden. Vor diesem Hintergrund sind auch Luthers Forderungen nach einer weltlichen Schulaufsicht zu sehen. 1524 forderte er in einem Sendschreiben die Städte zum Aufbau eines Elementarschulsystems auf und erklärte Bildung damit zu einer öffentlichen Aufgabe.

In der religiösen Kinder- und Jugendliteratur ist Luther vor allem durch sein Werk »Der kleine Katechismus« (1529) präsent. Es steht im Zusammenhang mit seiner Grundüberzeugung von einem unmittelbaren Verhältnis des »sündigen Menschen« zu Gott ohne die Vermittlungsinstanz der Kirche. Des Weiteren kam darin Luthers Vorstellung zum Ausdruck, dass das religiöse Fundament für ein bewusstes, individuelles Christentum in der Familie zu legen sei. Dem entsprach die ursprüngliche Konzeption als Hausbuch. Es sollte dem Hausvater dazu dienen, Kinder und Gesinde zu unterrichten. Luthers Katechismus konnte sich gegen ähnliche Werke so erfolgreich durchsetzen, weil darin die Hauptstücke der reformatorischen Lehre in einer für Laien ebenso verständlichen wie knappen Form vermittelt wurden. Die prägnanten Erklärungen bezogen Alltagserfahrungen einfacher Leute mit ein. Im Mittelpunkt des »Kleinen Katechismus« stehen die drei Hauptstücke religiöser Belehrung: das Vaterunser, das Glaubensbekenntnis und die Zehn Gebote. Weitere Abschnitte behandeln die Sakramente der Taufe und des Abendmahls, außerdem sind Morgen- und Abendsegen, Gebete und eine Haustafel mit Bibelsprüchen abgedruckt.

> Es war **Martin Luthers religiöses Grundanliegen,** das Verhältnis zwischen dem Gläubigen und Gott neu zu definieren. Aus seiner Sündhaftigkeit kann sich der Mensch – so Luther – nicht aus eigener Kraft und auch nicht mit den Mitteln der Kirche befreien. Er ist vielmehr auf die Gnade Gottes angewiesen. Dem humanistischen Postulat Erasmus' von der Freiheit des menschlichen Willens schloss sich Luther nicht an, denn für ihn war diese Freiheit durch die Erbsünde aufgehoben.

Eine dezidiert katholische Kinder- und Jugendliteratur setzte sich in Deutschland erst nach Abschluss des Konzils von Trient (1563) mit seinen dogmatischen und reformerischen Erneuerungen durch. Wichtige Impulse zur Entwicklung eines konfessionellen Schul- und Bildungswesens und der Literatur gingen von Karl Borromäus (1538–1584) und Ignatius von Loyola (1491–1556), dem Gründer der »Gesellschaft Jesu«, aus. Die von ihnen beeinflusste katholische Literatur erhielt eine zunehmend konfessionelle Tendenz und richtete sich nicht nur gegen die übermächtige protestantische, sondern auch gegen die weltliche Literatur für Heranwachsende. Zum Vorbild für die in der Folgezeit entstehenden Kinderbibeln wurde Johann Hübners (1688–1731) im protestantischen Deutschland weitverbreitetes Werk »Zweymahl zwey und fünfzig auserlesene Biblische Historien« (1714), das zunächst im Unterricht von Latein- und Elementarschulen und als Hausbuch, später auch zur individuellen privaten Lektüre genutzt wurde. Hübner wollte gleichermaßen zu Gottesfurcht und Tugend erziehen. Er sah die Bibel als Geschichtsbuch an und wählte deshalb bevorzugt handlungsreiche, wirklichkeitsnahe Episoden aus, während er irrationale Wundergeschichten vernachlässigte. Die biblischen Gestalten des Alten Testaments wurden »verbürgerlicht« und in familiäre Kontexte gestellt. In deren Verhalten sollten die jungen Leser vorbildliche oder verwerfliche Muster für ihre eigene Lebensführung erkennen. Der zweite Teil der Kinderbibel erzählt - ebenfalls in realitätsbezogener Gestaltung - die Lebensgeschichte Jesu. Den Abschluss bilden Fragen zum Text, Lehren und gereimte Zusammenfassungen, die auswendig gelernt werden sollten.

Am Übergang zur Aufklärungszeit fand im deutschen Protestantismus eine religiöse Erneuerungsbewegung statt, die sich gegen das erstarrte Amtskirchentum wandte. Durch einen bewussten inneren Wandel sollte der Gläubige zur »geistlichen Wiedergeburt« gelangen, die ihn aus dem natürlichen Stand der Erbsünde in den Stand der Gnade erheben würde. Um dieses grundlegende Ziel pietistischer Gemüts- und Willensbildung zu erreichen, waren die ständige Hinwendung zu Gott im Gebet, stetige Selbst- und Seelenerforschung, aber auch unermüdlicher Fleiß und tätige Nächstenliebe notwendig. Das pädagogische Konzept, mit allem Tun die »Gottseligkeit« zu befördern, setzte August Hermann Francke (1663–1727) in den von ihm gegründeten Erziehungsanstalten in Halle um. In der protestantischen Kinder- und Jugendliteratur bewirkte der Pietismus eine enorme Zunahme von Gebets- und Erbauungsbüchern. Ein Beispiel dafür ist Johann Jakob Rambachs (1693–1735) »Erbauliches Handbüchlein für Kinder« (1734), das Schulkinder in der pietistischen Glaubenspraxis unterweist und ihnen unter anderem zeigt, wie über die Schritte der Sündenerkenntnis, Reue und Buße eine Bekehrung erreicht werden kann.

Anfänge der Sachliteratur: »Orbis pictus«

Im 16. Jh., dem Zeitalter der Entdeckungen und Erfindungen, als das ptolemäische Weltbild zerbrach und die modernen Naturwissenschaften entstanden, zeigten sich nach und nach die Schwächen eines Schulsystems, das gänzlich von den klassischen Sprachen dominiert wurde. Kritiker tadelten die Lebens- und Weltferne traditioneller Gelehrsamkeit sowie ihren Mangel an Systematik. Um den Erwartungen einer erhöhten rationalen Durchdringung von Alltag und Wissenschaft gerecht zu werden, forderten sie die Ausrichtung an einem neuen Bildungsideal. Ziel war es, von der abstrakten akademischen Lehre hin zu den Dingen selbst zu gelangen. Der eifrigste Verfechter dieser »Realienpädagogik«, der es um die Vermittlung nützlicher Kenntnisse und praktischer Fertigkeiten ging, war der Theologe Johann Amos Comenius (1592–1670).

Sein Elementarwerk »Orbis sensualium pictus« (1658) sollte den allerersten Zugang zum Wissen eröffnen. Der »Orbis pictus« gilt – je nach Sichtweise – als Ursprung des Sachbuchs oder des Bilderbuchs. Comenius' pädagogisches Programm prägten die Maximen Anschaulichkeit und Sinnlichkeit. Er war zudem einer der ersten Autoren, die altersspezifische Lernbedingungen berücksichtigten. Seine Methode sah vor, bei der Vermittlung des Stoffes vom Einfachen zum Komplizierten und vom Bekannten zum Unbekannten voranzuschreiten. Außerdem sollte der Anfangsunterricht in der Muttersprache stattfinden.

Diese Prinzipien sind im »Orbis pictus« berücksichtigt. In hundertfünfzig Kapiteln gibt Comenius einen »kurzen Begriff der ganzen Welt« als ein harmonisch geordnetes Ganzes. In der Gesamtstruktur des Werkes kommt seine Vorstellung von einer göttlichen Allordnung zum Ausdruck, die er in seinen pansophischen Schriften

---

Johann Amos Comenius (d. i. Jan Amos Komenský; 1592–1670) gilt als der wichtigste Vertreter eines erneuerten philosophischen Christentums im 17. Jh. Sein Hauptanliegen war es, die Trennung der verschiedenen Wissensbereiche zu überwinden und alles Wissen (von Gott, der Welt, den Wissenschaften) in ein universales System der Lehrbücher, Schulen, Wissenschaften und Gelehrten zu überführen. Pansophischen Vorstellungen folgend, begriff Comenius die Schöpfung als einen Prozess, der aus gestaltloser Einheit in Gott zur von Gott geschaffenen Mannigfaltigkeit der Welt und wieder zurück zu einer (höheren) göttlichen Einheit führte. Diese sah er in einem – seiner Überzeugung nach – unmittelbar bevorstehenden Friedensreich verwirklicht. Vor diesem Hintergrund ist Comenius' Forderung nach einer allumfassenden, enzyklopädischen Bildung zu begreifen.

thematisierte. Gott ist für den Theologen Comenius Ursprung und Ziel aller Dinge. Demgemäß handelt das erste Kapitel von Gott, es folgen Belehrungen über Erde und Himmel, Pflanzen- und Tierwelt, den Menschen, seine Umwelt, Berufe und Wissenschaften, bis mit dem abschließenden Kapitel zum Jüngsten Gericht dann der Ausgangspunkt wieder erreicht ist. Als Ersatz für die fehlende unmittelbare Anschauung sollten die zahlreichen Illustrationen dienen. Nummern verweisen von den abgebildeten Gegenständen auf ihre deutsche und lateinische Bezeichnung. Damit hatte Comenius einen innovativen Weg zur Wissensvermittlung vorgeschlagen: von der Anschauung zur mutter- und fremdsprachlichen Bildung.

Die Tradition des »Orbis pictus« wurde in den verschiedensten Varianten bis weit ins 19. Jh. hinein weitergeführt. Das Werk erfuhr zahllose Bearbeitungen und Nachahmungen, manche Autoren übernahmen nur den Titel, andere passten das Original immer wieder dem sich wandelnden Wissensstand an. Einer der letzten Titel in der langen Reihe der Neuausgaben war Jakob Eberhard Gailers »Neuer Orbis pictus für die Jugend« (1832).

Unterhaltungslektüre: Fabeln, Volksbücher, Ritterromane

Nur selten verfolgten Autoren in der Anfangsphase der Kinder- und Jugendliteratur didaktische Absichten über den Umweg der Unterhaltung. Traditionell war es die Gattung der Fabel, die wegen ihrer schematischen Erzählstruktur, ihrer Kürze und Prägnanz sowie der zumeist explizit formulierten Lehre als geeignete Lektüre für junge Leser angesehen wurde. In Deutschland standen am Beginn der literarischen Überlieferung der Fabel Bearbeitungen von Vorlagen des griechischen Dichters Aesop, der als Begründer der antiken Tierfabel gilt, obgleich seine historische Existenz zweifelhaft ist.

Im 14. Jh. stellte der Berner Dominikaner Ulrich Boner (ca. 1324–1349) die erste deutschsprachige Sammlung aesopischer Fabeln (»bispeln«) zusammen. Er nannte sein Werk »Der Edelstein«, weil es, wie er überzeugt war, manche wertvolle Weisheit enthielte. Diese berühmte Handschrift des Mittelalters wurde als erstes deutschsprachiges Buch 1461 in Bamberg gedruckt. Noch in der mittelalterlichen Form der Reimpaarfabel gestaltet, lassen sich die teils ernsten, teils komischen Taten der überwiegend tierischen Protagonisten gleichnishaft auf menschliche Schwächen und gesellschaftliche Zustände übertragen. Befördern wollte Boner mit den einfach und klar erzählten Beispielen die Klugheit im Handeln, für deren Erreichen in den abschließenden Lehren zuweilen mehrere Varianten angeboten werden. Auf Aesop beriefen sich in der Folge auch Martin Luther (»Etliche Fabeln aus Esopo«, 1557) und Burkhard Waldis (»Esopus«, 1548), der sich ganz ausdrücklich junge Mädchen und Knaben als Leser wünschte. Nach der Reformationszeit verlor die Fabel an Ansehen, erst die Aufklärung schenkte ihr wieder größere Aufmerksamkeit.

Unterhaltsame Züge kennzeichnen auch die Tierepen, deren verschiedene Überlieferungszweige bis ins 12. Jh. zurückreichen. Auch hier spiegeln die handelnden Tiere – oft in satirischer Weise – das Verhalten des Einzelnen und der Gesellschaft. Das in Deutschland populärste Werk dieses Genres, der 1498 gedruckte niederdeutsche »Reinke de Vos«, hatte altfranzösische und niederländische Vorbilder. Während der »Reineke« jedoch nicht für junge Leser konzipiert war, wandte sich Georg Rollenhagen (1542–1609) mit dem »Froschmeuseler« (1595) ausdrücklich an die studierende Jugend. Die erheblich erweiterte und veränderte Fassung des antiken Tierepos vom »Froschmäusekrieg« kann als komische Tierdichtung, als beißende Gesellschaftssatire und als Klugheitslehre für junge Menschen aufgefasst werden. In langen Gesprächen und Monologen räsonieren Mäuseprinz Bröseldieb und Froschkönig Baußback ebenso über die richtige Lebensführung wie über Formen der Staatsführung und über Sinn und Unsinn des Krieges. Auch der »Froschmeuseler« ist allegorisch zu deuten und will erzieherisch wirken. Rollenhagen wollte »mit lachen die wahrheit sagen«. Tiere mit witzigen, sprechenden Namen vertreten Positionen, die letztlich alle darauf abzielen zu zeigen, dass die göttliche

Den Begriff **Volksbuch** führte der Romantiker Joseph Görres für Schriften mit einer langen, variierenden Rezeptionsgeschichte ein, die einen vermeintlich volkspoetischen Ursprung hatten. In der Literaturwissenschaft hat sich dafür der Begriff »frühneuhochdeutscher Prosaroman« durchgesetzt, der die Abgrenzung vom mittelalterlichen Versroman deutlich macht. Bis ins 16. Jh. hinein sind die deutschen Prosaromane Bearbeitungen von fremdsprachigen Vers- oder Prosavorlagen, insbesondere aus der französischen Epik.

Mit **Ritterroman** bezeichnet man einen inhaltlich-stofflich bestimmten Romantyp. Dazu zählen etwa Prosaauflösungen mittelalterlicher Texte am Beginn der Frühen Neuzeit sowie Neuschöpfungen aus dem Geist der höfischen Dichtung (»Artusroman«).

Die **Grundmuster der Prosaromane der Frühen Neuzeit** ähneln einander sehr. In »Pontus und Sidonia« etwa wird mit dem Königssohn Pontus das Ideal des vollkommenen Ritters zu einer Zeit beschworen, in der die ritterliche Lebenswelt des Mittelalters längst im Untergang begriffen war. Pontus verliebt sich in die Königstochter Sidonia, der ebenfalls tugendhafte Grafensohn Peter in Warbecks Roman »Die schöne Magelona« in die Königstochter Magelona. Die Trennung der Liebenden, Flucht, abenteuerliche Erlebnisse, Prüfungen und Bewährungen in der Fremde und schließlich die durch unwahrscheinliche Zufälle herbeigeführten Happy Ends: das sind allesamt Motive, die diese und viele andere Werke der zeitgenössischen Erzählliteratur kennzeichnen und die bis ins 19. Jh. hinein Bestand hatten.

Ordnung absolut ist und jeder Versuch des Menschen, sie etwa durch Kriege oder einen Wechsel des Regierungssystems verändern zu wollen, Unheil bringt. Es gibt nur eine Möglichkeit: die Welt so zu akzeptieren, wie sie ist.

»Volksbücher« und »Ritterromane« gehörten seit ihrer Entstehungszeit im späten Mittelalter zu den beim Lesepublikum beliebtesten literarischen Gattungen. Obwohl bis zum Ende des 18. Jhs. die Kritik von Pädagogen und Theologen an den »unwahren« und deshalb »verderblichen« Romanen anhielt, begeisterten sich insbesondere Jugendliche für die spannenden Geschichten um Liebe und Abenteuer, die oft als billiger Massendruck auf grobem Papier veröffentlicht wurden. Bestseller der Frühen Neuzeit waren Prosaromane wie »Pontus und Sidonia« (dt. 1483) von Geoffroy Chevalier de Latour-Landry oder »Die schöne Magelona« (1535) von Veit Warbeck (um 1490–1534), die sich insbesondere an junge Adlige richteten. Ihnen sollte ein fiktionales Abbild einer ebenso tugend- wie lasterhaften Wirklichkeit präsentiert werden, das - trotz aller abenteuerlichen Ausschmückungen - letztlich auf eine belehrende Wirkung hin ausgerichtet war.

An Eigenständigkeit gewann der deutsche Prosaroman des 16. Jhs. durch den Colmarer Gerichtsschreiber Jörg Wickram (um 1505– vor 1562), der die populären Schemata mit neuen Inhalten verband. Zum ersten Mal in der Literaturgeschichte wurden von ihm die Lebenswelt sowie die Normen und Werte des Bürgertums im Roman thematisiert. Dem »Geburtsadel« stellte Wickram den »Leistungsadel« des Bürgertums gegenüber, der sich nicht durch seinen privilegierten Stand, sondern durch eigenes Können legitimierte. In »Der Goldtfaden« (1557) verhelfen einem Bauernsohn ausgeprägte Tugendhaftigkeit gepaart mit enormer Tüchtigkeit zum sozialen Aufstieg, zur Ehe mit einer Grafentochter und zur Herrschaft.

Die Überzeugung, dass für den Erfolg im Leben nicht die Herkunft, sondern die individuelle Leistung entscheidend ist, vertritt Wickram auch in seinem ausdrücklich an Jugendliche gerichteten Erziehungsroman »Der Jungen Knaben Spiegel« (1554), den er selbst als ein »schön kurtzwyligs Büchlein« bezeichnete. Formale Neuerungen sind in der Überwindung der Linearität traditionellen Erzählens zu sehen und im Verzicht auf den sonst üblichen Hinweis auf die historische Authentizität des Dargestellten. Im Konventionellen verbleiben dagegen die Gestaltung der Figuren und die Anlage der Handlung. Beides dient dazu, die pädagogischen Ziele des Autors zu vermitteln: Die konträren Biografien des tugend- und arbeitsamen Bauernsohnes Fridbert und des lasterhaften Rittersohnes Wilbald zeigen dem jungen Leser in Form eines Nachahmungs- und eines Abschreckungsmodells Muster für die eigene Lebensführung, als deren wesentliche Koordinaten Wickram den Erwerb umfangreichen Wissens, die Bereitschaft zur Anpassung an die gesellschaftliche Ordnung und den Willen zu sozialer Mobilität sieht.

2. Aufklärung (1750–1800)

Rousseau und die Folgen

Die Kernidee der Aufklärung bestand in der Annahme, dass der Mensch fähig sei, aus seiner »geistigen Dunkelheit« herauszutreten, durch systematischen Gebrauch der Vernunft zu fortschreitender Selbst- und Welterkenntnis sowie zu individueller Vollkommenheit zu gelangen, die ihm gesellschaftlich zweckmäßiges Handeln ermögliche. Diese optimistische Grundhaltung korrespondierte mit dem zunehmenden Selbstbewusstsein des Bürgertums im 18. Jh., das sich vom politisch führenden Adel zu emanzipieren begann. Die wachsende Durchlässigkeit der vormals starren Standesgrenzen und die damit verbundene Flexibilisierung der Lebensformen führten auch zu einem Wandel des traditionellen Kindheitskonzepts. Dazu kam die Erkenntnis vom prinzipiellen Unterschied zwischen Kindheit und Erwachsensein, den zuerst Jean-Jacques Rousseau (1712–1778) in seiner Schrift »Emil oder Über die Erziehung« (1762) formuliert hatte. In der Folge galt Kindheit nicht länger nur als Phase der Vorbereitung auf den Erwachsenenstatus, sondern erhielt einen Eigenwert. Kindern wurde eine Sonderstellung im sich herausbildenden bürgerlichen Familienmodell eingeräumt. Die Familie bot ihnen den Schonraum für eine ungestörte Entwicklung und – im Idealfall – eine repressionsfreie, von Liebe und persönlicher Zuwendung geprägte Erziehung. Allerdings verband sich damit zugleich eine Ausgrenzung aus der Sphäre der Erwachsenen. Kindliches Handeln galt von nun an nur noch als spielerisches Probehandeln ohne gesellschaftliche Konsequenzen.

> **»Aufklärung** ist der Ausgang des Menschen aus seiner selbstverschuldeten Unmündigkeit. Unmündigkeit ist das Unvermögen, sich seines Verstandes ohne Leitung eines anderen zu bedienen. Selbstverschuldet ist diese Unmündigkeit, wenn die Ursache derselben nicht am Mangel des Verstandes, sondern der Entschließung und des Mutes liegt, sich seiner ohne Leitung eines andern zu bedienen. Sapere aude! Habe Mut, dich deines eigenen Verstandes zu bedienen! ist also der Wahlspruch der Aufklärung.«
> *Aus Immanuel Kant (1724–1804), »Was ist Aufklärung?« (1784)*

Philanthropistische Kinderliteratur

Für die Entwicklung der Kinder- und Jugendliteratur waren die literarisch-philosophischen Ideen der Aufklärung insofern bedeutungsvoll, als sie die philanthropistische Pädagogik beeinflussten, die sich in der zweiten Hälfte des 18. Jhs. herausbildete. In Deutschland begeisterten sich die Philanthropisten (Menschenfreunde) um Johann Bernhard Basedow (1724–1790) für Rousseaus Thesen zur »natürlichen Erziehung«. Basedow entwickelte ein innovatives, auf die Natur der Kinder abgestimmtes pädagogisches Programm, das durch eine vernunftorientierte, praxisbezogene Erziehung die »Glückseligkeit« des Einzelnen und die »Gemeinnützigkeit« seines Handelns befördern wollte. Als Alternative zur lateinischen Schulgelehrsamkeit wurden neuartige Bildungsinstitute, sogenannte Philanthropine, gegründet, in denen aus jungen Menschen »Weltbürger« werden sollten. In Basedows 1774 in Dessau eröffnetem Institut zum Beispiel wollte man zu »Vertragsamkeit und Menschenfreundschaft« erziehen.

Neben Latein und Griechisch standen moderne Fremdsprachen (Englisch, Französisch), Mathematik, Naturwissenschaften und Technik auf dem Stundenplan, aber auch Garten- und Feldarbeit, Sport und Spiel waren von großer Bedeutung für die Ausbildung. Auf körperliche Züchtigungen wollte man verzichten, statt dessen sollte der Umgang zwischen Lehrern und Schülern von Liebe, Freundschaft und brüderlicher Zuneigung geprägt sein.

Bücher galten den Philanthropisten als unverzichtbare Hilfsmittel zur Umsetzung ihres Erziehungskonzepts. Allerdings forderten sie eine neue Literatur für junge Leser, die ebenfalls vom Kinde ausgehen sollte. Reformer wie Christian Gotthilf Salzmann, Christian Felix Weiße, Eberhard von Rochow und vor allem Joachim Heinrich Campe »erfanden« zwischen 1770 und 1790 gewissermaßen die moderne Kinderliteratur und prägten deren inhaltliches wie ästhetisches Profil. Sie waren darum bemüht, sich zu ihrem Publikum herabzubeugen, sich in Sprache und Gehalt kindlichen Erfahrungen und Erlebniswelten anzupassen und auf die Bedürfnisse und geistigen Fähigkeiten Heranwachsender Rücksicht zu nehmen. Die Kehrseite einer solchen »kindgemäßen« Literatur bestand in der Abtrennung von der Allgemeinliteratur. In der zweiten Hälfte des 18. Jhs. entstand die spezifische Kinder- und Jugendliteratur: Literatur, die bewusst für junge Zielgruppen konzipiert und produziert wurde, bildete in der Folge ein selbstständiges Segment des Literatursystems mit einem eigenen Markt und eigenen Institutionen.

Das Gattungsprofil der philanthropistischen Kinder- und Jugendliteratur, die fast durchgängig Belehrung mit Unterhaltung und »Nutzen« mit »Vergnügen« zu verbinden suchte, war zum einen durch eine Neuakzentuierung älterer Formen wie der Tugendliteratur oder der Fabeln gekennzeichnet. Darüber hinaus entstanden aber auch neue Genres, insbesondere zu kommunikativen, geselligen und unterhaltenden Zwecken, durch die sich das Gesamtspektrum der Kinder- und Jugendliteratur erheblich ausweitete. Hier ist vor allem auf Lieder, Spiel- und Beschäftigungsbücher sowie Zeitschriften hinzuweisen.

Unterhaltungsschriften: Lieder, Almanache, Fabeln

In der Zeit des Philanthropismus erschienen erstmals Bücher, die Kindern und Jugendlichen ausdrücklich zum Zeitvertreib und zur Unterhaltung dienen sollten. Damit waren jedoch pädagogische Zielsetzungen nicht ausgeschlossen. Nur standen die bis dahin dominierenden Belehrungen nicht länger aufdringlich im Vordergrund, sondern wurden eher beiläufig eingestreut oder erzählerisch eingebunden. Auch die Lehrmethoden selbst wandelten sich. Wissen sollte nicht mehr durch Drill und stures Auswendiglernen erworben, Verhalten nicht länger durch strikte Anweisungen oder körperliche Bestrafungen geändert werden. Gefordert wurde ein spielerisches Lernen, das Vergnügen bereitet. Sanktionen waren überflüssig, wenn die jungen Leser den zahlreichen positiven Vorbildern nacheiferten, die ihnen die Erzählliteratur bot. Vor allem Sammelwerke wie Lesebücher, Almanache, Anthologien und Zeitschriften bemühten sich um den Spagat zwischen unterhaltenden und moralisch belehrenden Zielsetzungen.

Eine inhaltliche Umgestaltung erfuhren Lieder, Gedichte und Reime. Bis zur Aufklärung lernten Kinder fast ausschließlich Volkslieder oder geistliche Lieder kennen. Weil diese Texte aufgrund ihrer langen mündlichen Überlieferung noch zahlreiche Elemente des Aberglaubens und der Volksfrömmigkeit enthielten, empfand der Schriftsteller Christian Felix Weiße (1726–1804) sie als so unpassend für Heranwachsende, dass er selbst moralische »Lieder für Kinder« (1767) dichtete, die sich wie Fabeln gleichnishaft auf konkrete Moral- oder Tugendlehren wie etwa Fleiß, Pflichtgefühl oder

Bescheidenheit hin ausdeuten ließen. Speziell an Kinder wandte
sich auch Christian Adolf Overbeck (1755–1821) mit »Frizchens
Lieder« (1781), die eher spiele-
risch gestaltet waren und noch

> Der Begriff **Anakreontik** bezieht
> sich auf den griechischen Dich-
> ter Anakreon und bezeichnet
> eine gesellig-scherzhafte Lyrik
> als Ausdruck einer sinnenfrohen,
> diesseitigen Lebenshaltung.

etwas vom tändelnden Stil der Anakreontik verrieten. Overbecks
Verse stellten die Empfindungen von Kindern deutlich in den Vordergrund, moralisch-didaktische Tendenzen traten dahinter zurück.

Rudolf Christoph Lossius (1760–1819) schließlich grenzte sich mit
seiner Sammlung »Lieder und Gedichte« (1787) von Weißes stren-
gem Moralismus ab, indem er die positive Wirkung der Poesie auf
»die Bildung des Verstandes und Veredlung des Herzens der Menschen« betonte. Er setzte auch neue ästhetische Akzente, denn er
wollte mit seinen Versen explizit zur Verfeinerung des literarischen
Geschmacks bei jungen Lesern beitragen. Zu diesem Zweck ahmte
er Gedichte der Allgemeinliteratur mit veränderten Inhalten für
Kinder nach.

Auch Joachim Heinrich Campe war zeitweilig bestrebt, Werke
der Gegenwartsliteratur für Kinder zugänglich zu machen. In den
Almanachen der »Kleinen Kinderbibliothek« (1779–1785), die jeweils zur Frühjahrs- und Herbstmesse erschienen, bot er für drei
verschiedene Altersstufen poetische Unterhaltung als angenehmen
und vergnüglichen Zeitvertreib. Campe wählte überwiegend Werke
der zeitgenössischen Belletristik aus, die sich auf die kindliche Erfahrungswelt bezogen, ein positives Menschenbild vermittelten,
das Alltagsleben in Stadt und Land thematisierten und der jeweiligen Jahreszeit entsprachen. Dabei scheute er sich nicht, auch Texte

---

Joachim Heinrich Campe (1746–1818) stammte aus Deensen bei Holzmin-
den. Er setzte sich intensiv für eine aufklärerische Kinder- und Jugendliteratur in Deutschland ein. Nach seinem Studium der Theologie war er unter
anderem Hauslehrer von Alexander und Wilhelm von Humboldt. Anschließend arbeitete er als Erzieher am Philanthropin in Dessau, später leitete
er sein eigenes Erziehungsinstitut in Hamburg. 1786 wurde Campe in das
Herzogtum Braunschweig berufen, wo er sich große Verdienste als Schulre-
former, Kinder- und Jugendbuchautor, Sprachforscher und Verleger erwarb.
Die Gesamtausgabe seiner Kinder- und Jugendschriften umfasst 38 Bände.
Außerdem gab er das pädagogische Grundlagenwerk »Allgemeine Revision des gesammten Schul- und Erziehungswesens« in 16 Bänden (1785–
1792) heraus. Aus der von Campe 1787 gegründeten »Braunschweigischen
Schulbuchhandlung« gingen die Verlage Westermann und Vieweg hervor.

anerkannter Dichter umzuarbeiten, damit junge Leser sie verstünden. Mit Gedichten, Liedern, Fabeln und Schauspielen beteiligten sich an diesen philanthropistischen Lesebüchern neben dem Herausgeber unter anderem Johann Wilhelm Ludwig Gleim, Christian Fürchtegott Gellert, Gottlieb Konrad Pfeffel, Christian Felix Weiße, Matthias Claudius und Christian Adolf Overbeck, aber auch Anna Luise Karsch und Karl Philipp Moritz. Die traditionsreiche Gattung der Fabel erlebte eine ungeahnte Blüte. Den Aufklärern galt sie als vollkommene Verwirklichung ihrer Vorstellung, auf poetische Weise moralischen Nutzen zu stiften. Bekannte Sammlungen wie die von Gellert (»Fabeln und Erzählungen«, 1746) oder Lessing (»Fabeln«, 1759) richteten sich gleichermaßen an Kinder wie Erwachsene. Beide Dichter führten theoretische Ansätze weiter, die Johann Christoph Gottsched bereits 1730 in seinem »Versuch einer Critischen Dichtkunst« formuliert hatte. Der Fabel sollte zusammen mit anderen didaktischen Gattungen ein fester Platz in der deutschen Poetik gesichert werden. Allerdings war eine solche Zuordnung von jeher umstritten gewesen, weil sich die Lehrdichtung nicht mit dem von Aristoteles formulierten poetischen Grundprinzip der Naturnachahmung (Mimesis) erklären ließ. Als sich nach 1770 die Geniebewegung mit ihrer Verweigerung jeder Regelfixierung in der Dichtkunst und der Favorisierung von poetischen Kategorien wie Erfindung und Originalität durchsetzen konnte, gerieten die didaktischen Gattungen in eine Außenseiterposition. In der Trias der »Naturformen der Dichtung« (Lyrik, Epik, Drama), die sich in der deutschen Klassik zum poetologischen System festigte, wurde die belehrende Literatur nicht mehr berücksichtigt. Sie fand – von Einzelbeispielen (zum Beispiel Kafka, Brecht) abgesehen – ihren Platz fortan in der Kinder- und Jugendliteratur.

> »Wenn wir einen allgemeinen moralischen Satz auf einen besondern Fall zurückführen, diesem besondern Falle die Wirklichkeit ertheilen, und eine Geschichte daraus dichten, in welcher man den allgemeinen Satz anschauend erkennt: so heißt diese Erdichtung eine Fabel.«
> Aus »Abhandlungen« (1759) von Gotthold Ephraim Lessing

ABC- und Lesebücher

Frühzeitiges Lesenlernen galt den Philanthropisten als notwendige Voraussetzung für die Erziehung zu rationalem Denken und

Handeln. Volksschulen übernahmen diese Aufgabe erst in geringem Umfang. Zwar hatten einige deutsche Staaten bereits im 17. Jh. die allgemeine Schulpflicht verfügt, doch von deren Durchsetzung war man noch weit entfernt. Deshalb erschienen zahlreiche, im Unterricht oder in der Freizeit zu nutzende ABC- und Lesebücher, die Fünf- bis Sechsjährige mit den Anfangsgründen des Lesens und Schreibens vertraut machen sollten. Nach dem Alphabet geordnet und durch – oft kolorierte – Bilder veranschaulicht, wurden die Buchstaben einzeln, in passenden Wörtern und kleinen Texten präsentiert. Gern vermittelten die Autoren damit zugleich erste moralische und zuweilen auch religiöse Lehren. So enthält etwa Christian Felix Weißes »Neues A, B, C, Buch« (1772) neben dem alphabetischen Teil noch »Leseübungen und Unterhaltungen« mit kurzen Sittenlehren, Gedenksprüchen, Erzählungen, Fabeln, Liedern und Gebeten. Neu war, dass die Stücke unterhaltsam gestaltet waren und damit dem aufklärerischen Grundsatz folgten, dass sich Aussagen zur Moral am besten durch Beispielerzählungen einprägten. Dieses Muster wurde später für das Schullesebuch übernommen. Karl Philipp Moritz (1756–1793), der mit seinem psychologischen Bildungsroman »Anton Reiser« (1785–1790) wichtige Impulse für die Entwicklung des modernen Roman gegeben hatte, stellte in seinem »Neuen A. B. C. Buch« (1790) nicht nur die großen und kleinen Buchstaben, die arabischen und römischen Zahlen auf illustrierten Tafeln vor, sondern wollte mit den beigefügten Texten über philosophische Grundbegriffe die Leseeleven zugleich im Denken schulen.

Sittenbücher

Werke, die eine Herz und Verstand gleichermaßen ansprechende sittlich-moralische Elementarbildung noch vor jeder religiösen Unterweisung vermitteln wollten, bilden eine zentrale Gattung der Kinder- und Jugendliteratur der Aufklärung. Die religiös motivierte Jenseitsorientierung früherer Sittenlehren hatte sich völlig auf Diesseitiges verlagert und die höfisch-ständische Ausrichtung war weitgehend einer bürgerlich-utilitaristischen gewichen. Wer den dreifachen Kreis der Pflichten gegenüber sich selbst, gegenüber anderen und gegenüber der Gesellschaft beachtete, durfte mit Glückseligkeit und Zufriedenheit rechnen und damit, das höchste Ziel aufgeklärter Sittlichkeit zu erreichen, nämlich als nützliches Mitglied der Gesellschaft anerkannt zu werden.

Im »Katechismus der Sittenlehre für das Landvolk« (1771) des Juristen Johann Georg Schlosser (1739–1799) geben »Abendgespräche« eines Gutsverwalters mit Dorfkindern und zahlreiche Beispielgeschichten den erzählerischen Rahmen ab für die sittlichmoralische Unterweisung. Schlosser vertrat in enger Anlehnung an Rousseau eine radikal »natürliche Denkart« und verzichtete deshalb gänzlich auf die zuvor übliche religiöse Begründung der Pflichten. Sittliches Handeln hatte für ihn ausschließlich einen direkten innerweltlichen Nutzen. Im Zusammenhang mit Rousseau ist auch die Adressierung an das »Landvolk«, speziell an dessen Kinder, zu sehen. Der ländlichen Bevölkerung wurde eine einfache und natürliche Denkungsart unterstellt, aufgrund derer sie Bemühungen um eine Verbesserung ihrer Vernunft und Sittlichkeit eher zugänglich sei als Menschen, die in der vermeintlich Sitten verderbenden Atmosphäre der Städte und Höfe lebten.

1777 unternahm es Joachim Heinrich Campe, Schlossers Werk für Kinder des gehobenen städtischen Bürgertums umzuarbeiten. Sein »Sittenbüchlein für Kinder ab etwa sechs Jahren aus gesitteten Ständen«, das »Sprache, Verstand und Empfindungen« schulen will, hält sich inhaltlich eng an die Vorlage, nimmt aber Rücksicht auf die unterschiedlichen Adressatengruppen. So unterließ es Campe, vor Rauferei und Trunksucht zu warnen, fügte aber unter anderem einen Passus über den Hochmut ein, ein Laster, das er offenbar eher bei den Bürgerkindern vermutete. Und während Schlosser seine Lehren durch Beispiele aus dem ländlichen und bäuerlichen Leben illustrierte, bevorzugte Campe Geschichten aus dem Kaufmannsmilieu.

> Die **Volksaufklärung** ist eine Erziehungsbewegung, der es darum ging, der bäuerlichen Bevölkerung auf dem Lande und den städtischen Unterschichten aufgeklärtes Denken und Handeln zu vermitteln und insbesondere durch Angebote zu praktischer Lebenshilfe gegen Aberglauben und bäuerlichen Traditionalismus anzukämpfen.

Zu den exemplarischen Kinderschriften des Philanthropismus zählt auch das »Moralische Elementarbuch« (1782/83) des Pfarrers Christian Gotthilf Salzmann (1744–1811), der zeitweilig am Dessauer Philanthropin tätig war und später eine eigene Erziehungsanstalt in Schnepfenthal gründete. Das »Elementarbuch« war als Lehrbuch für die erste Stufe des Religionsunterrichts für etwa sechs- bis achtjährige Kinder konzipiert. Es folgte Salzmanns Vorstellung von christlicher Erziehung, wonach bei Kindern zuerst ein Gefühl für Gott entwickelt werden müsse, bevor biblischer und katechetischer Unterricht wirksam werden könne. Anschauliche Geschichten sollten zunächst zur Gesinnungsbildung beitragen, die dann den Erkenntnisgewinn nach sich zöge. Auf diese Weise wollte Salzmann jedes Kind eher als durch Vorschriften dahin bringen, »daß es das Gute liebt und das Böse verabscheuet«. Im »Elementarbuch« sollte das Unterhaltungsbedürfnis der jungen Leser durch eine umfangreiche Rahmenerzählung aus dem Leben einer Kaufmannsfamilie und durch Beispielgeschichten aus dem kindlichen Erfahrungsbereich befriedigt werden. Gesteigert wurden Attraktivität und sinnliche Erfahrbarkeit des Textes durch mehr als sechzig Kupferstiche nach Zeichnungen von Daniel Chodowiecki (1726–1801), der berühmt war für seine realistischen und detailgetreuen Darstellungen des bürgerlichen Alltags.

Ratgeber für die Jugend

Mussten die Autoren von Sittenlehren für Kinder sich deren begrenzter intellektueller Auffassungsgabe anpassen, so war eine solche Rücksichtnahme bei den Werken für Jugendliche nicht mehr notwendig. Mit Vorliebe wählte man im 18. Jh. die Form des elterlichen Rates, in dem die zeitgenössische Vorstellung eines von Empathie und Vertrauen bestimmten Verhältnisses zwischen den Familienangehörigen deutlich wurde. Besonderes Ansehen genossen wiederum Publikationen aus der Feder des ungemein emsigen Joachim Heinrich Campe. Mit »Theophron oder der erfahrne Rathgeber für die unerfahrne Jugend« (1783) und – als weibliches »Gegenstück« dazu – »Väterlicher Rath für meine Tochter« (1789) veröffentlichte er zwei Jugendschriften, die sich in ihrer konservativen Tendenz von der Modernität seines kinderliterarischen Œuvres abheben. In beiden Werken folgte Campe dem Modell eines weisen und erfahrenen Vaters, der mit Ratschlägen seine Kinder vor den Gefahren bewahren will, die, Naturgewalten, Strudeln, Klippen oder wilden Tieren gleich, ihre Tugend und Glückseligkeit fortwährend bedrohen. Den männlichen Jugendlichen werden insbesondere Regeln für den Beruf und den Umgang mit anderen Menschen mitgegeben, junge Mädchen bereitet Campe auf ihre Rollen als »beglückende Gattinnen, bildende Mütter und weise Vorsteherinnen des innern Hauswesens« vor. Wie schon an anderen Stellen,

> »Die **Lesesucht** ist ein thörigter, schädlicher Mißbrauch einer sonst guten Sache, ein wirklich großes Uebel, das so ansteckend ist, wie das gelbe Fieber in Philadelphia; sie ist die Quelle des sittlichen Verderbens für Kinder und Kindes Kinder. [...] Verstand und Herz gewinnt nichts dabei, weil das Lesen mechanisch wird; der Geist verwildert an statt veredelt zu werden.«
> *Aus Johann Gottfried G. Hoche »Vertraute Briefe über die jetzige abentheuerliche Lesesucht« (1794)*

so wettert Campe auch hier gegen die »Lesewuth«, mit der sich, einer weitverbreiteten Meinung der Zeit zufolge, bevorzugt weibliche Jugendliche infizierten. Die häufige Lektüre von Romanen führe zu Empfindsamkeit und Schwärmerei, verursache Nervenkrankheiten und zerrütte schließlich Ehe und Familie. Campe gab in diesen Ratgebern den aufklärerischen Grundsatz von der Gleichheit aller Menschen zugunsten einer traditionellen Rollenfixierung auf, die weit über das 19. Jh. hinaus Bestand hatte.

Die Welt entdecken: Sachliteratur

Nach zunächst singulären Erfolgen wie Comenius' »Orbis pictus« erlebte die Sachliteratur im Zeitalter des Rationalismus ihren endgültigen Durchbruch. Im 18. Jh. wurden zum letzten Mal Versuche unternommen, die Gesamtheit des Wissens systematisch zu ordnen und für eine universale Weltaneignung bereitzustellen. Deutlich zeigte sich das an den umfangreichen Enzyklopädien des Jahrhunderts. Den Höhepunkt der Entwicklung bildete das von Denis Diderot und Jean Le Ronde d'Alembert herausgegebene fünfunddreißigbändige Universallexikon »Encylopédie ou Dictionnaire raisonné des sciences, des arts et des métiers« (1751–1780). Davor hatte in Deutschland bereits Johann Heinrich Zedler sein achtundsechzig Bände umfassendes »Grosses vollständiges Universal-Lexicon Aller Wissenschaften und Künste« (1732–1754) vorgelegt. In diesem Kontext ist auch die Entwicklung der Sachliteratur für Kinder und Jugendliche in der Phase der Aufklärung zu sehen. Behandelt wurden alle Gebiete der Wissenschaften, Handwerke und Künste bis hin zu exotischen Gegenständen und Kuriositäten. Im Unterschied zu den Lexika für ein allgemeines Publikum zeichneten sich diejenigen für Heranwachsende durch lebendige und unterhaltsame Darstellungen aus. Ein solches »Amüsiermittel« für die Kinderstube legte Friedrich Justin Bertuch (1747–1822) mit seinem »Bilderbuch für Kinder« (1790–1830) vor. Schon der Umfang: zwölf Bände mit mehr als sechstausend Abbildungen auf fast 1200

Tafeln, verweist auf den enzyklopädischen Anspruch des Werkes. Die sachgerechten, auf das Wesentliche konzentrierten Illustrationen zeigen Bekanntes und Aktuelles, aber auch Fremdes und Seltenes. Bertuchs Bilderbuch hatte kaum etwas mit der älteren Sachliteratur gemein, denn es wollte zur selbstständigen, kreativen Beschäftigung anregen, beispielsweise zum Ausschneiden und Kolorieren der Bilder. Um den Unterhaltungswert zu erhöhen, wurde ganz bewusst darauf verzichtet, die immense Stofffülle zu systematisieren. Der Betrachter sollte selbst auf Entdeckungsreise gehen und beim Blättern immer wieder auf neue und unerwartete Dinge stoßen. In gleicher Weise den Prinzipien der Anschaulichkeit und ungeordneten Mannigfaltigkeit verpflichtet war die »Neue Bilder Gallerie für junge Söhne und Töchter« (1794–1812), eines der bedeutsamsten enzyklopädischen Werke für junge Leser. Daniel Rumpf (1766–1839) und Carl Lang (1766–1822) stellten in fünfzehn Bänden Artikel zu fast allen Gebieten menschlichen Wissens zusammen, mit denen sie zu einem aufgeklärten Verhältnis zur Natur und zur wissenschaftlichen Erkenntnis beitragen sowie Vorurteile und Aberglauben abbauen wollten. Auch Johann Bernhard Basedow (1724–1790) hatte sich bei der Konzeption seines »Elementarbuchs für die Jugend« (1770) von dem Gedanken leiten lassen, Kindern und Jugendlichen die Gesamtheit menschlicher Erkenntnis, von den Realien bis zu moralischen Erörterungen, zu vermitteln. Zusammen mit methodisch-didaktischen Anleitungen für Eltern und Erzieher und einem Sammelband mit Abbildungen entstand so eine »Elementarische Bibliothek«, ein groß angelegtes Projekt, das Basedow mit der Unterstützung vieler »Sponsoren« verwirklichen konnte.

Kinderliterarische Geselligkeit

Neue Gattungen brachte die Kinder- und Jugendliteratur nach 1750 insbesondere in den Bereichen hervor, in denen Kommunikations- und Geselligkeitsformen der bürgerlichen Öffentlichkeit Eingang in die Kinderwelt fanden. Dazu gehörten insbesondere Gymnastik-, Bastel- und Beschäftigungsbücher. Das erste pädagogisch fundierte Spielebuch gab Johann Friedrich GutsMuths (1759–1839) heraus, der als Lehrer an der Salzmannschen Erziehungsanstalt in Schnepfenthal tätig war. Er erfasste über hundert »Spiele zur Uebung und Erholung des Körpers und Geistes« (1796), die ihm als probates

Mittel gegen Langeweile und sinnvolle Form der Freizeitgestaltung galten. GutsMuths Anleitungen wirkten im Übrigen auch nachhaltig auf die weitere Entwicklung des Kinder- und Schulsports ein. Zwar betonten die Philanthropisten immer wieder die Freiheit und Ungebundenheit des kindlichen Spiels, doch konnten sie der Versuchung nicht widerstehen, über inhaltliche Vorgaben aufklärerisches Denken zu fördern. Das zeigt zum Beispiel Johann Gottlieb Schummels (1748–1813) beliebte dreibändige Sammlung »Kinderspiele und Gespräche« (1776–1778). Schummel ging von einer natürlichen Spiellust bei Kindern aus, die er mit Gesellschafts- und Wissensspielen, kleinen Szenen, Dialogen und Schauspielen auf unterhaltsame Weise befriedigen und zugleich mit mancherlei sachlicher oder moralischer Unterweisung verbinden wollte. Da sollten Tierbilder erklärt und Tugenden erraten oder Lobreden auf den Aufklärungsdichter Gellert gehalten werden. Mit der Kombination von angenehmem Zeitvertreib und spielerischen Formen des Lernens entsprach Schummels Werk ganz der zeitgenössischen Pädagogik.

Christian Felix Weiße übertrug das Prinzip der Moralischen Wochenschriften auf die Kinderliteratur. »Der Kinderfreund« (1776–1782), nicht die einzige, damals aber bekannteste Zeitschrift speziell für junge Leser, sollte Kinder frühzeitig zum rationalen Diskurs befähigen. Die Beiträge waren eingebunden in ein Rahmenkonzept, das dem liberalen Erziehungsmodell der bürgerlichen Kleinfamilie entsprach, wie es sich in diesen Jahrzehnten durchsetzte. Im Mittelpunkt steht der selbstlose Vater »Mentor« (nach dem Vorbild von Fénelons »Telemach«), der ausschließlich das Wohlergehen und die Bildung seiner Kinder im Sinn hat. Neben den vier Geschwistern zählen noch einige Freunde des Hauses und – eher am Rande – die Mutter zur Familie. Jede Figur verkörpert einen spezifischen Charakter und eine andere Denkweise. In den oft durch die Interessen oder Beobachtungen der Kinder angestoßenen Gesprächen, aber auch in Liedern, Gedichten, Erzählungen, Briefen, Rätseln, Märchen und Schauspielen werden Sachthemen aus Naturkunde, Geografie und

> **Moralische Wochenschriften** waren ein Zeitschriftentyp der Aufklärung für das gebildete Bürgertum, in dem nach englischem Vorbild Themen aus dem bürgerlichen Alltag, dem religiösen und gesellschaftlichen Leben, der Sprache und der Literatur behandelt wurden. Ihre literarhistorische Bedeutung lag in der Förderung weltlicher Literatur durch Leseempfehlungen und literarische Darbietungsformen.

Volkskunde behandelt, Anregungen zur Bildung des Kunst- und Literaturgeschmacks gegeben, vor allem aber Werte wie Tüchtigkeit, Ehrlichkeit, Rechtschaffenheit, Genügsamkeit und Wohltätigkeit herausgestellt. Diesem originär bürgerlichen Tugendkanon kam eine sozialintegrative Bedeutung zu, weil durch ihn junge Menschen zu nützlichen Mitgliedern der Gesellschaft geformt werden sollten. Politisch jedoch verharrte der »Kinderfreund« in einer affirmativen Grundhaltung, denn trotz gelegentlicher Adelskritik wurde der Ständestaat selbst nicht in Frage gestellt. Die »Kinderfreund«-Literatur wurde im 19. Jh. unter stärkerer Betonung des Unterhaltungsaspekts fortgeführt.

Kommunikation war ein Zauberwort der Aufklärung: Man traf sich zum Gespräch in Salons und Kaffeehäusern, und wenn man nicht persönlich miteinander reden konnte, schrieb man Briefe. So ging das 18. Jh. auch als das Jahrhundert des Briefes in die Kulturgeschichte ein. Diese Ausdrucksform bürgerlicher Gesellschaft fand ebenfalls Eingang in die Kinderliteratur. Briefsteller für Heranwachsende, in denen Regeln und Muster für die Abfassung von (meist offiziellen) Briefen zusammengestellt waren, gab es bereits seit Längerem. Ein Novum stellte jedoch August von Rodes (1751–1837) »Briefwechsel einiger Kinder« (1776) dar, denn das Büchlein wollte mehr sein als eine Anleitung zum Briefeschreiben und zur Sittlichkeit. In diesem frühen Beispiel für unmittelbares Erzählen aus Kinderperspektive kommunizieren die Mädchen und Jungen miteinander über ihre Beschäftigungen, Vergnügungen, Lektüren, Reisen und Freunde. Es fehlt der sonst in der Kinderliteratur allgegenwärtige erwachsene Erzähler oder Moderator, der für gewöhnlich die Gespräche und Handlungen der Figuren kommentierte, lenkte und kontrollierte. Von Rode ging so weit, absichtlich Fehler in die fingierten Briefe einzufügen, damit sie authentisch wirkten und den Eindruck erweckten, sie seien »ganz im Geiste der Kinder geschrieben«. Modern ist dieses Erzählkonzept auch insofern, als die didaktischen Intentionen innerhalb der Gruppe der Kinder selbst vermittelt werden.

Der erste deutsche Kinderbuch-Klassiker
Die verschiedenen Tendenzen der Aufklärungszeit kulminierten in einem Werk, das wegen seines ungemein großen Erfolgs zum ersten Bestseller und aufgrund seines enormen Einflusses auf die

weitere Entwicklung des Genres zum ersten Klassiker der deutschen Kinder- und Jugendliteratur wurde. Von Joachim Heinrich Campes »Robinson der Jüngere« (1779/80) erschienen mehr als hundert rechtmäßige Ausgaben. Es ist bis heute im Buchhandel erhältlich und wurde in fünfundzwanzig Sprachen übersetzt. Als Vorlage diente der weltberühmte englische Abenteuerroman »Robinson Crusoe« (1719) von Daniel Defoe, in dem Rousseau die ideale Umsetzung seines Modells einer natürlichen Erziehung erblickt hatte. Zwar stimmte Campe dieser Auffassung grundsätzlich zu, doch fand er die »bis zum Ekkel gezerte, schwerfällige Schreibart« des Originals für Heranwachsende ungeeignet und war deshalb bestrebt, durch seine Adaption des Stoffes den Prototyp eines aufklärerischen Kinderbuches im Rousseauschen Sinne zu schaffen. Die Handlung entsprach nur in groben Zügen der Urschrift: Der siebzehnjährige Robinson, bei Campe verwöhnter Spross einer Hamburger Kaufmannsfamilie, reißt von zu Hause aus, nimmt an mehreren Seereisen teil, erleidet Schiffbruch und kann sich als einziger Überlebender auf eine einsame karibische Insel retten. Ganz auf sich gestellt, ohne Hilfsmittel und Werkzeuge, überlebt Robinson nur, weil er die Errungenschaften der Zivilisation aus sich selbst hervorzubringen vermag. Der Prozess der Phylogenese wird so individuell nachvollzogen. Nach einigen Jahren wird er gerettet und kehrt mit seinem Begleiter Freitag nach Deutschland zurück, wo beide eine Tischlerlehre absolvieren und dann gemeinsam eine Werkstatt gründen.

Von Defoes »Robinson« unterscheidet sich der Campesche auch durch die verschiedenen, in einem programmatischen Vorbericht aufgezählten Zielsetzungen. Neben elementarem Sachkundeunterricht, vor allem in Geografie, Natur- und Handwerkskunde, ging

---

Kein Werk der Weltliteratur ist so häufig nachgeahmt worden wie Defoes Roman. Mit der **Robinsonade** entstand eine Subgattung des Abenteuerromans in zahllosen Varianten für Kinder, Jugendliche und Erwachsene. Die erzählerische Gestaltung einer Existenz außerhalb der Gesellschaft, das Eintauchen in einen Urzustand menschlichen Seins mit der Ambivalenz von paradiesischer Freiheit und Lebensbedrohung hat bis auf den heutigen Tag nichts von ihrer Anziehungskraft verloren. Robinsonaden für Kinder und Jugendliche sind unter anderem: Johann David Wyß: »Der Schweizerische Robinson« (1812); Frederick Marryat: »Masterman Ready« (1841/42); A. Th. Sonnleitner: »Die Höhlenkinder« (1918–1920); Lisa Tetzner: »Die Kinder auf der Insel« (1944); William Golding: »Herr der Fliegen« (1954, dt. 1956); Scott O'Dell: »Insel der blauen Delphine« (1960, dt. 1962)

es dem Autor darum, »den Samen der Tugend, der Frömmigkeit und der Zufriedenheit mit den Wegen der göttlichen Vorsehung, in junge Herzen auszustreuen«. Außerdem sollte »Robinson der Jüngere« ein »Gegenfüßler der empfindsamen und empfindelnden Bücher« der Zeit sein, wobei Campe wohl in erster Linie an Goethes »Werther« (1774) dachte, aber auch an Samuel Richardsons empfindsame Romane »Pamela« (1740) und »Clarissa« (1748), die wie der »Werther« von eine breiten jugendlichen Leserschaft des Bürgertums rezipiert wurden und zahlreiche Nachfolger fanden. Campe wollte zeigen, wie man sich durch Nachdenken und zielstrebiges Handeln aus einer hilflosen Lage befreien kann.

Ebenso wichtig wie das individuelle war Campe das soziale Lernen. Um deutlich zu machen, »wie sehr schon die bloße Geselligkeit den Zustand des Menschen verbessern« kann, misst er dem Zusammentreffen und der Gemeinschaft des Schiffbrüchigen mit dem Eingeborenen Freitag große Bedeutung bei. Auch die vom Autor zusätzlich eingefügte Rahmenhandlung macht diese soziale Dimension deutlich. Die Erzählung wird immer wieder ergänzt durch Familiengespräche, in denen die Handlungen kommentiert, Sachkenntnisse vermittelt und moralische Schlussfolgerungen gemeinsam herausgearbeitet werden. Diese diskursive, wie zufällig wirkende Belehrung innerhalb von Erzähltexten wurde – unter der Bezeichnung »in Campes Manier« – in der Folgezeit vielfach kopiert.

Campes literarisches Plädoyer für eine natürliche Lebensart unter den Prämissen Frömmigkeit, Fleiß und maßvolle Lebensweise fand außergewöhnlich viel Zuspruch. Offenbar war es Campe mit seiner breiten Zielsetzung gelungen, es allen recht zu machen: den Philanthropisten, die ihre Vorstellungen von einer spezifischen Literatur für Heranwachsende auf höchst lebendige und anschauliche Weise realisiert sahen, und den jungen Lesern, denen endlich einmal eine Abenteuergeschichte mit einem jugendlichen Helden geboten wurde, der sich mit seiner anfänglichen Naivität und seinen Unzulänglichkeiten von den untadligen Tugendmustern abhob, die ihnen sonst in den für sie verfassten Büchern begegneten.

Exkurs: Kindertheater und Kinderfilm

Von der Antike bis zur Aufklärung erfüllte das Kindertheater ausschließlich pädagogische Funktionen. Es sollte auf spielerische Weise über Moral, Sittlichkeit und Religion belehren und zudem die körperliche wie habituelle Gewandtheit verbessern. Nach der Reformation gewannen im protestantischen Schulwesen deutschsprachige Schauspiele und im katholischen die lateinischen Jesuitendramen stark an Bedeutung. Eine erneute Blütezeit erlebte das Theater für Heranwachsende im galanten Zeitalter. Der Reformpädagoge und Rektor Christian Weise (1642–1708) schrieb etwa sechzig Theaterstücke, die seine Schüler vor Publikum aufführten. Weise wollte damit vor allem auch die Regeln der Beredsamkeit vermitteln. In der Aufklärung verlagerten sich die Aufführungspraxis auf den Familien- und Freundeskreis und die Intentionen auf Unterhaltung und Zeitvertreib. Besonders beliebt waren Komödien, in denen Sprichwörter oder Sentenzen veranschaulicht wurden. Als Protagonist des bürgerlichen Kinderdramas galt Christian Felix Weiße (1726–1804), der drei Bände »Schauspiele für Kinder« (1792) herausgab.

Als »Kasperlegraf« machte sich Franz Graf von Pocci (1807–1876) einen Namen. Er förderte die Anfänge des Marionettentheaters in Deutschland und schrieb für den beliebten Helden mit dem markanten Gesicht zahlreiche Stücke, die ihren komischen Effekt aus der karnevalesken Umkehrung romantischer Überlieferung, durch pausenlose Missverständnisse und Wortverdrehungen bezogen.

Mit der zunehmenden Ritualisierung des bürgerlichen Weihnachtsfestes wurde im Biedermeier auch die Tradition des Weihnachtsmärchens begründet, das Stadt- und Hoftheater während der Adventszeit aufführten. Carl August Görner (1806–1884) schrieb 1854 das erste Weihnachtsstück explizit für ein Kinderpublikum. Mit »Peterchens Mondfahrt« (1912) von Gerdt von Bassewitz (1878–1923) entstand der erste Klassiker des deutschen Kindertheaters. Das von James Matthew Barries (1860–1937) »Peter Pan« (1904, dt. 1952) beeinflusste Stück über die nächtliche Reise zweier

Kinder in eine Traumwelt entsprach der Forderung der Reformpädagogen nach einer Wahrnehmungsperspektive vom Kinde aus. Zu dieser Zeit begann der Siegeszug des Kinofilms. Kinder, Jugendliche und Erwachsene erlagen der Faszination der bewegten Bilder und lachten gemeinsam über Slapsticks aus Hollywood: über Charlie Chaplin, Buster Keaton, Stan Laurel und Oliver Hardy. Deutsche Produktionen verarbeiteten oft Märchen- und Sagenstoffe zu Scherenschnitt- oder Puppentrickfilmen. Erich Kästner war der erste deutsche Kinderbuchautor, der sich intensiv um eine Mehrfachverwertung seiner Werke bemühte. Sein Bestseller »Emil und die Detektive« war auch als Bühnenstück (1930) und Film (1931, am Drehbuch hatte übrigens Billy Wilder mitgearbeitet) erfolgreich. Zur lebendigen Kulturszene am Ende der Weimarer Republik gehörten außerdem Agitprop-Gruppen und proletarische Kindertheater, die sich erklärtermaßen als Instrumente des Klassenkampfs verstanden.

Eine konstante Entwicklungslinie führte vom Nationalsozialismus bis in die Sechzigerjahre hinein: Für Kinder gab es Märchenstücke auf den Städtischen Bühnen in der Vorweihnachtszeit und Märchenfilme in den Kinosälen am Sonntagnachmittag. In den Fünfzigerjahren kamen Kinoangebote für die ganze Familie dazu. Verfilmungen von Kästners Kinderromanen und Zeichentrickfilme aus dem Disney-Imperium entsprachen dem restaurativen Trend zur Idylle. Auf eine zunehmende Trivialisierung verwiesen die zahllosen Schlager-, Lümmel- und Paukerstreifen der Sechzigerjahre. Erst Hark Bohm (*1939) begründete mit »Tschetan, der Indianerjunge« (1972) ein neues Interesse am anspruchsvollen Kinderfilm. Mit »E. T.« (1982) und »Die unendliche Geschichte« (1984) erreichte die fantastische Wende in den Achtzigerjahren auch den Kinderfilm.

Ausgerechnet das Fernsehen machte das junge Publikum mit einer fast vergessenen Form des Theaters bekannt: Die Marionettenbühne der »Augsburger Puppenkiste« bot mit mehrteiligen Inszenierungen zu bekannten Kinderbüchern wie der »Muminfamilie« (1959), »Jim Knopf« (1961) oder »Kater Mikesch« (1964) Sternstunden im sehr bescheidenen Kinderprogramm.

Das Kindertheater selbst ging innovative Wege. 1966 wurde in Berlin mit dem Grips-Theater eine erste eigenständige Kinderbühne mit politisch-pädagogischem Anspruch eröffnet, aus der sich in den folgenden Jahrzehnten eine breite Szene professionellen Kinder- und Jugendtheaters, zumeist in freier Trägerschaft, entwickelte. Anfänglich standen Aspekte sexueller und gesellschaftlicher Aufklärung im Vordergrund der Stücke, beispielsweise in »Darüber spricht man nicht« (1973). Später brachten Friedrich Karl Waechter und Paul Maar Komik und Groteske ins Kindertheater.

Die Gegenwart zeigt eine kaum noch zu überblickende Vielfalt im Angebot von Kindertheater und Kinderfilm. Auffällig ist das ungebrochen große Interesse an kinderliterarischen Adaptionen, das etwa in Zeichentrickserien zu Klassikern wie »Heidi«, »Alice« oder »Pumuckl« oder in aufwendig gestalteten, ambitionierten Kinder- und Familienfilmen wie »Pünktchen und Anton« (1998), »Das Sams« (2001), »Harry Potter« (2001ff.) oder »Bibi Blocksberg« (2002) zum Ausdruck kommt. Zurzeit ist es so, dass beinahe alle erfolgreichen Kinofilme für ein junges Publikum auf Literaturvorlagen basieren. Renommierte Regisseure und Schauspieler fürchten längst nicht mehr, durch die Beteiligung an Kinderfilmen an Ansehen zu verlieren, im Gegenteil. Eine der überzeugendsten deutschen Produktionen der letzten Jahre war »Hände weg von Mississippi« (2007) von Detlev Buck nach dem Roman von Cornelia Funke mit Katharina Thalbach, Margit Carstensen und Christoph Maria Herbst. Der Streifen wurde vielfach ausgezeichnet, unter anderem mit dem Deutschen Filmpreis.

3. Romantik und Biedermeier (1790–1850)

Utopie und Kunst

In der Französischen Revolution schienen sich die Utopien der bürgerlichen Aufklärung von gesellschaftlicher Gleichheit und politischer Freiheit zu erfüllen. Joachim Heinrich Campe reiste im Sommer 1789 nach Paris und schrieb von dort enthusiastische Briefe über die »Wiedergeburt der Menschheit«. Doch die anfängliche Begeisterung der deutschen Intellektuellen schlug in den folgenden Jahren des Terrors und der Schreckensherrschaft der Jakobiner in Desillusionierung und Resignation um. Bei der jungen Generation der Maler und Schriftsteller führte die politische Enttäuschung zur Abwendung vom nüchternen, prosaischen Alltag und einer Hinwendung zu einem durch die Fantasie erweiterten und idealisierten Raum der Kunst und Poesie.

Das »göttliche« Kind

In der poetischen Welt der Romantik kam Kindern eine Sonderrolle zu, die den Erziehungsvorstellungen der Aufklärung diametral entgegenstand. Dichter wie Ludwig Tieck oder Joseph von Eichendorff übten scharfe Kritik am philanthropischen Nützlichkeitsdenken und lehnten zu frühe Bildung der Kinder als Pseudogelehrsamkeit und Vielwisserei ab. Die Vorstellungen der Romantiker, die in der Anerkennung von Autonomie und Individualität des Kindes die Grundvoraussetzung für jedes pädagogische Handeln sahen, hatte Johann Gottfried Herder (1744–1803) mit seinen kulturphilosophischen Studien maßgeblich beeinflusst. Er ging von einer ursprünglichen Einheit des Menschen mit der Natur aus, die im Verlauf der Zeit immer mehr verloren gegangen sei. Vor dem Hintergrund von Überlegungen zu einer Analogie zwischen Onto- und Phylogenese (Entwicklung der Menschheit und des einzelnen Menschen) entwickelte sich in der Frühromantik das idealisierte Bild vom göttlichen, der Gegenwart entfremdeten Kind, das den paradiesischen Urzustand der Natur verkörpert. Das Kind galt den Dichtern der Romantik als Sinnbild einer umfassenden Sehnsucht nach Einheit, die sie – wie von Friedrich Schlegel formuliert – in einer »Universalpoesie«, der Vereinigung aller bisherigen Kunstformen, wiedergewinnen wollten. Die Vorstellung vom Kindlichen als dem Urgedanken alles Künstlerischen hinterließ deutliche Spuren in der zeitgenössischen Kultur und wirkte bis in die Biedermeierzeit hinein. Von einer romantischen Kinder- und Jugendliteratur war jedoch erst die Rede, als das Herdersche Kindheitsmodell mit der volkspoetischen Konzeption der Spätromantik zusammentraf.

Die durch die Niederlagen während der Napoleonischen Kriege ausgelösten Empfindungen von Verunsicherung und kulturellem Verfall beförderten im Bürgertum, insbesondere in Gelehrtenkreisen, die Sehnsucht nach politischer Einheit und kultureller Identität. Die Suche nach den kulturellen Wurzeln der deutschen Nation führte zurück zu den literarischen Quellen des Mittelalters, zu den vermeintlich aus dem Volk entstandenen, über die Jahrhunderte mündlich tradierten Märchen, Sagen, Liedern, Rätseln, Reimen und Legenden. Allerdings war die Vorstellung vom »Volk« als Schöpfer der nationalen Literatur selbst ein Konstrukt der Romantik. Dass diese »Volkspoesie« zugleich als jene Literatur angesehen wurde, die dem Wesen der Kinder am besten entsprach, leitete man aus der Verwandtschaft des Kindes mit dem Volk her: beiden war im romantischen Denken Ursprünglichkeit und Natürlichkeit in großem Maße eigen.

Volkspoesie als Kinderliteratur

Der Beginn romantischer Kinderliteratur in Deutschland kann auf das Jahr 1808 datiert werden, als Achim von Arnim (1781–1831) und Clemens Brentano (1778–1842) den dritten Band ihrer Volksliedersammlung »Des Knaben Wunderhorn« herausgaben. Ihr volkspoetischer Anspruch hielt die Herausgeber allerdings nicht davon ab, die Quellen so zu bearbeiten, dass sie ihren eigenen Vorstellungen von idealer »Volkstümlichkeit« und romantischem »Kinderton« entsprachen. In einem Anhang ließen sie Gebete, Gedichte und Lieder abdrucken, die, zum ersten Mal in der Literaturgeschichte, ausdrücklich für Kleinkinder bestimmt waren. Und noch etwas war neu: Diese Texte wollten nicht belehren. Im bunten Mix aus Liedern für die verschiedenen Tages- und Jahreszeiten und zur Begleitung von Spielen und Tänzen fanden sich bis heute beliebte Reime wie »Lirum, Larum, Löffelstiel« oder »Guten Abend, gute Nacht«. Die Verse ahmten kindlichen Sprachgebrauch nach, boten

Jacob Grimm (1785–1863) und **Wilhelm Grimm** (1786–1859) wurden in Hanau geboren. Sie studierten Jura in Marburg und waren anschließend als Bibliothekare in Kassel tätig. 1830 wurden sie an die Universität Göttingen berufen und 1837 rechtswidrig entlassen, weil sie zusammen mit fünf Kollegen (die »Göttinger Sieben«) gegen die Aufhebung der Staatsverfassung (von 1833) durch König Ernst August II. von Hannover protestiert hatten. 1840 zogen sie nach Berlin und widmeten sich bis zu ihrem Tode der Arbeit am »Deutschen Wörterbuch«, dessen erster Band 1854 erschien.

Sprachspiel und Lautmalerei oder orientierten sich am Rhythmus körperlicher Bewegungen wie etwa bei den Kniereiter- oder Schaukelliedern. Mit dieser Sammlung eroberte sich die Kinderlyrik einen Platz in der Kinder- und Jugendliteratur.

Wesentlich nachhaltiger noch wirkten sich die volkspoetischen Ideen der Romantik auf die Gattung der Kindermärchen aus. Die Aufklärer hatten noch vor den sogenannten »Ammenmärchen« gewarnt, da sie Fantasie und Gefühl der Kinder zu sehr anregen würden. Die Romantiker dagegen betonten die besondere Neigung der Kinder zum Wunderbaren, die sie mit deren ganzheitlichem Bewusstsein erklärten, in dem Innen- und Außenwelt, Traum und Realität noch nicht getrennt seien. Als bedeutendste Märchensammler der Zeit galten die hessischen Philologen Jacob (1785–1863) und Wilhelm Grimm (1786–1859). Mit akribischem Eifer trugen die Brüder Sagen, Märchen und Legenden aus der schriftlichen, vor allem aber der mündlichen Überlieferung zusammen. Dass es sich nicht – wie lange angenommen – um poetische Zeugnisse aus den unteren Bevölkerungsschichten handelte, hat die germanistische Forschung inzwischen nachgewiesen. Die Zuträger waren zumeist literarisch gebildete junge Damen aus dem Kasseler Bürgertum.

1812 gaben Jacob und Wilhelm Grimm den ersten von drei Bänden ihrer »Kinder- und Hausmärchen« heraus. Erfolgreich waren sie damit zunächst nicht. Für Kinder hielten die Zeitgenossen diese Texte, in denen es von Obszönitäten, derben Zoten und Grausamkeiten nur so wimmelte, keineswegs geeignet. In den folgenden Jahren machte sich Wilhelm Grimm daran, die Sammlung gründlich zu überarbeiten. Er glättete und milderte anstößige Stellen und strich einige besonders brutale Märchen. Im Vorwort zur zweiten Auflage von 1819 hieß es dann: »Dabei haben wir jeden für das Kindesalter nicht passenden Ausdruck [...] sorgfältig gelöscht.« Erst die sogenannte »Kleine Ausgabe« von 1825 mit einer Auswahl von fünfzig Geschichten, darunter »Der Froschkönig«, »Hänsel und Gretel«,

»Aschenputtel« und »Dornröschen«, begründete den beispiellosen Siegeszug der Grimmschen Märchen. In dieser Form wurden sie stil- und gattungsbildend für das Volksmärchen insgesamt und zu einem Klassiker der Kinderliteratur. Unverkennbare Merkmale sind die schlichte Struktur, die zahlreichen Wiederholungen und der stereotype Handlungsablauf, aber auch die formelhafte, naive Sprache, die fortan als Inbegriff des volkstümlichen Märchentons galt. Faszination und überzeitliche Aktualität der Geschichten beruhen auf dem Prinzip des Einfachen. Archetypische menschliche Grundsituationen und -probleme werden in prägnante Bilder gefasst und mittels wunderbarer Lösungen, insbesondere durch Zauberei, nach einem immer gleichen Muster bewältigt. Dieser Schematismus, der auch an den auf wenige Merkmale reduzierten Figuren, der schlichten Moral und dem stets glücklichen Ausgang kenntlich ist, entspricht entwicklungspsychologisch dem noch eingeschränkten Weltbild jüngerer Kinder, die von den Märchen der Brüder Grimm zumeist besonders angetan sind.

Kunstmärchen

Einige Märchendichter wandten sich bewusst gegen die volkspoetische Märchentradition. Ihnen dienten orientalische Märchen und französische Feenmärchen als Vorbilder. E. T. A. Hoffmann (1776–1822), Carl Wilhelm Contessa und Friedrich Baron de la Motte Fouqué veröffentlichten die erste Sammlung romantischer Kunstmärchen für Kinder in Deutschland. Eines der drei »Kindermährchen« (1816) war »Nußknacker und Mausekönig«. Hoffmanns »Alltags-« oder »Wirklichkeitsmärchen« markierte zugleich den Beginn der fantastischen Literatur, denn die Handlung blieb nicht auf die Märchenwelt beschränkt, sondern war in die zeitgenössische Realität eingebunden. Zum Weihnachtsfest bekommt Marie, Tochter einer Berliner Arztfamilie, einen hölzernen Nussknacker geschenkt. In der Nacht wird das Spielzeug lebendig, der Nussknacker verwandelt sich in einen tapferen Feldherrn und besiegt

> **Clemens Brentano** (1778–1842) wurde für seine Sprachkunst gerühmt, mit der er überlieferte Märchen- und Sagenstoffe neu gestaltete. In »Gockel, Hinkel, Gakeleia« (1838), einem romantischen Märchen um einen Zauberring, mit dessen Hilfe eine Hühnerfamilie sich ihre Wünsche erfüllen kann, verbindet Brentano einen schlichten Erzählton mit Ironie, Groteske und dem musikalischen Rhythmus von Volksliedversen.

schließlich mit seinen Zinnsoldatentruppen den garstigen Mausekönig. Der Autor zieht seine Heldin und die Leser in ein irritieren-
des Vexierspiel zwischen Traum, Fantasie, Wirklichkeit und Mär-
chenfiktion hinein. Ist der Nussknacker ein Gebrauchsgegenstand?
Ein Spielzeug? Der König des Puppenreichs? Oder doch der verzauberte Neffe von Maries Patenonkel? Im Bewusstsein der Protagonistin gehen das Wunderbare und das Wirkliche ineinander auf.
Damit orientierte sich Hoffmann zum einen an der romantischen
Idee von der naturbedingten Einheit des kindlichen Wesens und
dessen enger Beziehung zu Fantasie und Einbildungskraft. Doch
lässt sich diese Einheitsvorstellung darüber hinaus auch als dichterische Imagination des Entwicklungsprozesses kindlicher Welt-
erfahrung deuten. Jean Piaget hat in seinen Untersuchungen zum
»Weltbild des Kindes« (1926) deutlich gemacht, dass im kindlichen
Bewusstsein zunächst nicht zwischen subjektiven und objektiven
Phänomenen, nicht zwischen Traum und Realität geschieden wird.
So ergeht es auch Marie im »Nussknacker«: Erst im Verlauf der Ge-
schichte erkennt sie, dass Träume in ihrem Innern entstehen und
nicht von außen an sie herangetragen werden. Mit der literarischen
Gestaltung dieses Vorgangs nahm Hoffmann wichtige Aspekte der
Psychologisierung in der Kinder- und Jugendliteratur vorweg. Sein
Weg in die Fantastik blieb zunächst singulär. Erst Lewis Carroll
knüpfte mit »Alice im Wunderland« (1865) daran an.

Herzens- und Gemütsbildung

Auf den literarischen Aufbruch der Romantik und die Befreiung
von der Napoleonischen Besatzung folgte nach 1815 eine Phase
der politischen Restauration. Für die Kinder- und Jugendliteratur
jedoch begann ein »goldenes Zeitalter«. Elemente von Aufklärung
und Romantik verschmolzen zu einer Literatur, die teilweise bis
heute als »kindgerechtes«, optimistisches und harmonisches Ideal
für Heranwachsende gilt. Man übernahm Muster der Volkspoesie,
setzte auf Herzens- und Gemütsbildung und wollte beim Leser
Rührung und Mitleid erzeugen, allerdings nicht mehr ausschließlich
ästhetischer Wirkungen wegen, sondern wiederum mit klar erkenn-
barer Absicht zur Belehrung. In der Kinder- und Jugendliteratur [Bieder-meier]
des Biedermeier wurde das Wunderbare sentimentalisiert und das
Poetische pädagogisiert. Vermittelt werden sollten die Normen und
Werte eines spezifisch bürgerlichen Sozialisationsprogramms, bei

> **Friedrich Fröbel** (1782–1852) gilt als wichtiger Vertreter der romantischen Pädagogik. Der frühromantischen Naturphilosophie und dem Pantheismus entsprechend versteht Fröbel den Kosmos als eine in jedem Lebewesen gespiegelte Polarität von Natur und Geist. Der Einzelne muss sich in der »Mannigfaltigkeit seiner Lebensäußerungen« zu einer organischen und einer kosmischen Einheit (Gott) hin entwickeln. Fröbels ganzheitliche Erziehungslehre basiert auf einer genauen Beobachtung kindlichen Tuns. Er entwickelte daraus eine umfassende Spieltheorie, die darauf abzielt, bereits bei Kleinkindern Fantasie und geistige Produktivität anzuregen. 1837 gründete Fröbel die erste »Pflege-, Spiel- und Beschäftigungsanstalt« für Kleinkinder, die seit 1840 »Kindergarten« genannt wird.

dem Frömmigkeit, Fleiß, Gehorsam, Ordnung, Anstand und Sittlichkeit ganz obenan standen. Gattungslinien der Romantik wurden weitergeführt, auch wenn die Zielsetzung eine andere geworden war. In der Nachfolge der »Wunderhorn«-Kinderlieder von Arnim und Brentano erschienen zahlreiche Liedersammlungen, Anthologien, Lesebücher und aufwendig illustrierte Familienbücher. Besonders erfolgreich war der Pädagoge Heinrich Dittmar (1792–1866), der die ersten Lesebücher mit ausschließlich fiktionalen Texten publizierte, zum Beispiel »Der Knaben Lustwald« (1821/22), »Der Mägdlein Lustgarten« (1822/23) und »Der Kinder Lustfeld« (1827).

Von der Einheitssehnsucht der Romantik geprägt sind auch die »Mutter- und Koselieder« (1844) des Pädagogen Friedrich Fröbel (1782–1852), die gleichermaßen als Erziehungsratgeber wie als Sing-, Spiel- und Bilderbuch genutzt werden konnten. In seinem ganzheitlichen Ansatz einer »lebenseinigenden« Erziehung sollten sinnlich-körperliche, emotionale und situationsgebundene Erfahrungen zu einer individuell gestalteten Einheit von Gott, Mensch und Natur zusammengeführt werden. Wichtige Anregungen verdankte Fröbel Johann Heinrich Pestalozzi (1746–1827), der die Intimität der häuslichen »Wohnstube« und die mütterliche Zuwendung als entscheidende Faktoren für die organische Entfaltung des im Kinde angelegten Wesenskerns ansah. Seit der Romantik galt

> Der Schweizer Pädagoge und Sozialreformer **Johann Heinrich Pestalozzi** (1746–1827) wollte mit seiner Arbeit in verschiedenen Erziehungsprojekten und mit seinen Schriften die allgemeine Volksbildung, insbesondere der unteren sozialen Schichten, verbessern und zur Überwindung von Standesunterschieden beitragen. Erziehung verstand er als umfassende, vor allem auf konkreter Anschauung basierender Entwicklung der geistigen, ethisch-moralischen und praktischen Kräfte. Seine Vorstellung von den drei Lebenskreisen, in die jeder Mensch eingebunden ist, bestimmen die Erziehung von der »Wohnstube« über die Berufswelt bis zur Stellung in Volk und Vaterland.

die Mutter als emotionales Zentrum der Familie, die innige Beziehung zwischen Mutter und Kind, gekennzeichnet durch Empathie, Liebe und Wärme, wurde zum bürgerlichen Ideal des 19. Jhs. Fröbel wollte mit seinem Werk die Kommunikation zwischen Mutter und Kind fördern, alle Sinne ansprechen und die kindliche Freude an Sprachspiel, Reim und Rhythmus unterstützen. Später wurden die »Mutter- und Kinderlieder« als Lehrbuch für Erzieherinnen genutzt.

Erste Bilderbücher

Auch die »Fünfzig Fabeln für Kinder« (1833) von Wilhelm Hey (1789–1854) transportierten den Geist der Romantik ins Biedermeierliche. Mit der traditionellen Fabel hatte diese poetische Tierkunde nur noch sehr wenig gemein. Aus der Perspektive von Kindern und eingebettet in ihre Alltagserfahrungen werden heimische Tiere mit teilweise recht menschlichen Eigenschaften vorgestellt. Durch betont naive Verse im Stil von Stegreifdichtungen gestaltete Hey eine heitere Kinderidylle. Dahinter trat die belehrende Absicht, frühzeitig und durch emotionale Ansprache ein christliches Weltbild zu vermitteln, deutlich zurück. Am nachhaltigen Erfolg des Büchleins hatten die atmosphärisch dichten Illustrationen von Otto Speckter (1807–1871) erheblichen Anteil. Seine lebendigen Momentaufnahmen aus dem Kinderleben konnten den gleichen Rang wie Heys Verse beanspruchen. Die spannungsvolle Beziehung zwischen Bildern und Texten machte aus den »Fünfzig Fabeln« eines der ersten wirklichen Bilderbücher im modernen Sinne.

Es war den neuen grafischen Techniken zu verdanken, dass in der ersten Hälfte des 19. Jhs. die Anzahl der veröffentlichten Bilderbücher deutlich zunahm. Denn erst als Lithografie, Stahl- und Holzstich den teuren Kupferstich und den groben Holzschnitt ablösten, konnten Abbildungen von hoher Qualität, vor allem aber in fünfzehn- bis zwanzigmal höherer Auflage produziert und entsprechend preisgünstiger verkauft werden. Biedermeierliche Illustrationen zeigen eine niedliche, wohlgeordnete Tier- und Kinderwelt, üppig ausgeschmückt mit Ornamenten, Arabesken und Randzeichnungen. Für Hässliches und Chaotisches war in diesen stilisierten Szenen kein Platz. Bis eines Tages das skandalöse Bilderbuch eines in Kunst und Literatur dilettierenden Kinderarztes erschien – und mit einer Gesamtauflage von mehr als fünfzehn Millionen Exemplaren zum berühmtesten deutschen Kinderbuch wurde.

»Der Struwwelpeter«

»Lustige Geschichten und drollige Bilder« lautete der ursprüngliche Titel des »Struwwelpeter« (1845), mit dem Heinrich Hoffmann (1809–1894) einen spektakulären Kontrapunkt zum damals herrschenden Ideal eines Kinderbuchs setzte. Erfunden hatte er die Geschichten vom Suppenkaspar, Zappelphilipp und Hans-Guck-in-die-Luft, um seine kleinen Patienten zu beruhigen und von ihrer Krankheit abzulenken. 1844 zeichnete und schrieb er sie in ein Heft, das er seinem Sohn zu Weihnachten schenkte. Die im Handel angebotenen Kinderbücher hatte Hoffmann als zu moralisch empfunden und kritisiert, dass ihnen eine sinnliche Vermittlungsebene fehle.

> **Der Struwwelpeter** erlebte auf dem Weg vom Urmanuskript bis zur endgültigen Form verschiedene Umarbeitungen und Ergänzungen. Erst ab der fünften Auflage von 1847 blieben Zahl und Anordnung der Geschichten unverändert. Und erst mit der Umstellung der Drucktechnik von Lithografie auf Holzstich erhielt die Figur des Struwwelpeter 1858 ihr bis heute bekanntes Aussehen. 1876 erschien die 100. rechtmäßige Auflage, der Originalverlag »Rütten & Loening« hat 2005 die 546. Auflage gedruckt.

Die außerordentlich einprägsamen Bilder und Verse des »Struwwelpeter« sind dagegen von schonungsloser Deutlichkeit. Hoffmann vermochte sich tief in die Psyche von Kindern einzufühlen. Er kannte ihre Ängste, ihre Einsamkeit, ihre Gewaltfantasien und ihre verdrängten Wünsche. Obwohl er auf das altbekannte Muster der moralischen Abschreckgeschichte zurückgriff, schuf er dennoch ein innovatives Werk, das seine einzigartige Wirkung aus der Übersteigerung bezieht. Die Illustrationen tendieren zur Karikatur, der bürgerliche Kinderalltag wird in surrealer Weise überzeichnet und die schrecklichen Folgen des Ungehorsams sind so absurd übertrieben in Szene gesetzt, dass sie nicht nur Angst, sondern auch befreiendes Lachen produzieren.

Unarten mit »ergötzlichem Humor« und Respektspersonen mit »fratzenhaften« Gesichtszügen darzustellen, hatte nach Ansicht zeitgenössischer Kritiker zur Folge, dass abschreckende Effekte verfehlt und Autoritäten der Lächerlichkeit preisgegeben würden. In diesen unterschwelligen Tendenzen zu Subversion und Anarchie liegt das Erfolgsgeheimnis des Bilderbuchklassikers, der selbst die ideologiekritischen Angriffe in den Siebzigerjahren des 20. Jhs. überstand.

Märchen und Sagen im Biedermeier

Weit über die Romantik hinaus zählten die Märchen zu einer der bedeutsamsten Gattungen der Kinder- und Jugendliteratur. Im Biedermeier wurden sie zunehmend sentimentaler gestaltet. Auch wich die ehemals klare Trennung von Volks- und Kunstmärchen einer wachsenden Vermischung der literarischen Formen und Techniken. Wilhelm Hauff (1802–1827) übernahm Elemente der romantischen Märchentradition und erweiterte sie ins Unterhaltende, Abenteuerliche und Unheimliche. Die drei Bände seines »Märchenalmanachs für Söhne und Töchter gebildeter Stände« (1826–1828) bewiesen in ihrer auf Popularität berechneten Konzeption ein ausgezeichnetes Gespür des Herausgebers für die Trends des Literaturmarktes. Mit leichter Hand und ausgeprägter Lust am Fabulieren gestaltete Hauff bekannte Märchenstoffe und Sagen, aber auch Kriminal- und Gespenstergeschichten, die durch einen einheitlichen Erzählgestus und spannende Rahmenhandlungen zusammengehalten werden.

1839 erschienen »Mährchen und Erzählungen für die Kinder« des dänischen Dichters Hans Christian Andersen (1805–1875) zum ersten Mal in deutscher Sprache. Andersen hatte sich ebenfalls von den Volksmärchen anregen lassen, aber auch fantastische Elemente mit hinzugenommen. Seine teils melancholischen, teils ironisch pointierten Geschichten sind in kunstvoll einfacher Sprache erzählt und spielen in der geheimnisvollen Zwischenwelt von Wirklichkeit und Wunder. Neben menschlichen Protagonisten übernehmen auch Alltagsgegenstände, Spielzeuge, Pflanzen oder Tiere eine Hauptrolle. Viele, gerade auch die berühmtesten Märchen Andersens wie »Der standhafte Zinnsoldat«, »Das Mädchen mit den Schwefelhölzern« oder »Die kleine Meerjungfrau« thematisieren tiefes Leid und enden mit einem glorifizierten Tod.

Von den zahlreichen volkstümlichen Werken, die der Arnstadter Apotheker Ludwig Bechstein (1801–1860) veröffentlichte, waren zwei speziell an Jugendliche adressiert: das »Deutsche Märchenbuch« (1845) und das »Neue Deutsche Märchenbuch« (1856). Zu deren Beliebtheit trugen die Abbildungen von Ludwig Richter (1803–1884), der den gemütvoll-verklärenden Illustrationsstil des Biedermeier am idealsten verkörperte, wesentlich bei. Bechstein nutzte teilweise dieselben Quellen wie die Brüder Grimm, übertrug sie aber aus der märchentypischen Zeit- und Ortlosigkeit in ein familiär-bürgerliches Ambiente. Er wollte nicht nur unterhalten, sondern auch die Werte einer sozialkonservativen Gesellschaftsordnung vermitteln. Im 19. Jh. trafen die mit gekonnter Naivität und leiser Ironie erzählten Märchen Bechsteins den Geschmack des Publikums weitaus besser als die Grimmschen Vorbilder. Erst im 20. Jh. setzte ein Wandel in der Bewertung zugunsten der Grimmschen Texte ein, weil diese gerade wegen des fehlenden Zeit- und Situationsbezugs für Deutungen und Sinnzuweisungen wesentlich offener sind.

Die volksliterarische Gattung der Sage erlebte zwischen Romantik und Biedermeier einen Funktionswandel vom Schulbuch zur privaten Jugendlektüre. Hierin deutete sich der Beginn eines Prozesses an, in dem humanistisches Bildungsgut, das – insbesondere wenn es in den Originalsprachen vorlag – nur einem sehr begrenzten Kreis von Heranwachsenden aus dem Bildungsbürgertum zugänglich war, in sprachlich und inhaltlich vereinfachter Form zum populären Lesestoff breiter Schichten wurde. Als historische Zeugnisse der Antike und des Mittelalters waren Sagen zunächst Gegenstand klassischer und humanistischer Bildung an höheren Lehranstalten gewesen. Darüber hinaus wurden sie auch zur nationalerzieherischen, moralischen, geografischen oder heimatkundlichen Belehrung genutzt. Jetzt entwickelten sie sich zur Unterhaltungslektüre für die ganze Familie und insbesondere für männliche Jugendliche.

Für diesen Wandel steht vor allem der Name Gustav Schwab (1792–1850). Mit dem »Buch der schönsten Geschichten und Sagen« (1836/37) und den »Schönsten Sagen des klassischen Alterthums« (1838–40) stellte der Stuttgarter Gymnasialprofessor die Sagen in den Kontext der Poesie. Ästhetische Intentionen und ein spannungsreicher Erzählstil bestimmen seine Bearbeitungen. Dass Schwab dabei die Vorlagen nicht nur vereinheitlichte, sondern auch vereinfachte, trug ihm manche Kritik ein. Sein bleibendes Verdienst ist es jedoch, die Sage für die erzählende Kinder- und Jugendliteratur entdeckt zu haben.

Moralisch-religiöse Erzählungen

Die zunehmende Anreicherung romantischer Gattungen wie Märchen und Sage mit Elementen der Belehrung ist ein zentrales Kennzeichen der Kinderliteratur des Biedermeier, die Romantisierung von Erzählformen in der Tradition der Aufklärung ein anderes. Durch die Erzeugung von Rührung, Mitleid und Empathie sollten die moralischen und religiösen Unterweisungen noch intensiver wirken.

Wahrhaft virtuos beherrschte dieses Verfahren der katholische Theologe und Lehrer Christoph von Schmid (1768–1854), den der bayrische König Ludwig I. wegen seiner Verdienste um die Jugendliteratur 1834 adelte. Schmid war einer der beliebtesten und produktivsten Kinderbuchautoren des 19. Jhs. Er wählte bewährte Stoffe verschiedenster Provenienz, zum Beispiel aus Bibel, Sage, Legende und Volksbuch, und nutzte sie für eine fromme Gemüts- und Herzensbildung durch stereotyp gestaltete Geschichten. In der Regel entwickelt sich das Geschehen vor den Kulissen der sogenannten Ritter- und Räuberromantik; getragen wird es von klischeehaften Figuren, die sich sehr schnell als Verkörperung des Guten oder Bösen, der Armut oder des Reichtums identifizieren lassen. Ausgehend von einer recht konventionellen Anfangssituation erzeugen alsbald rätselhafte Begebenheiten und spärliche Hinweise auf ein Geheimnis eine anhaltende Spannung. Mehrere Handlungsstränge werden zu einem mächtigen dramatischen Knoten verschlungen, bis sich am überraschenden Schluss das glückliche Wirken der göttlichen Vorsehung wieder einmal auf das Eindrucksvollste bestätigt.

Bekannt wurde Schmid mit der Bearbeitung der »Genovefa« (1810), eines traditionsreichen Stoffes, der mit seinen Bezügen zu Volksbuch und Legende, seinem Hang zum Wunderbaren und seinen beliebten Motiven wie verfolgte Unschuld, Frömmigkeit und Mütterlichkeit den Geschmack eines breiten Publikums traf. Eine zahlreiche Leserschaft fanden auch weitere sentimental-religiöse Erzählungen aus dem Rittermilieu, »Wie Heinrich von Eichenfels zur Erkenntnis Gottes kam« (1817) oder »Rosa von Tannenburg« (1823), deren Titelfigur ein Muster für Sittlichkeit, Tochterliebe und Hausfrauenfleiß ist. Seinen größten Erfolg aber konnte Schmid mit seinem ersten wirklichen Kinderbuch verbuchen. »Die Ostereier« (1816) zeichnen ein pseudoromantisches Bild von Mittelalter und Rittertum.

Schmid hat sein Erfolgsrezept vielfach variiert. Er kleidete religiös-moralische Lehren in abenteuerliche, rührende Erzählungen und befriedigte damit ein Bedürfnis nach eskapistischer Unterhaltungslektüre. Viele seiner Werke erschienen sowohl in preiswerten Heftchen, die auch für Handwerker- oder Bauernfamilien erschwinglich waren, als auch in aufwendigen Prachtausgaben für die bürgerliche Kinderstube. Christoph von Schmid hat ganz maßgeblich ein literarisches Muster geprägt, das wegweisend wurde für die weitere Entwicklung der auf ein Massenpublikum ausgerichteten erzählenden Kinderliteratur.

Das protestantische Pendant zu Schmid war der schwäbische Pfarrer Christian Gottlob Barth (1799–1862). Der Pietist verstand seine Schriftstellerei für junge Menschen als Arbeit für das Reich Gottes und als Mission zur »Kinderrettung«. Seine im Vergleich zu Schmid emotionslosen religiösen Erbauungsschriften wie »Der arme Heinrich« (1828) oder »Die Rabenfeder« (1832) waren ganz bewusst als konfessioneller Gegenentwurf zu weltlichen Erzählungen konzipiert.

4. Tendenzen des Realismus (1830–1900)

Hinwendung zur Wirklichkeit

Die Jahrzehnte zwischen 1830 und 1900 waren gesellschaftspolitisch geprägt durch ein Wechselspiel von Tendenzen der Beharrung und des Aufbruchs. Die revolutionären Bewegungen des selbstbewussten Bürgertums am Beginn der Dreißigerjahre und von 1848/49 mündeten jeweils in restaurative Phasen, in denen sich die Obrigkeit mit Zensur- und Zwangsmaßnahmen um die Wiederherstellung von Ruhe und Ordnung bemühte. Der langwierige Prozess der Nationalstaatsbildung kam mit der Proklamation des Deutschen Kaiserreichs von 1870 zu einem Abschluss. Parallel zur politischen Entwicklung verlief die industrielle Revolution, die sich zunächst als technischer und wirtschaftlicher Modernisierungsprozess zeigte, aber auch tief greifende Veränderungen der sozialen und demografischen Strukturen nach sich zog (Entstehung von Wirtschaftsbürgertum und Proletariat, Bevölkerungsanstieg und Urbanisierung.

In den Widerstreit der reformerischen und reaktionären Kräfte geriet auch das Bildungswesen. Im ersten Drittel des Jahrhunderts hatte Wilhelm von Humboldt mit seinem neuhumanistischen Bildungsprogramm von 1809, das auf eine individuelle, allseitige und harmonische Ausbildung der Fähigkeiten eines Menschen abzielte, Bildung als Grundlage und Zweck menschlichen Daseins bestimmt. Das Konzept einer allgemeinen Menschenbildung statt der berufs- und standesbezogenen Bildung der Aufklärung entstand unter dem Eindruck der Niederlagen im Kampf gegen die Französische Besatzungsmacht. Umgesetzt wurden Humboldts Vorstellungen in einem dreigliedrigen, vertikalen System von Volksschule, Gymnasium und Universität. Insbesondere im Volksschulwesen wurde jedoch der Anspruch auf allgemeine Bildung nach 1848 wieder reduziert. Die Regulative des preußischen Unterrichtsministers Ferdinand Stiehl von 1854 bestimmten, den Unterricht dort wieder auf »das Notwendigste« einzuschränken, glaubte man doch, dass schulisch vermittelte Allgemeinbildung und die damit verbundene Anleitung zum Selbstdenken zu Obstruktion und Revolution geführt hätten.

Das humanistische Gymnasium mit seiner altsprachlichen Orientierung (Latein, Griechisch) stand zwar prinzipiell jedem offen, doch waren zum weit überwiegenden Teil nur die gebildeten Kreise bereit und in der Lage, eine aufwendige und langwierige Ausbildung ihrer Kinder zu finanzieren. In der Folge gewann der Bildungsweg, der über das humanistische Gymnasium und die Universität zur Aufnahme in den Höheren Staatsdienst berechtigte, zunehmend soziale Exklusivität. Das Bildungsbürgertum sah sich als gesellschaftliche Führungsschicht und grenzte sich gegenüber Aufstiegswilligen aus mittleren und unteren Schichten der Gesellschaft ab, für die ihrerseits Bildung zu einem erstrebenswerten Statussymbol wurde.

In diesem Koordinatensystem von gesellschaftlicher und sozialer Beharrung und Erneuerung bewegte sich auch die Kinder- und Jugendliteratur nach 1830. Hatten Aufklärung und Romantik der Kinder- und Jugendliteratur utopische und idealistische Impulse gegeben, so kennzeichnete in den folgenden Jahrzehnten eine pragmatische Haltung und die Hinwendung zur unmittelbaren Wirklichkeit die Entwicklung. Noch immer bestand das junge Lesepublikum ganz überwiegend aus Kindern der »gebildeten Stände«, und die sollten nicht zuletzt durch literarische Vorbilder an das spezifische Verhaltens-, Werte- und Bildungsrepertoire herangeführt werden, das als unverzichtbarer Standard bildungsbürgerlicher Selbstrepräsentation galt. Kinder- und Jugendliteratur übernahm also eine gesellschaftliche Bildungsfunktion, durch die sie auch für die Heranwachsenden aus den unteren Schichten interessant wurde, die sozial aufzusteigen versuchten.

Wissen und Weltkenntnis

Im Zuge der neuhumanistischen Reformen hatten stärker berufsorientiert ausgerichtete Bildungswege aufgrund ihrer unmittelbaren Zweckorientierung eine Abwertung erfahren. Spätestens ab 1830, als die Industrialisierung in Deutschland deutlich Gestalt annahm, erwies sich diese Haltung als unzeitgemäß. Aus ökonomischer Sicht wurde eine Professionalisierung der naturwissenschaftlichen und technischen Berufe und Wissenschaften dringend notwendig. Die wachsende Bedeutung der »Realien« (Französisch, Englisch, Natur- und Technikwissenschaften) gegenüber der altsprachlich orientierten humanistischen Bildung war an der Gründung von

Realschulen und -gymnasien sowie von Polytechnischen und Technischen Hochschulen abzulesen, die am Ende des 19. Jhs. mit den traditionellen Gymnasien und Universitäten gleichgestellt wurden. Hier boten sich vor allem jungen Menschen aus dem mittleren Bürgertum solide Karrieremöglichkeiten als Ingenieur, Techniker oder Naturwissenschaftler.

Der industrielle Aufschwung in Deutschland beförderte ein allgemeines Interesse an technischen und naturwissenschaftlichen Entdeckungen und Erfindungen, das noch von einem ungebrochenen Fortschrittsglauben getragen wurde. Zudem verdrängten die neuen, arbeitsteiligen Produktionsformen in den Fabriken das für das Handwerk übliche Lernen aus unmittelbarer Anschauung. Berufliches und allgemeines Bildungsinteresse sowie die Faszination der Neuerungen in Wirtschaft, Technik und Verkehr, vor allem aber auch der enorme Zuwachs an allgemeinem und fachlichem Wissen sind als Hauptgründe für den enormen Aufschwung der Sachliteratur anzusehen, der sich auch auf die Kinder- und Jugendliteratur auswirkte. Schätzungsweise ein Fünftel der kinderliterarischen Produktion zwischen 1800 und 1850 kann der nichtfiktionalen Literatur zugerechnet werden.

> **Daten zur Industrialisierung**: 1769 erfindet der Engländer James Watt die Dampfmaschine; 1812 Erfindung der Schnellpresse; 1834 Erfindung des Elektromotors; 1835 fährt die erste deutsche Eisenbahn; 1839 wird die industrielle Kinderarbeit geregelt; 1862 Einführung der Gewerbefreiheit; 1876 erfindet Nikolaus August Otto den Viertakt-Motor; 1882 führt Berlin die elektrische Straßenbeleuchtung ein; 1897 Erfindung der drahtlosen Telegrafie.

Ein besonderer Stellenwert kam den Themenbereichen Naturwissenschaft und Technik zu. Heinrich Rockstroh (1770–1837) zum Beispiel verfasste zahlreiche Jugendschriften zu naturwissenschaftlichen, mathematischen und technischen Themen. Bekannt war vor allem sein Sachbuch zur Astronomie »Der gestirnte Himmel« (1830), das umfassend in die Sternenbeobachtung einführt.

Bei den auf Vermittlung von systematischem Sachwissen abzielenden Büchern gilt den exakten Bezeichnungen ein besonderes Augenmerk. So zeigen die Illustrationen in Bernhard Heinrich Blasches (1766–1832) »Der technologische Jugendfreund« (1804–1810) zu jedem Handwerk die entsprechende Werkstatt und ausgewählte Werkzeuge und verweisen mittels Ziffern und Buchstaben auf die Fachbegriffe. Während Blasches Werk mit der Konzentration auf zunftgebundene Handwerke noch den Vorstellungen der Aufklärung nahe stand, war in späteren Darstellungen handwerklicher Berufe, zum Beispiel »In den Werkstätten« (1878), die anfängliche Skepsis gegenüber modernen Produktionsweisen weitgehend überwunden. Auf der Höhe der Zeit war Johann Heinrich Moritz Poppe (1776–1854), der ab 1818 in Tübingen die erste Professur für Technologie in Deutschland bekleidete. In seinem mehrbändigen »Physikalischen Jugendfreund« (1811–1818) übersetzte er wissenschaftliche Erkenntnisse in eine populäre Sprache. Das Standardwerk behandelt in systematischer Weise die Technik, alle Bereiche der Physik, aber auch Meteorologie, Chemie und Astronomie im Hinblick auf die Aspekte Theorie, Praxis und Geschichte. Darüber hinaus werden Geräte, Versuchsanordnungen und Experimente beschrieben. Die »vielen belustigenden physikalischen Kunststücke« befriedigten das Vergnügen zahlreicher Heranwachsender an spektakulären Vorführungen im Familien- und Freundeskreis, die eine beliebte Form der Geselligkeit waren. Später fanden Biografien wie die des Eisenbahnpioniers »Georg Stephenson« (1864) von W. O. von Horn (d. i. Wilhelm Oertel) und Lebenserinnerungen von Erfindern, Industrie- und Wirtschaftspionieren wie Siemens, Borsig oder Krupp begeisterte Leser.

Geschichte im Dienst der Nationalerziehung

Als ein zweiter aktueller Schwerpunkt entwickelte sich im Verlauf des 19. Jhs. die Kinder- und Jugendliteratur zu historischen Themen. In der Romantik hatte man in volkspoetischen Gattungen wie Märchen und Sage die kulturellen und sprachlichen Wurzeln deutscher Identität entdeckt. In der Folge ging es darum, jungen Menschen durch nationalerzieherische Schriften ein politisch-patriotisches Bewusstsein zu vermitteln. Dabei herrschte anfangs durchaus eine liberale Tendenz vor. Das belegen zum Beispiel Werke wie »Der patriotische Kinderfreund« (1810) von Karl Friedrich Hofmann oder »Die Weltgeschichte für Kinder« (1819) von Johann Heinrich Meynier (1764–1825). Der Jurist und Historiker veröffentlichte rund zweihundert Bände Kinder- und Jugendliteratur unter zwölf verschiedenen Pseudonymen. Seine Universalgeschichte spannte einen weiten Bogen von der Erschaffung der Welt bis zur Gegenwart und berücksichtigte Entwicklungen in Politik, Wirtschaft und Kultur nahezu aller Völker und Nationen. Meynier argumentierte rational und antiklerikal, übte Kritik an Herrschaft und Adel und entwarf ein unsentimentales Gegenbild zum idealisierten Mittelalter der Romantik. Mit Titeln wie das »Heldenbuch« (1816) von Christian Niemeyer, »Germania« (1835) und »Teutonia« (1837) von Heinrich Eduard Maukisch oder »Das deutsche Historienbuch« (1855) von Georg Theodor Dithmar wurden Leitbilder entworfen, die jungen Menschen die Identifikation mit dem erstrebten Nationalstaat erleichtern sollten. Herausragende Ereignisse der deutschen Geschichte zeigten Stärke und Leistungsfähigkeit des deutschen Reiches, die Biografien berühmter Männer sollten deutsche Nationaltugenden wie Heldenmut, Treue, Tapferkeit und Selbstlosigkeit symbolisieren. Als besondere Repräsentanten deutscher Geschichte galten Martin Luther, Schwedenkönig Gustav Adolf, Kaiser Friedrich I. Barbarossa, Friedrich der Große von Preußen und Generalfeldmarschall Gebhard Leberecht Fürst von Blücher.

Nach dem gewonnenen Krieg gegen Frankreich und der Gründung des Deutschen Kaiserreiches 1870 verstärkte sich die Produktion historischer Romane für Heranwachsende. Aber auch geschichtliche Erzählwerke der Allgemeinliteratur wie zum Beispiel Gustav Freytags »Ahnen« (1872–80) oder Felix Dahns »Ein Kampf um Rom« (1876) fanden unter den Jugendlichen zahlreiche Leser. Das gerade gefestigte nationale Selbstbewusstsein steigerte sich nach dem Regierungswechsel zu Kaiser Wilhelm II. (1888) und dem Rücktritt des Reichskanzlers Otto von Bismarck (1890) zu Chauvinismus und imperialistischem Streben. Aus dem Aufstieg Deutschlands zur drittgrößten Industrienation hinter den USA und England resultierte nach 1890 ein übersteigertes nationales Selbstbewusstsein, das in einer demonstrativen Weltmachtpolitik, dem Anspruch auf Kolonien und einer wirtschaftspolitischen Expansion zum Ausdruck kam. Immer aggressiver wurden die nationalistischen Töne auch in der Kinder- und Jugendliteratur, immer heroischer die Geschichtsinszenierungen, immer militaristischer die dargestellten Tugenden, immer heftiger die Vorurteile gegen den »welschen Erbfeind«. Der preußische Offizier Karl Tanara (1849–1904) entwarf in dem nach eigenen Kriegserlebnissen gestalteten Jugendbuch »Hans von Dornen« (1891) ein enthusiastisches Heldenporträt, deutete den Krieg zur Abenteuerreise und den militärischen Kampf zum »Fest« um.

Der Realismus des Gustav Nieritz

Während die ruhmreichen Episoden deutscher Geschichte und Gegenwart in der Kinder- und Jugendliteratur gebührend gewürdigt wurden, schenkte man der sozialen Wirklichkeit weit weniger Beachtung. Massenarmut, Hungerkatastrophen, Landflucht oder soziale Ungleichheit – solche Themen fanden nur zögernd Eingang in die Literatur für junge Leser. Die Epoche des poetischen Realismus in der Allgemeinliteratur ist in der Kinder- und Jugendliteratur dieser Zeit kaum zur Ausprägung gekommen. Spuren wirklichkeitsbezogener Gestaltung wiesen noch am ehesten Werke der sogenannten Vielschreiber auf, die manchmal hundert und mehr Romane und Erzählungen veröffentlichten. Oft waren sie selbst durch materielle Not zur »Brotschriftstellerei« gezwungen. Zu den bekannteren zählten Franz Hoffmann und Rosalie Koch, der mit Abstand berühmteste war jedoch (neben den konfessionellen Autoren Christoph von Schmid und Christian Gottlob Barth) der Dresdner Lehrer Gustav Nieritz (1795–1876), dessen seit 1838 verfassten Jugendschriften in hundertzwanzig Bänden erschienen. Sein Werk steht in der Tradition der sittlich und moralisch belehrenden Erzählungen des 18. Jhs., teilweise neu waren allerdings die von ihm gewählten Stoffe und Themen, die seinen auf ökonomischen Erfolg gerichteten Intentionen entsprachen, weil sie das Unterhaltungsbedürfnis einer breiten, kleinbürgerlichen Schicht Heranwachsender befriedigen wollten.

Nieritz schuf eine literarische Welt voller Historik, Abenteuer und Exotik. Seine Texte folgen einfachen Mustern populärer Erzählweisen, enthalten klare Wertungen, schablonenhafte Figuren und vordergründige Handlungsabläufe. Durch hektische Schauplatzwechsel, spektakuläre Geschehnisse, einen ausgeprägten Aktionismus und gezielt eingesetzte emotionale Affekte erzeugte er eine so intensive Spannung, dass die Leser bereit waren, langatmige Belehrungen über Moral, Naturkunde und Geografie mit in Kauf zu nehmen. Häufig gestaltete Nieritz historische Stoffe, zum Beispiel in »Alexander Menzikoff« (1844) oder »Die Türken vor Wien« (1855) oder abenteuerliche Sujets ferner Welten wie etwa in »Die Negersklaven und der Deutsche« (1841). Aber er gehörte auch zu den wenigen Jugendbuchautoren seiner Zeit, die Ausschnitte sozialer Wirklichkeit thematisierten. »Das Testament« (1848) spielt im Dresdner Armenmilieu, und »Mutterliebe und Brudertreue« (1844)

handelt von den viel diskutierten Gefährdungen des Großstadtlebens. Allerdings fehlte diesen Ansätzen realistischen Erzählens jede sozialkritische Dimension. Der affirmativen Haltung entsprechend wurde stets die Tugend jener Protagonisten belohnt, die sich mit den – wie auch immer gearteten – Verhältnissen und ihrem vorbestimmten Schicksal abfanden. Dank göttlicher Hilfe war am Ende die alte Ordnung stets wiederhergestellt.

Ferne Welten im Abenteuerbuch

Nieritz' Werke verweisen symptomatisch auf eine Entwicklung, in der Geschichte, Geografie und Völkerkunde häufig nur noch als Kulisse für Reise- und Abenteuerliteratur dienten. Sie bot einer zunehmend breiteren Konsumentenschicht Fluchtmöglichkeiten aus einem Alltag, den Standesregeln, gesellschaftliche Werte und Normen eng begrenzten. Zu Zeiten, in denen das Reisen nur sehr wenigen Menschen möglich war, blieb es der Fantasie vorbehalten, ferne Länder und Völker zu entdecken. Der Panoramablick auf die Welt wurde zum Signum des 19. Jhs., erst als träumerischer Sehnsuchtsblick, später als politisch motivierter Anspruch auf Kolonien und einen Teil der Weltherrschaft. Das Genre changierte zwischen sachlicher Reisebeschreibung und exotischem Abenteuerbuch, oft wurden auch moralische Lehren vermittelt. Theodor Dielitz (1810–1869) kompilierte im Ganzen fünfzehn Bände »Land- und Seebilder« (1841–62), deren Schilderungen von Naturkatastrophen, Abenteuern, kriegerischen Auseinandersetzungen, Besiedlungen und Überfällen, sei es auf See oder in fernen Ländern, ganz überwiegend der Unterhaltung dienen sollten. Sophie Wörrishöffer (1838–1890), die als junge

> **Abenteuerroman** ist eine Gattungsbezeichnung für Romane, in denen ungewöhnliche, vom alltäglichen Leben deutlich unterschiedene Ereignisse geschildert werden. Ordnung und Sicherheit werden zugunsten fremder und möglicherweise gefährlicher Erfahrungsräume aufgegeben. Fast immer ist der Abenteuerroman mit einer Reise verbunden. Für den Helden verbindet sich damit häufig ein Initiationsprozess.

Witwe mit dem Schreiben begonnen hatte, berücksichtigte von der Kolonialerzählung über die Indianergeschichte bis zum Auswandererroman jedes Genre der Reise- und Abenteuerliteratur und jeden Erdteil. Ihre meist auf vordergründige Spannung hin konzipierten, sprachlich anspruchslosen Bücher waren offenkundig nur auf den Markterfolg hin geschrieben. Werke wie »Robert der

Schiffsjunge« (1877) oder »Das Naturforscherschiff« (1880) wiesen zudem nationalistische und chauvinistische Tendenzen auf.

Einige bekannte Abenteuerbücher des europäischen Auslands wurden ebenfalls von deutschen Jugendlichen begeistert aufgenommen. Mehrere Seeromane veröffentlichte der Engländer Frederick Marryat (1792–1848), der als Marineleutnant über genaueste Kenntnisse des Schifffahrtswesens verfügte. Seine Robinsonade »Masterman Ready« (1841–1843) überzeugte durch eine authentische Darstellung von Seefahrt und Inselleben. Die deutsche Bearbeitung für die Jugend von Heinrich Laube unter dem Titel »Sigismund Rüstig« (1843) blieb bis weit ins 20. Jh. hinein erfolgreich. Die Reisen der Romanhelden des Franzosen Jules Verne (1828–1905) führten nicht nur rund um die Welt, sondern auch in ihr Inneres und bis zum Mond. Der Urvater der Science-Fiction kombinierte Elemente des Abenteuerromans mit Erkenntnissen und Zukunftsvisionen moderner Technik und Wissenschaft zu einem spannenden neuen Genre. Einen Sensationserfolg konnte er mit der »Reise um die Erde in achtzig Tagen« (1873, dt. 1874) verbuchen. Der englische Gentlemen Phileas Fogg wettet, dass es ihm gelingen wird, den Erdball in achtzig Tagen zu umrunden. Er und sein Diener nutzen dabei die fortschrittlichsten Kommunikations- und Verkehrsmittel wie Telegrafie oder Schnellzüge. Doch durch Unzulänglichkeiten anderer Menschen und Widrigkeiten der Natur werden sie immer wieder behindert. Dass der pedantische Rationalist Fogg einen so entscheidenden Aspekt wie die Zeitverschiebung übersieht, ist als kritischer Seitenhieb auf einen übersteigerten Technikglauben zu werten. In zahlreichen weiteren Romanen, zum Beispiel »Fünf Wochen im Ballon« (1863, dt. 1887) oder »Zwanzigtausend Meilen unter den Meeren« (1870, dt. 1875), erwies sich Verne als Meister spektakulärer Erfindungen und kühner Gedankenspiele.

Die Sklavenfrage: »Onkel Toms Hütte«

Zu den häufig bearbeiteten Themen zeitgenössischer Kinder- und Jugendliteratur zählte in dieser Zeit die Sklaverei. Gern wurde in grellen Überzeichnungen von Sklavenjagd und -handel in Afrika erzählt. Die unzivilisierten »Wilden« sollten eine pittoreske Gegenfolie zu gesitteter deutscher Lebensart bilden. Ganz andere Absichten bewegten hingegen die Amerikanerin Harriet Beecher Stowe (1811–1896), die mit »Onkel Toms Hütte« (1852, dt. 1852)

Sklavenfrage in den USA: Im Gebiet der Vereinigten Staaten von Amerika lebten 1790 rund 700.000 und 1860 über vier Millionen Sklaven. Nachdem es unter dem Einfluss der europäischen Aufklärung zu ersten Protesten gekommen war, wurde das System der Sklaverei im Norden und Nordwesten der USA, wo es insgesamt nur von geringer Bedeutung war, am Beginn des 19. Jhs. abgeschafft. In den Südstaaten jedoch, wo die Sklaverei das Fundament des agrarisch organisierten Arbeits- und Wirtschaftssystems (v.a. Baumwolle) bildete, blieb sie erhalten. Die ungelöste Sklavenfrage war ein Hauptmotiv für den Sezessionskrieg (1861–1865), der nach dem Austritt der Südstaaten aus der Union und der Bildung einer eigenen Konföderation begann. Erst der Sieg der Nordstaaten über den Süden besiegelte nach dem Ende des Krieges 1865 die Abschaffung der Sklaverei.
Das Thema Sklaverei wurde in der Kinder- und Jugendliteratur des 19. Jhs. mehrfach behandelt. Weitere Werke sind zum Beispiel: Christoph Hildebrandt: »Der junge Negersklave und Die geraubten Kinder« (1834); Gustav Nieritz: »Die Negersklaven und der Deutsche« (1841); Philipp Körber: »Der Missionar« (1845).

eine politische Anklageschrift gegen die Sklaverei veröffentlichte. Der Roman fand sofort enormen Zuspruch, auch in Deutschland wurde er zu einem der populärsten Abenteuerbücher des 19. Jhs. Er löste heftigste, nicht zuletzt politische Diskussionen aus und wirkte indirekt auch auf die Kontroverse um die Sklavenfrage zwischen dem Norden und dem Süden der Vereinigten Staaten ein, die sich 1861 zu einem Bürgerkrieg ausweitete. Die Theologentochter Beecher Stowe betrachtete »die Frage der Sklaverei im Licht des Evangeliums«. Ihre Schilderung von Toms Leidensweg ist christlicher Motivik verpflichtet, jede seiner Lebensstationen steht für eine Variante der Sklaverei. Sein Martyrium und Tod auf der Farm eines skrupellosen Baumwollfarmers sind analog zur christlichen Passionsgeschichte gestaltet. Exemplarisch wollte das Buch aber auch die negativen Folgen der Sklaverei für die Familien aufzeigen. In einfühlsamen Szenen werden die Trennung von Eheleuten sowie von Eltern und Kindern geschildert. Damit erzeugte die Autorin Mitleid und Rührung auch bei Lesern, die sich bis dahin über die Sklavenfrage wenig Gedanken gemacht hatten.

Begeisterung für Indianerbücher

Das große Interesse, das deutsche Leser im 19. Jh. Literatur über Nordamerika entgegenbrachten, resultierte nicht zuletzt aus dem Wunsch, sich über die Zustände und Lebensbedingungen in dem Land zu informieren, in das man möglicherweise auswandern wollte. Die Ablösung der Heimarbeit durch die Fabrikproduktion sowie Missernten in verschiedenen Regionen führten bis 1850 zu großen Auswanderungswellen insbesondere bei der ländlichen Bevölkerung. Viele jüngere, vor allem männliche Leser faszinierte allerdings eher die Aura des Fremden, Wilden und Exotischen, von der literarische Schilderungen über die Ureinwohnern Amerikas geprägt waren. Das Vorbild für zahllose weitere Indianergeschichten lieferte James Fenimore Cooper (1789–1851) mit seinen fünf »Lederstrumpf«-Erzählungen (1823–1841), die Franz Hoffmann für die erste deutsche Jugendausgabe (1845) stark veränderte und kürzte. Die idealisierende Geschichte des in der Prärie lebenden Trappers Natty Bumpoo, der zwischen weißen Siedlern und Indianern zu vermitteln sucht, infizierte den jungen Hamburger Friedrich Gerstäcker (1816–1872) so sehr mit Fernweh, dass er nach Nordamerika reiste. In Reportagen schilderte er Sitten und Gebräuche, Kultur und Geschichte der Ureinwohner und zeichnete ein ungeschminktes Amerikabild. Gerstäckers Stärke lag weniger in seiner Erfindungsgabe als in der Fähigkeit, tatsächlich Erlebtes und Erfahrenes mit großer Farbigkeit und Detailfülle zu erzählen. In Bestsellern wie »Die Regulatoren in Arkansas« (1846) oder »Die Flußpiraten des Mississippi« (1848) verknüpfte er auf unterhaltsame Weise authentische Informationen mit spannenden Abenteuern.

Der ideale Deutsche: Old Shatterhand

Den Höhepunkt des Abenteuer- und Indianerfiebers im Deutschland des 19. Jhs. markiert das Werk Karl Mays (1842–1912). Der Sohn einer Weberfamilie war in seinem Bemühen, als Lehrer ein Leben in geordneten Bahnen zu führen, bald gescheitert. Nachdem ihn Betrugsdelikte und Hochstapeleien erst ins Gefängnis und dann

---

»Der jüngere war genauso gekleidet wie sein Vater, nur daß sein Anzug zierlicher gefertigt war. Seine Mokassins waren mit Stachelschweinborsten und die Nähte seiner Leggins und des Jagdrocks mit feinen, roten Zierstichen geschmückt. Auch er trug den Medizinbeutel am Hals und das Kalumet dazu. Seine Bewaffnung bestand wie bei seinem Vater aus einem Messer und einem Doppelgewehr. Er trug ebenfalls den Kopf unbedeckt und hatte das Haar zu einem helmartigen Schopf aufgebunden, durchflochten mit einer Klapperschlangenhaut, aber ohne es mit einer Feder zu schmücken. Es war so lang, dass es dann noch reich und schwer auf den Rücken niederfiel. Gewiß hätte ihn manche Frau um diesen herrlichen, blauschimmernden Schmuck beneidet. Sein Gesicht war fast noch edler als das seines Vaters und die Farbe ein mattes Hellbraun mit einem leisen Bronzehauch.«
Aus Karl May »Winnetou« (1893)

ins gesellschaftliche Abseits gebracht hatten, beschloss er, seine überbordende Fantasie legal zu nutzen. 1874 begann May seine schriftstellerische Laufbahn mit historischen Erzählungen, Dorfgeschichten und Humoresken für populäre Haus- und Familienzeitschriften wie »Für alle Welt« oder »Frohe Stunden«. Es folgten mehrere umfangreiche Kolportageromane, bis er in den Achtzigerjahren zu einem eigenständigen Stil und zum exotischen Abenteuerroman für Jugendliche fand. Mit der »Winnetou«-(1893) und der »Old-Surehand«-Trilogie (1894–1896) sowie dem sechsbändigen Orientzyklus »Durch Wüste und Harem« (1892ff.) stieg er zu einem der auflagenstärksten deutschen Autoren auf. Das Geheimnis seines Erfolgs lag in der erzählerischen Mischung aus Spannung, Rührung und Komik, aber auch in der frappierenden Übereinstimmung der Botschaften seiner Werke mit dem gesellschaftlichen Bewusstsein der Epoche. Ob im »Wilden Westen« Nordamerikas oder im »Wilden Kurdistan«, immer wurde die Überlegenheit der christlich-abendländischen Kultur und der europäischen Technik beschworen. Der Blick auf andere Völker war ambivalent: Auch wenn die Indianer, wie zum Beispiel der legendäre Winnetou, der Rousseauschen Vorstellung vom »edlen Wilden« entsprachen, erschien deren Vernichtung nach den Gesetzen der Darwinschen Rassenlehre doch gerechtfertigt. Die (männlichen) jugendlichen Leser faszinierten aber in erster Linie Helden wie Old Shatterhand und Kara Ben Nemsi, die als charismatische Ich-Erzähler ein besonders ausgeprägtes Identifikationspotenzial und Projektionsflächen für Allmachts- und Wunscherfüllungsfantasien boten. Old Shatterhand etwa verkörperte das Nationalklischee vom ehrlichen und aufrichtigen Deutschen. Mays mythologisierte Helden entsprachen dem Männerideal der Zeit, das Eigenschaften wie Tatkraft, Führungswillen, Mut und Kühnheit favorisierte. Die Lektüre ermöglichte ein Probehandeln in der Fantasie, das ein Hineinwachsen in die geschlechtsspezifische gesellschaftliche Rolle beförderte.

Vom trotzigen »Backfisch« zur perfekten Dame

Seit dem Beginn des 19. Jhs. hatten engagierte Frauen wie etwa Amalie Holst gegen die in der Gesellschaft herrschende Auffassung von der »natürlichen« Unterlegenheit der Frau protestiert und ihre Gleichstellung in rechtlicher und sozialer Hinsicht, vor allem aber auch im Hinblick auf die Chancen zum Erwerb von Bildung und

Beruf gefordert. In der Erziehung junger Mädchen jedoch fanden solche Vorstöße noch bis zum Ende des 19. Jhs. kaum ein Echo. Hier stand weiterhin die Prägung des spezifisch weiblichen Geschlechtscharakters, zu dem Sanftmut, Passivität und Selbstaufgabe gehörten, im Vordergrund. Die Erziehung der »höheren« Töchter des Bildungsbürgertums war gänzlich auf das Ziel der Eheschließung hin ausgerichtet. Berufstätigkeit galt allenfalls als Notlösung für diejenigen, die vergeblich nach einem Bräutigam gesucht hatten, oder für unversorgte Witwen.

Diese Positionen bestätigte auch die Mädchenliteratur. In der zweiten Hälfte des 19. Jhs. wurden die bis dahin üblichen Anstandslehren, Ratgeber und moralischen Beispielgeschichten für junge Mädchen zwar allmählich durch erzählende Literatur, sogenannte Mädchen- oder Backfischbücher, abgelöst, doch deren Zielsetzungen glich zumeist denen der älteren Gattungen: Auch Liebes- und Erziehungsromane für die weibliche Jugend sollten in erster Linie der Vorbereitung auf den »dreifachen Pflichtenkreis« einer Mutter, Gattin und Hausfrau dienen, darüber hinaus Irritationen der Pubertät überwinden helfen, erste Liebeserfahrungen thematisieren, aber auch eigene Wünsche und Hoffnungen spiegeln.

> Auch spezielle **Kinderzeitschriften** wurden in den Dienst der Erziehung zur Weiblichkeit gestellt. Eine hieß »Herzblättchens Zeitvertreib. Unterhaltungen für kleine Knaben und Mädchen zur Herzensbildung und Entwickelung der Begriffe« (1909). Sie wurde von Thekla von Gumpert (1810–1897) 1856 begründet und erschien bis 1933. Von Gumpert gab auch das populäre Mädchen-Jahrbuch »Töchter-Album« (1855–1931) heraus.

In diesem Genre traten zum ersten Mal in größerer Zahl Schriftstellerinnen hervor. »Backfischchens Leiden und Freuden« (1863) von Clementine Helm enthält noch zahlreiche Anstands- und Benimmregeln. An den mehr als dreißig »Herzensgeschichten mit erzieherischer Tendenz« von Clara Cron lässt sich die Entwicklung von der moralischen Erzählung (»Mädchenleben«, 1861) bis zum Backfischroman nachvollziehen (zum Beispiel »Erwachen und Erblühen«, 1891).

Während die meisten dieser Werke heute vergessen sind, hat Emmy von Rhodens (1832–1885) im Jahr 1885 erschienener »Trotzkopf« Klassikerstatus erlangt. Ilse, die ungestüme Gutsbesitzertochter aus Pommern, verwandelt sich in einem Pensionat zur vollendeten Dame und begegnet auf der Heimreise einem standesgemäßen jungen Mann, der bald darauf um ihre Hand anhält. Die amüsanten bis sentimentalen Schilderungen des Internatsalltags und der kleinen Streiche und Aufgeregtheiten einer munteren Mädchenclique machen den Charme des »Trotzkopfs« aus. Den Leserinnen fiel es offenbar leicht, sich mit einer Protagonistin zu identifizieren, die sich nie ganz in das gesellschaftlich geforderte Rollenkorsett zwängen lässt und sich ein wenig von ihrer Widerspenstigkeit bewahrt.

Die ungeheure Popularität des »Trotzkopfs« – bis 1891 waren bereits neun Auflagen erschienen – gab den Anstoß zu einer Fortsetzung. Nach dem Tod Emmy von Rhodens schrieben ihre Tochter Else Wildhagen und weitere Autorinnen die Lebensgeschichte Ilses fort, bis 1930 »Trotzkopfs Nachkommen – ein neues Geschlecht« den Schlusspunkt unter die erste Mädchenbuch-Reihe setzte, die bis in die Gegenwart viele Nachfolger gefunden hat.

Obwohl sich im »Trotzkopf« das bürgerliche Ideal von Liebe und Ehe nochmals erfüllt, wurde doch ein Zwiespalt zwischen dem überlieferten Frauenbild und einem sich allmählich herausbildenden Rollenverständnis von mehr Freiheit und Natürlichkeit sichtbar. Die bildungsbürgerliche Repräsentationskultur, auf die hin junge Mädchen noch immer ausgebildet wurden, hatte in der modernen Industriegesellschaft, die sich über Arbeit und Leistung definierte, ihre Funktion weitgehend verloren und war zur erstarrten Konvention geworden. Doch die Möglichkeiten freier Berufswahl, höherer Bildung oder eines Studiums blieben den Frauen nach wie vor verwehrt. Aus dem Konflikt zwischen geforderter Anpassung und verhinderter Emanzipation entstand ein weibliches Krisenbewusstsein, das auch im Zusammenhang mit pathologischen Deutungen diskutiert wurde. Die hysterische oder neurotische Frau wurde nicht zuletzt im Kontext von Sigmund Freuds »Studien über Hysterie« (1895) zu einem literarischen Motiv des Fin de Siècle, fand aber auch vereinzelt Eingang in die Kinder- und Jugendliteratur.

Elemente dieses Krisenbewusstseins finden sich auch in Johanna Spyris (1827–1901) »Heidis Lehr- und Wanderjahre« (1882). Die religiös-sentimental grundierte Krankheits- und Trennungsgeschichte steht in der Tradition der seinerzeit ausgesprochen beliebten Dorfgeschichte, verweist mit dem Titel aber auch auf Goethes klassische Bildungsromane »Wilhelm Meister Lehrjahre« (1795/96) und »Wilhelm Meisters Wanderjahre« (1821).

Die Waise Heidi wächst auf einer Alm bei ihrem Großvater auf. In der gesellschaftsfernen Bergwelt entwickelt sie sich zu einem fröhlichen Kind mit natürlichem Gottvertrauen. Dann bringt eine Verwandte sie nach Frankfurt, wo sie in einer reichen Familie einem gelähmten Mädchen Gesellschaft leisten soll. Heidi wird krank, sie schlafwandelt und verweigert das Essen, ein Verhalten, das in der Psychoanalyse als »hysterische Heimwehreaktion« gedeutet wurde. Gesund wird Heidi erst nach ihrer Rückkehr in die Berge. Die Natur mit ihren heilenden Kräften wird der verderblichen Zivilisation der Großstadt gegenübergestellt. Zugleich aber symbolisieren die Schauplätze auch die psychische Befindlichkeit der Heldin: Die Alm steht für Vertrautheit, Frankfurt für Verlorenheit und Entfremdung. Spyri zeichnet eine beunruhigende Seelengeschichte nach, die zudem ein Problem in der kindlichen Entwicklung aufgreift: die Verlassensängste, die es bei der Ablösung von den Eltern zu überwinden gilt. Heidi gelingt dies nicht, sie kehrt zurück in die ihr vertraute Umgebung. Wegen dieser regressiven Wendung hat Bettina Hurrelmann »Heidi« als einen antipädagogischen Roman und einen Antientwicklungsroman bestimmt. In der Thematisierung einer kindlichen Grundangst, die erzähltechnisch dadurch gestützt wird, dass der Leser ganz nah an die Hauptfigur herangeführt wird, liegt die Bedeutung von Spyris Buch, das als Vorläufer des psychologischen Kinderromans angesehen werden kann.

Die unangepassten Kinder

Hauptfiguren der Kinder- und Jugendliteratur des 19. Jhs. waren die göttlichen Geschöpfe der Romantik und die braven Kinder der moralischen Beispielgeschichte. Handelten sie tatsächlich einmal lasterhaft, so waren sie am Ende doch wieder zur Tugend bekehrt. Von diesem der Erziehungsfunktion geschuldeten Grundschema wichen nur wenige Autoren ab. Einer war der Amerikaner Mark Twain (d. i. Samuel Langhorne Clemens, 1835–1910), der mit »Tom Sawyer« (1876, dt. 1876) und »Huckleberry Finn« (1884, dt. 1890) zwei aufmüpfige Helden von weltliterarischem Rang erfand, die sich, gerade weil sie sich nicht anpassen mochten, einen Platz im Herzen junger Menschen eroberten. Twain lehnte die übliche Kinderliteratur mit ihren moralischen Intentionen entschieden ab. Zudem schrieb er zunächst weniger für Kinder, sondern wollte Erwachsene zum Rückblick auf die eigene Kindheit anregen.

Twain zeigt die Welt der Kleinbürger und sozial Benachteiligten, die entlang des Mississippis leben. Hier strolchen Tom und Huck herum, hecken Streiche aus und geraten immer wieder in gefährliche Situationen und Konflikte mit den Erwachsenen. Spannung erzeugen Motive der Abenteuer- und Kriminalgeschichte wie Schatzsuche, Mord, Flucht, Erpressung, Entführung und Verwechslung. Die überaus lebendig und authentisch wirkenden Schilderungen changieren zwischen Idylle und Burleske, wobei in »Huckleberry Finn« auch wegen der Kritik am Rassismus der Südstaaten eine deutlich skeptische Haltung gegenüber der Gesellschaft spürbar wird. Dass der Autor keine Zugeständnisse an das kindliche Auffassungsvermögen machte, ist etwa auch an dem Spiel mit literarischen Traditionen (zum Beispiel Homer, Cervantes, Shakespeare) zu erkennen. Die Bedeutung des Werkes für die Kinderliteratur ist im Verzicht auf jede pädagogische Intention zu sehen. Innovativ war, dass statt eines moralisierenden oder allwissenden Erzählers der ungebildete Huck mit seinem Jargon und seiner zuweilen unbeholfenen Ausdrucksweise selbst zu Wort kommt. Diese Modernität führte bei vielen Pädagogen zur Ablehnung von »Tom Sawyer« und »Huckleberry Finn«, sodass sich ihre Abenteuer erst mit Verzögerung durchsetzen konnten.

Auch in Deutschland gab es einen Künstler, der seine Missbilligung des saturierten Kleinbürgerlebens selbst Kindern zumutete. Wilhelm Busch (1832–1908) war ein Außenseiter, gescheitert als Student des Maschinenbaus und als akademischer Kunstmaler. Von seinem umfangreichen Œuvre an Karikaturen und Bildergeschichten zählen »Hans Huckebein, der Unglücksrabe« (1867) und natürlich »Max und Moritz« (1865) zur Kinderliteratur. Die sieben Streiche der »bösen Buben« sind Parodien auf die moralische Beispielgeschichte. Der Erzähler entrüstet sich in der Art eines Bänkelsängers mit lakonischen, ruppigen Knittelversen und pointierten Zeichnungen über das »Lumpenpack« Max und Moritz, doch seine geheime Verachtung gilt den dörflichen Spießern wie der Witwe Bolte, dem Schneider Böck oder dem Lehrer Lämpel, deren Lebenszweck auf die Hühnerhaltung, Nadel und Faden oder ein Pfeifchen Tabak beschränkt ist. Es ist eine mitleidlose Welt, in der die Kinder auf sich allein gestellt sind: »Und die Kinder werden Sünder,/ Wenn's den Eltern einerlei« heißt es – vermutlich in Erinnerung an die eigene Biografie – in der »Frommen Helene«. Die

Deutschland

Aggressivität von Max und Moritz ist als Ventil für ihre Ohnmacht und Hilflosigkeit zu deuten.

In Buschs satirischem Sittenbild überdeckt vordergründige Komik die pessimistische Weltsicht eines Autors, der mit Schopenhauers Philosophie bestens vertraut war und wie dieser nicht nur den Sinn der Weltgeschichte infrage stellte, sondern auch an der Erziehbarkeit des Menschen zweifelte. Die Gestaltung der »Bösewichter« als klischeehafte Figuren ohne Individualität und ihr grausames Ende weisen bereits auf die Surrealität des Comics voraus, dessen Entstehung Busch mit seinem Schaffen wesentlich beförderte. Mit den vermeintlich harmlosen, so ungemein einprägsamen Reimen seines »Max und Moritz« – einer sprachlichen Mischung aus Alltagsfloskeln und manieriertem Bildungsbürgerjargon – erwarb sich Busch den Ruf eines humoristischen Dichters für die ganze Familie. Doch auf einer Bedeutungsebene unterhalb der »lustigen« Bildergeschichte trieb er ein böses Spiel mit den Grundsätzen bürgerlicher Moral, parodierte, verhöhnte und zerstörte Traditionen der Kinderliteratur. Wie Twains Werk so steht auch das von Wilhelm Busch für das antipädagogische Element in einer ansonsten noch zutiefst pädagogisch ausgerichteten Kinderliteratur.

5. Reformbewegungen um 1900

Das »Elend« der Kinderliteratur

Die Erkenntnis, dass in einer Industriegesellschaft der ökonomische Fortschritt längerfristig nur zu sichern ist, wenn die Masse der Bevölkerung die grundlegenden Kulturtechniken beherrscht, führte nach 1870 zur längst überfälligen Revision der rückschrittlichen Bildungspolitik im deutschen Elementarschulwesen. Mit dem Ausbau der Volksschulen und der endgültigen Durchsetzung der Schulpflicht kam im letzten Drittel des 19. Jhs. der Prozess der Alphabetisierung zum Abschluss: Alle Kinder lernten jetzt Lesen und Schreiben.

Die Zunahme der Lesefähigkeit in der Bevölkerung hatte auch zur Folge, dass die Literatur für Heranwachsende ein breites Publikum jenseits der bildungsbürgerlichen Elite erobern konnte. Erleichtert wurde der Aufschwung auf dem Buchmarkt im letzten Drittel des 19. Jhs. durch verbesserte Satz- und Drucktechniken, die es ermöglichten, auf die Lesebedürfnisse und finanziellen Fähigkeiten der einzelnen Zielgruppen exakt zugeschnittene Angebote herzustellen – vom billigen Heftchen in Massenauflage bis zum repräsentativen Prachtband. Die Produktionszahlen der Verlage schnellten in die Höhe. Die zahllosen, nur auf den kommerziellen Erfolg hin hastig geschriebenen und nachlässig gedruckten Unterhaltungsromane sowie Kinder- und Jugendbücher erreichten zwar ein großes Publikum, forderten aber zunehmend die Kritik derer heraus, die es sich zur Aufgabe gemacht hatten, die literarische Kompetenz und Genussfähigkeit von Heranwachsenden aus den unteren Bevölkerungsschichten zu fördern.

Diese Bestrebungen standen im Kontext mit der Herausbildung einer Arbeiterkulturbewegung, die unter dem von dem Sozialdemokraten Wilhelm Liebknecht geprägten Schlagwort »Wissen ist Macht« seit den Siebzigerjahren des 19. Jhs. Anstrengungen unternahm, die Arbeiterschaft an die vom Bildungsbürgertum gesetzten und tradierten Kultur- und Wissensstandards heranzuführen. Die Beschäftigung mit Kunst und Kultur in der freien Zeit sollte einen Ausgleich zur Monotonie und Fremdbestimmtheit der Industriearbeit bieten. Zu diesem Zweck wurden unter anderem

Arbeiter-Bildungsvereine gegründet, Volkshochschulen und Volks-
bibliotheken, aber auch erste Lesehallen (Bibliotheken) speziell für
Kinder eingerichtet.

Vor dem Hintergrund der Bemühungen um einen kulturellen
Ausgleich der Klassengegensätze und eine »Veredlung der Arbeiter«
sind auch die Aktivitäten der vor allem von Volksschullehrern ge-
tragenen Jugendschriftenbewegung zu sehen, der es insbesondere
darum ging, zur literarischen Geschmacksbildung von Heranwachsenden unterer Sozialschichten beizutragen. Mit Empfehlungslisten
und Besprechungen in dem in der Volksschullehrerschaft weitverbreiteten Fachblatt »Jugendschriften-Warte« (ab 1893) strebte man
zwei Hauptziele an: der trivialen Massenliteratur für Heranwachsende Leser zu entziehen und für literarisch anspruchsvolle Werke
zu werben. Bekanntester Vertreter der Jugendschriftenbewegung
war der Volksschullehrer und Schriftleiter der Zeitschrift Heinrich
Wolgast (1860–1920), der mit seiner 1896 veröffentlichten Streit-
schrift »Das Elend unserer Jugendliteratur« großes Aufsehen erregte. In seiner rückwärtsgewandten kulturellen Utopie verband er
die sozialdemokratische Forderung nach einer Hebung des allgemeinen Bildungsniveaus mit idealistischen Positionen, wie sie etwa
Friedrich Schiller in »Über die ästhetische Erziehung des Menschen« formuliert hatte, und spätromantischen Vorstellungen über
die Bedeutung volkspoetischer Gattungen für die Formung einer
nationalkulturellen Identität.

Wolgast sprach sich rigoros gegen eine spezifische Kinder- und
Jugendliteratur aus, weil sie eine allein aus wirtschaftlichen Erwä-
gungen produzierte Massenware ohne poetischen Wert sei. Pädagogische Intentionen erkannte er
nicht an. Werke, die moralische,
religiöse oder politische Über-
zeugungen vermittelten, waren
für ihn »Tendenzschriften«, die er
mit gleicher Vehemenz ablehnte
wie die reinen »Unterhaltungsschriften«. Einer seiner Kern-
sätze lautete: »Die Jugendschrift
in dichterischer Form muß ein Kunstwerk sein.« Da aber – so seine
Folgerung – literarische Kunstwerke stets zur Allgemeinliteratur
gehörten, sei eine besondere Literatur für junge Leser überflüssig.

> »Der Dichter und Kenner der Kin-
> derseele versetzt sich vermöge
> seiner Imagination auf den Stand-
> punkt des Kindes, und aus kind-
> licher Stimmung, Gesinnung und
> Sprache heraus gestaltet sich
> eine Dichtung.«
> *Aus der 3. Auflage von Heinrich
> Wolgasts Schrift »Das Elend un-
> serer Jugendliteratur« von 1910.*

Welche Lektüre empfahl Wolgast Jugendlichen? Sie sollten sich mit den »klassischen Denkmälern« der Literatur vertraut machen, wozu er vor allem Kunstmärchen und andere Gattungen der Volksliteratur zählte. Im Rückgriff auf die Spätromantik setzte er seine Hoffnung darauf, dass diese Literatur eine über soziale Grenzen und Lebensalter hinweg verbindende, einheitsbildende Funktion in der modernen Gesellschaft übernähme. Von den zeitgenössischen Werken galt ihm Theodor Storms (1817–1888) »Pole Poppenspäler« (1874) als vorbildlich, sicher auch, weil Storms im Zusammenhang mit der Entstehung der Novelle geäußertes Diktum: »Wenn du für die Jugend schreiben willst, [...] so darfst du nicht für die Jugend schreiben!« von Wolgast als Beleg für seine Position angesehen wurde. Als eine ebenso »literarisch wertvolle Lektüre« für junge Leser galt ihm Adalbert Stifters (1805–1868) Erzählung »Der Waldbrunnen« (1866). Auf die Kriterien, die seiner Bewertung zugrunde lagen, gab Wolgast allerdings nur wenige Hinweise. Thematisch sollte – wie in »Pole Poppenspäler« – ein Zusammenhang zwischen Kindheits- und Erwachsenenwelt und eine Parteinahme für das bürgerliche Leben deutlich werden. Wichtig waren für Wolgast ferner die Geschlossenheit der Handlung, eine schlichte Sprache und die psychologisch indirekte Gestaltung eher einfacher, klar strukturierter Charaktere.

Die Aktivitäten Wolgasts und der Jugendschriftenbewegung kamen der Kinder- und Jugendliteratur selbst nur bedingt zugute. Die alten Vorurteile gegen ihre ästhetische Minderwertigkeit wurden eher verstärkt als abgebaut, und die eng gefassten, am traditionellen Literaturbegriff orientierten Bewertungskriterien verhinderten einen Innovationsschub auf breiter Ebene. Auch die weitere Expansion des Marktes der populären Massenliteratur für Kinder und Jugendliche konnte nicht gestoppt werden. Trotzdem ließen sich in den beiden folgenden Jahrzehnten auch Aufbrüche in die Moderne beobachten.

Jugendstil und Kunstmoderne

Ansätze der Reformpädagogik und künstlerische Positionen des Jugendstils, beide beeinflusst durch romantische Kindheits- und Einheitsvorstellungen, trugen entscheidend zum Entstehen der Gattung des künstlerischen Bilderbuchs in Deutschland um die Wende zum 20. Jh. bei.

Zum Leitbegriff der Reformpädagogik wurde die Erziehung »vom Kinde aus«, wie sie etwa die Schwedin Ellen Key in ihrer programmatischen Schrift »Das Jahrhundert des Kindes« (1902) propagierte. Die Kunsterzieherbewegung um Georg Kerschensteiner und Alfred Lichtwark und die Jugendschriftenbewegung um Heinrich Wolgast und Hermann Leopold Köster entwickelten daraus neue Vermittlungskonzepte, die an die Stelle der üblichen formalen und abstrakten Lehrmethoden treten sollten. Durch sinnlichpraktisches Erfahrungslernen wollte man zu einer ganzheitlichen ästhetischen Erziehung gelangen, die sich auf Kriterien wie Anschaulichkeit, Erklärung und Selbsttätigkeit gründete. Wolgast gab seine generelle Ablehnung von Kinderliteratur auf und forderte nun Bücher für Kinder, die ein »geistiges Kindsein mit dem Kinde« verrieten. Der Autor sollte sich in die kindliche Psyche hineinversetzen und aus dieser Perspektive sein literarisches Werk gestalten. Ein solches Bemühen um eine Annäherung an das Kind zeigten auch empirische Untersuchungen zur Kinderpsychologie (Charlotte Bühler), zum Spracherwerb (Clara und William Stern) und zu künstlerischen Wahrnehmungs- und Gestaltungsweisen von Kindern (Konrad Lange, Georg Kerschensteiner).

Wichtige Impulse für die Entwicklung des künstlerischen Bilderbuchs gab zudem die sozialreformerische und künstlerische Bewegung des Jugendstils. In England hatten unter anderem Walter Crane und William Morris die Rolle des Künstlers in der modernen Gesellschaft neu bestimmt, indem sie die Kunst dem Leben unmittelbar zuordneten. Im nicht zuletzt auch sozialrevolutionär verstandenen Prinzip des Organischen sahen sie den Ursprung jeder Gestaltung. Eine Neubelebung erfuhr der in der Romantik wurzelnde Gedanke, durch Verbindung aller Künste zu einer Einheit auf höherer Ebene zu gelangen. Dem entsprach das Grundkonzept, die Dinge des alltäglichen Lebens ästhetisch durchzuformen und einem einheitsstiftenden ornamentalen Dekor zu unterwerfen.

Auch Bücher wurden als Gesamtkunstwerke aus Text, Typografie, Illustration, Buchschmuck und Einband betrachtet. Deshalb konnte im Jugendstil vor allem das Bilderbuch mit seiner engen Verbindung von Wort und Bild zum hervorragenden kinderliterarischen Medium werden. Wegweisend dafür waren die Illustrationen der Engländerin Kate Greenaway (1846–1901), zum Beispiel ihre Farbholzschnitte zu »A day in a cild's life« (1881). Greenaways ungemein erfolgreichen Arbeiten wurden zum Wegbereiter einer stilistischen Neuorientierung in der Bilderbuchkunst.

Den international meistverkauften Bilderbuchklassiker schuf Beatrix Potter (1866–1943) mit den Abenteuern des vorwitzig-liebenswerten »Peter Hase« (1902). Bemerkenswert für ein Kinderbuch war die hohe künstlerische Qualität der ganzseitigen, noch in der Tradition des Naturalismus stehenden Illustrationen, für die Potter intensive naturkundliche Studien betrieben hatte. Ein besonderer Reiz lag auch in der Verbindung von realistischen, anthropomorphisierten und märchenhaften Elementen in der Tierdarstellung, durch die kindliche Leser zum Lachen und zur Identifikation mit der Hauptfigur angeregt wurden.

> Das **Bilderbuch** ist durch eine Gleichwertigkeit von Bild und fiktionalem Text gekennzeichnet. Einander ergänzend bilden sie die Grundlage der literarisch-künstlerischen Gesamtaussage. Varianten sind textlose Bilderbücher und Sachbilderbücher, die Kinder mit den Gegenständen und Lebensformen ihrer Umwelt vertraut machen sollen. Als primäre Zielgruppe werden in der Regel Kinder im Vorschulalter angesprochen.

Dem Denken der Zeit entsprach die Vorstellung, dass vom Garten – dem Symbol für Kultur – größere Gefahren ausgehen als von der freien Natur des Waldes, in dem die Hasenfamilie lebt.

In Deutschland entwickelte sich der Jugendstil in Opposition zum Pomp des Historismus, aber auch zu den erstarrten Strukturen in Kultur, Kunst und Bildung allgemein. Reformpädagogen und Vertreter des Jugendstils waren sich einig in der Forderung, die Gestaltung von Büchern für junge Leser nicht länger dilettierenden Laien zu überlassen. Anerkannte Maler, Grafiker und Dichter wie Ernst Kreidolf, Karl Hofer und Richard Dehmel arbeiteten zusammen mit engagierten Verlagen (Schaffstein, Insel) daran, handwerklich vollkommene Bücher zu schaffen und verfolgten dabei das Ziel, eine ästhetische Einheit von Alltagsleben, Kunst und Natur zum Ausdruck zu bringen. In den Bilderbüchern des Jugendstils zeigt sich eine idealisierte, romantisch gefärbte Vorstellung vom Kind, dessen harmonisches Wesen in inniger Verbindung mit der Natur steht. Blumen und Tiere in Menschen-, bevorzugt Kindergestalt machen die ersehnte Symbiose augenfällig.

Als bedeutendster Illustrator dieser Richtung im deutschsprachigen Bereich gilt der Schweizer Grafiker und Maler Ernst Kreidolf (1863–1956). Mit »Blumen-Märchen« (1898) und »Die

Wiesenzwerge« (1902) verhalf er der Bilderbuchkunst in Deutschland zum Durchbruch. Seine eigenwilligen Naturdarstellungen lassen in ihrer geometrischen Komposition an Spätimpressionisten wie Paul Cézanne denken, die organische Ornamentik dagegen erinnert an das allegorische Gemälde »Der Morgen« des romantischen Künstlers Philipp Otto Runge. Die märchenhaft-fantastischen Sujets, die handwerkliche Perfektion, vor allem aber der schwungvolle, lebendige Duktus seiner fein strukturierten Aquarelle zeigen deutlich den Unterschied zum starren, pseudo-naturalistischen Genrestil von Bilderbuchillustrationen des 19. Jhs., denen oft eine individuelle künstlerische Handschrift fehlte.

Den wichtigsten literarischen Beitrag zu den Bilderbüchern der Kunstmoderne leisteten Richard Dehmel (1863–1920), der den Zeitgenossen als berühmtester deutscher Lyriker galt, und seine erste Frau Paula Dehmel (1862–1918). Für »Fitzebutze. Allerhand Schnickschnack für Kinder« (1900) trugen sie verstreut erschienene Gedichte zusammen und beauftragten Kreidolf mit der bildnerischen Gestaltung. Der Maler verwendet hier eine klare, eindeutige Bildersprache, die zuweilen Züge der Karikatur trägt. Noch deutlicher als bei den vorhergehenden Werken zeigt sich seine Absicht, eine Kinderperspektive einzunehmen.

Diesem Anspruch versuchten auch Richard und Paula Dehmel gerecht zu werden. Auch wenn ihre Gedichte in der Tradition der »Wunderhorn«-Lieder stehen, fehlt ihnen dennoch jede romantische Verklärung des Kindes. Beide haben das Prinzip einer Dichtung vom Kinde aus mit literarischen Mitteln konsequent verwirklicht. Sie ließen sich von den Eigentümlichkeiten kindlichen Sprachgebrauchs und Verhaltens inspirieren. Dehmel belauschte seine Kinder und nutzte deren spontane Wort- und Reimschöpfungen zur Gestaltung einer stilisierten Kindersprache. Auch das Sprunghafte, Zufällige und Spontane kindlichen Denkens und Handelns sollten die Verse ausdrücken. Thematisch orientierten sich die Autoren an der Fantasie- und Spielwelt der Kinder. So entstanden freche, unsentimentale Gedichte ohne autoritäre Attitüde

> »Pst, sagt Hater, Fitzebott / war einmal ein lieber Dott, / der auf einem Tuhle saß / und sebratne Menßen aß; / huh! -
> Huh, da sah der Hampelmann / furchtbar groß die Detta an, / und sein alter Bommelhut / kullerte vom Stuhl vor Wut, / plumps.«
> *Paula Dehmel »Wie Fitzebutze seinen alten Hut verliert« aus Fitzebutze« (1900)*

und belehrende Intention, die das
Bild einer freien, ungebändig-
ten und individuellen Kindheit
vermitteln. Gedichte, in denen
ein lispelndes Mädchen den »lieben« Gott einen Menschenfresser
nennt und ein »frecher Bengel«
meint, er sei »ein großer Lump«,
konnten im deutschen Kaiserreich nicht auf uneingeschränkte
Zustimmung hoffen. Und so
wurde »Fitzebutze« von konser-

> Die zeitgenössische Kritik über **Fitzebutze:** »Typisch für den Geist, der diese modernen Pädagogen beseelt, ist die Empfehlung eines Bilderbuches, das man nach Versen und Bildern geradezu als eine Verhöhnung alles Schönen, Wahren und Frommen bezeichnen muß.« *(Evangelische Kirchenzeitung 1903)*
> »Der ›Fitzebutze‹ ist das beste und wertvollste Kinderbuch, das dies Jahr auf den Markt kommt.« *(Johannes Schlaf, »Die Zeit« 1900)*

vativer Seite heftigst attackiert, von den Reformpädagogen, zum
Beispiel auch von Wolgast, jedoch euphorisch gefeiert.

Mit dem avantgardistischen Bilderbuch »Der Buntscheck« (1904)
konnte Richard Dehmel den Erfolg von »Fitzebutze« nicht wie-
derholen, obwohl er neben bekannten Illustratoren auch renommierte zeitgenössische Dichter wie Robert Walser, Detlev von Lili-
encron und Jakob Wassermann dafür gewonnen hatte. Während er
sich aus der Kinderliteratur zurückzog, gewann seine geschiedene
Frau Paula Dehmel mit ihren originellen, zeitlos schlichten Gedichten, Erzählungen und Märchen für Kinder weiter an Profil. Man
bezeichnete sie als Verfechterin einer »sanften Revolution« im Bilderbuch, in der Tradition romantischer Kinderlieder, aber auch der
»Mutter- und Koselieder« von Fröbel. Dehmels Erfahrungen als al-
leinerziehende Mutter dreier Kinder kamen dem Bilderbuch »Rumpumpel« (1903) zugute. Die in Reim und Rhythmus eingängigen,
oft lautmalerischen Verse zwischen witzigem Nonsens und zarter
Poesie thematisieren eine innige Mutter-Kind-Beziehung in unspektakulären Alltagssituationen. Die ganz ungewöhnlichen Illustrationen stammen von Karl Hofer (1878–1955), der damals noch
am Beginn seiner künstlerischen Laufbahn stand. Für seine sze-
nischen Pantomimen mit ihrer teilweise bizarren Gestik und aus-
drucksstarken Form- und Farbgebung gab es keine Vorbilder. Sie
wiesen bereits über den Jugendstil hinaus und ließen Bezüge zum
Primitivismus und zum Expressionismus erkennen. Während andere gesellschaftskritische Künstler der Zeit wie Paul Gauguin oder
Henri Rousseau ihre Sehnsucht nach dem Unbekannten und Unverfälschten in exotische Länder oder vergangene Naturzustände

führte, sah Hofer das Ursprüngliche im künstlerischen Ausdrucksvermögen von Kindern verwirklicht. Seine spielerischen Adaptionen eines naiven, unbeholfen wirkenden kindlichen Malstils, mit denen er »Rumpumpel« illustrierte, wurden erst viele Jahrzehnte später wirklich akzeptiert.

Am Ende der Phase des Jugendstils erschienen zwei Bilderbücher, die, vermutlich gerade weil sie sich nicht mehr so deutlich künstlerischen Reformideen verpflichtet fühlten, bis heute zu den bekanntesten Titeln aus dieser Zeit gehören. Anregungen durch nordische Troll- und Elfensagen nutzte die Schwedin Elsa Beskow (1874–1953) für ihr Bilderbuch »Hänschen im Blaubeerwald« (1901, dt. 1903). Sibylle von Olfers (1881–1916) erreicht in ihren Illustrationen zu »Etwas von den Wurzelkindern« (1906) nicht die filigrane Struktur von Vorbildern wie Ernst Kreidolf, obgleich sie mit der Personifizierung von Wurzeln und der sie beschützenden »Mutter Erde« noch einmal das Jugendstilmotiv der Mensch-Natur- oder genauer gesagt Mutter-Kind-Symbiose aufgreift.

Bilderbücher in der Nachfolge des Jugendstils

Die Leistungen der Bilderbuchkünstler des Jugendstils prägten die folgende Generation von Illustratoren nachhaltig. In den nächsten Jahrzehnten entstanden Bilderbücher wie »Kinderland, du Zauberland« oder »Die Häschenschule«, die den Bilderbuchgeschmack und die -produktion bis in die Gegenwart hinein maßgeblich bestimmen. Im Laufe der Zeit verloren die Bilder jedoch gegenüber den Jugendstilillustrationen an gestalterischer Dichte und ästhetischer Kraft und zeigten eine Tendenz zum Oberflächlichen. Kindlichkeit wurde nicht länger mit Natürlichkeit und Ursprünglichkeit gleichgesetzt, sondern erneut mit Niedlichkeit. Auch fanden die bürgerliche Wirklichkeit und damit die Erziehungsfunktion allmählich wieder zurück ins Bilderbuch.

Einen eigenen Weg ging Gertrud Caspari (1873–1948), die in Werken wie »Lustiges Kleinkinderbuch« (1907) oder »Kinderland, du Zauberland« (1908) ihren typischen »Kleinkinderstil« entwickelte, der kunstpädagogische Erkenntnisse über die Bildwahrnehmung von Kindern berücksichtigte, wie sie der Königsberger Professor Konrad Lange beschrieben hatte. Danach bevorzugen Kinder in der Wahrnehmung Gegenstände mit vereinfachter, kräftiger Konturierung und flächiger Farbgebung. Charakteristisch für die Illustrationen von Caspari sind dementsprechend starke Konturen, runde Formen, eine flächige Komposition und Farbigkeit sowie fehlende Hintergründe.

Mit Caspari in einem Atemzug wird häufig Else Wenz-Viëtor (1882–1973) genannt, die zweite namhafte Bilderbuch-Gestalterin der ersten Hälfte des 20. Jhs. Attribute wie »treuherziglieb« oder »gemütvoll« bezeichnen ihren Illustrationsstil, der eine deutliche Tendenz zu trivialer Niedlichkeit zeigt. Ihr umfangreiches Werk kennzeichnet eine verklärte, sentimentale Realitätssicht, die anthropomorphisierte Tier- und Pflanzenwelt ist üppig ausgestattet mit allen Requisiten eines antiquierten Kleinbürgeralltags.

Den Bilderbuch-Evergreen »Die Häschenschule« (1924) gestaltete Fritz Koch-Gotha (1877–1956), der als Illustrator für den Ullstein-Verlag tätig war. Die Komik der Bilder entsteht aus der genau beobachteten Nachahmung menschlicher Schwächen, die Koch-Gotha auf Tiergestalten überträgt. So werden bürgerliche Ordnung und Harmonie durch kleine satirische Seitenhiebe in Frage gestellt.

Mehr als sechzig Bilderbücher illustrierte die Wienerin Ida Bohatta (1900–1992), deren Hauptschaffensphase in den Dreißigerjahren lag. Auf ihre Vorliebe für kindertümelnde Verkleinerungsformen deuten Buchtitel wie »Mäuschensorgen« (1934), »Eisbärli« (1942) oder »Raupelinchen lernt fliegen« (1951) hin. Die ehemals programmatisch geforderte Kinderperspektive ist hier zur nostalgischen Verklärung einer vermeintlich heilen Kinderwelt aus dem Blickwinkel des Erwachsenen umgedeutet. Ihre lang anhaltende Popularität verdanken die Geschichten über Wichtel, Zwerge und Tiere mit menschlichen Zügen wohl der Fähigkeit Bohattas, ein offensichtlich bestehendes Bedürfnis – vermutlich eher der erwachsenen Käufer als der kindlichen Leser – nach einer harmonisch geordneten, überschaubaren Lebenswelt mit intakten Sozialstrukturen zu befriedigen.

Anfänge des Adoleszenzromans

Immer deutlicher wurde der Widerspruch zwischen dem Modernisierungsschub einer sich nach 1870 rapide beschleunigenden Industrialisierung und dem starren Festhalten des Bildungsbürgertums an überholten kulturellen Werten und Standards. Das daraus entstehende gesellschaftliche Krisenbewusstsein des Fin de Siècle betraf vor allem die junge Generation, die sich in ihrer individuellen

> Der **Wandervogel** war eine anti-urban und anti-industriell orientierte Bewegung von Gymnasiasten. Im Gruppenerlebnis des gemeinsamen Wanderns wollten sie zu Einfachheit, Natürlichkeit und Wahrhaftigkeit im Lebensstil zurückfinden und erhofften sich eine Freisetzung schöpferischer Energien. Ihren ersten Verein gründeten 1901 Wandervögel in Steglitz (damals noch bei Berlin).

Entfaltungsmöglichkeit gehemmt sah. Die bürgerliche Jugend begann zu rebellieren: gegen Eltern, Konventionen und Institutionen. Sie weigerte sich, auf den durch Herkunft und Erziehung vorgezeichneten Bahnen einfach ins wohlgeordnete Erwachsenenleben hinüberzugleiten, sondern wollte eigene Erfahrungen machen, eigene Wege finden, eigene Lebensstile entwickeln. Man floh aus den dunklen, übermöblierten Salons, aus den Schulen, die an Kasernen erinnerten, und aus den Städten, die immer unwirtlicher wurden. »Zurück zur Natur« lautete das Motto, unter dem sich ab Ende des 19. Jhs. die »Wandervögel« zu Sonntags- und Ferienausflügen verabredeten, die Abenteuer, gemeinschaftliche Erlebnisse und Freiheit verhießen.

In diesem Klima jugendlichen Aufbruchs und Ausbruchs konnte sich die Adoleszenzliteratur des 20. Jhs. entwickeln. In Erzählungen, Dramen und Romanen wurde das Erwachsenwerden als Phase tief greifender Irritationen und Leiden bis hin zum Tod begriffen. Obwohl sie zur Allgemeinliteratur zählten, wurden einige dieser Werke zu Kultbüchern der Jugendlichen. Autoren wie Frank Wedekind und Robert Musil gestalteten Identifikationsfiguren für junge Leser, die so authentisch wirkten, weil die Autoren auch eigene Erfahrungen verarbeiteten. Die Werke waren als bildungskritische Anklageschriften ebenso wie als individuelle Versagensgeschichten sensibler, künstlerisch ambitionierter junger Männer mit einer »beschädigten Seele« zu lesen, die Außenseiter blieben in der Industrie- und Militärgesellschaft des Kaiserreichs. Oft sahen sie nur im Freitod ein hinreichend radikales Mittel der Verweigerung. Zuweilen – zum Beispiel in dem psychologisch einfühlsamen Schulroman

> Unter **Adoleszenzliteratur** werden literarische Werke, zumeist Romane, verstanden, die den Übergang vom Jugend- ins Erwachsenenalter thematisieren und dabei insbesondere den Bereich der Sinn- und Identitätssuche ansprechen. Damit im Zusammenhang stehen Aspekte wie zum Beispiel die Ablösung von den Eltern, die Ausbildung eigener Wertvorstellungen, erste sexuelle Kontakte, der Aufbau von Sozialbeziehungen und das Hineinwachsen in eine eigene soziale Rolle oder deren Ablehnung.

»Freund Hein« (1902) von Emil Strauß (1866–1960) – wurde im Stil der Dekadenz ein »schöner« Tod inszeniert, der als symbolische Rückkehr in die Natur verstanden werden sollte.

Bereits 1891 hatte Frank Wedekind (1864–1918) in seinem Schauspiel »Frühlings Erwachen. Eine Kindertragödie« eine Gesellschaft angeklagt, die durch ihre lebens- und sexualfeindliche Scheinmoral Jugendliche an freier erotischer Entfaltung und dem Aufbau einer selbstbestimmten Identität hinderte. Psychologisch genau erfasste er das zwischen Hilflosigkeit und Aggression schwankende Empfinden der Jugendlichen, das er in scharfen Kontrast setzte zur Selbstgerechtigkeit der Repräsentanten bürgerlicher Ordnung (Lehrer, Pastor). Die visionär gesteigerten, gedrängten Szenen sowie die von Pathos und dunkler Naturpoesie durchzogenen Dialoge in der Tradition des Sturm und Drang weisen bereits auf den Expressionismus voraus. Erst 1906 durfte das Stück in zensierter Form uraufgeführt werden.

Robert Musil (1880–1942) schildert in »Die Verwirrungen des Zöglings Törleß« (1906) den Versuch einer sexuellen und seelischen Selbstfindung durch Grenzüberschreitung. Dem Internatsschüler geht es darum, seine durch sinnliche Begierden und die Faszination über das sadistische Treiben seiner Mitschüler »verwirrte« Psyche neu zu ordnen. Die Identitätsprobleme Törleß' resultieren aus der Erfahrung des Widerspruchs zwischen seinem Anspruch auf Autonomie und der sozialen, kollektiv vernetzten Wirklichkeit. Es gelingt ihm nicht, in dieser ambivalenten Realität seinen Platz zu finden. Die Erkenntnis der heuchlerischen und inhumanen Praxis der Gesellschaft führt ihn zum Rückzug auf sich selbst. Darin formulierte Musil seine eigene Position eines radikal subjektiven Kulturidealismus.

> 1966 drehte Volker Schlöndorff nach Musils Erzählung den Film »Der junge Törless« mit Matthieu Carrière in der Titelrolle. Schlöndorffs Spielfilmdebüt wurde einer der ersten großen Erfolge des Neuen Deutschen Films.

Im gleichen Jahr erschien Hermann Hesses (1877–1962) Erzählung »Unterm Rad« (1906), in der er aufzeigt, wie durch das rigide Erziehungs- und Gesellschaftssystem der Zeit ein junger, talentierter Mensch zugrunde gerichtet wird. Hans Giebenrath erfährt von Eltern und Lehrern kein Verständnis, empfindet seinen Aufenthalt im Klosterseminar Maulbronn als Martyrium und gerät schließlich in eine ihm ausweglos erscheinende Außenseiterposition. Hesse wollte die Biografie seines Protagonisten als Modellfall für das Schicksal der Jugend seiner Zeit verstanden wissen. Sein humanistisch geprägtes, teilweise in aggressiver Sprache vorgetragenes Plädoyer richtet sich gegen die Nivellierungstendenzen einer nur an konformistischen Untertanen interessierten Gesellschaft, die keine individuell gestalteten Lebenswege zulassen wollte.

Exkurs: Comics

Um 1900 erschienen in der Tages- und Wochenpresse der USA die ersten Comic-Strips: lustige Bildergeschichten mit einer narrativen Struktur und der gattungstypischen Verknüpfung von Illustrationen, Sprechblasen und Blockkommentaren. Obwohl für die populären »Katzenjammer Kids« (1897) »Max und Moritz« Pate gestanden hatte, begann die Geschichte des Comics in Deutschland erst nach 1945. Durch die amerikanischen Besatzungssoldaten lernten Kinder und Jugendliche die neue Gattung kennen. »Mecki«, »Petzi« und »Nick Knatterton« gehörten zu den Figuren, die zunächst über Zeitungen und Zeitschriften ein schnell wachsendes Publikum fanden. Am Beginn der Fünfzigerjahre explodierte der deutsche Comic-Markt, Bildergeschichten erschienen nun auch in Heften, Alben, Sammelbänden und Magazinen. Allein die Zahl der Serien stieg innerhalb eines Jahres (1952–1953) von fünf auf vierunddreißig. Den größten Anteil daran hatten Abenteuer-Comics, deren klischeehafter Heroismus vor allem Jungen ansprach. Die in den USA seit dem Ende der Zwanzigerjahre erfolgreiche Reihe »Tarzan« (1929ff., dt. 1952ff.) wurde mit großem Werbeaufwand in Deutschland eingeführt und zum Muster für weitere Comic-Serien: Alle vierzehn Tage erschien ein neues Heftchen mit einem Umfang von exakt zweiunddreißig Seiten zum Preis von fünfzig Pfennig. Es gab kaum einen bekannten Stoff der Abenteuer- und Sagenliteratur, der nicht im Comic visualisiert wurde. Den edlen Rittern wie »Prinz Eisenherz« (1937ff., dt. 1951ff.) oder »Sigurd« (1953ff.) folgten Weltraumkrieger wie »Flash Gordon« (1934ff., dt. 1952ff.) und in den Sechzigerjahren die Superhelden »Superman« (1938ff., dt. 1966ff.) und »Batman« (1939ff., dt. 1966ff.).

Der Siegeszug der lustigen Comics, der sogenannten Funnies, ist untrennbar mit dem Namen »Micky Maus« (1933ff., dt. 1951ff.) verbunden. Doch avancierte in Deutschland der oft frustrierte, mit der Erziehung seiner Neffen und den Geizattacken eines älteren Onkels überforderte Enterich Donald Duck bald zum heimlichen Star der Serie. Am Erfolg von »Donald Duck« war neben dem Zeichner Carl Barks (1901–2000), der den Enterich mit einem psychologisch ungewöhnlich differenzierten Charakter ausstattete, auch die kongeniale Übersetzerin Erika Fuchs (1906–2005) beteiligt.

Hinter dem komisch-grotesken Entenhausen-Kosmos musste sich das biedere deutsche Pendant »Fix und Foxi« (1953ff.) von Rolf Kauka (1917–2000) immer mit dem zweiten Platz begnügen. In dem neuen Lesevergnügen der Heranwachsenden sahen konservative Kreise eine akute Gefährdung von Moral und Sittlichkeit. Mit »Schmökergrab-Aktionen« bemühte man sich vergeblich, das »Opium aus der Kinderstube« (»Der Spiegel« 1951) zu verbannen.

 Als in den Sechzigerjahren anspruchsvollere Comics in Deutschland erschienen, besserte sich das Image der Gattung allmählich, und auch (junge) Erwachsene fanden nun Interesse an den Bildgeschichten. Mit den »Peanuts« (1950ff., dt. 1964ff.) von Charles M. Schulz (1922–2000) wurde erstmals der ganz normale Alltag zum Thema eines Comics. In der fantastischen Kinderwelt von Charlie Brown, seiner schwierigen Freunde und seines philosophisch veranlagten Hundes Snoopy spiegeln sich elementare Denk- und Verhaltensweisen der Erwachsenenwelt, gepaart mit hintersinnigem Humor. Längere Erzählungen, die in großformatigen Alben erschienen, zeichnete zum Beispiel der Belgier Hergé (1907–1983) mit seinen Detektivgeschichten »Tintin« (1929ff., dt. »Tim und Struppi« 1967ff.) oder sein Landsmann André Franquin (1924–1997) mit »Spirou und Fantasio« (1938ff., dt. 1981ff.). Die abenteuerlichen Geschichten, die René Goscinny (1926–1977) und Albert Uderzo (*1927) in »Asterix« (1959ff., dt. 1968ff.) über den fortwährenden Kampf der unbeugsamen Gallier gegen die römische Besatzungsmacht erzählen, gehören mit ihrer Fülle von Anspielungen auf Geschichte, Kulturgeschichte und Ethnografie zur intelligentesten und witzigsten Form der Comic-Unterhaltung.

In den Achtzigerjahren zeigte sich ein Trend zu unangepassten Antihelden wie Franquins chaotischem Redaktionsboten »Gaston« (1957ff., dt. 1985ff.), dem ebenso faulen wie frechen Kater »Garfield« (1978ff., dt. 1984ff.) von Jim Davis (*1945) oder dem Bier liebenden »Werner« (1981ff.) von Rötger Feldmann (*1950), dessen flache Witze und Nonsenssprüche Eingang in die Jugendsprache fanden. Vor allem sind die letzten Jahrzehnte aber gekennzeichnet durch eine zunehmende Mehrfachverwertung der bekannten Serien und Figuren in Film, Fernsehen, Computerspiel, Comic, Zeitschrift und weiteren Produkten vom Stofftier bis zum Radiergummi.

Japanische Comics (Mangas) stehen seit den Neunzigerjahren des 20. Jhs. bei Jugendlichen in Deutschland hoch im Kurs. Die erfolgreichste Reihe ist »Dragon Ball« (1984ff., dt. 1997ff.) von dem populären japanischen Zeichner Akira Toriyama (*1956). In zweiundvierzig Bänden werden die aufregenden Abenteuer und die Kämpfe mit schrecklichen Kriegern und Außerirdischen geschildert, die Son Goku und seine Freunde bei der Suche nach den sieben Drachenkugeln mit magischen Kräften zu bestehen haben.

Sonderfälle der Kinderliteratur sind Comic-Varianten des Bilderbuchs. So zitiert etwa Yvan Pommaux (*1946) in »Detektiv John Chatterton« (1993, dt. 1994) Märchen und Kriminalroman, Kunstgeschichte, »Film noir« und Graffiti-Stil. Rotraut Susanne Berners Comic »Märchenstunde« (1998) bietet zeitgemäße Märchenparodien in der naiven, flächigen Manier von Kinderzeichnungen. Zu erwähnen sind auch Comics als eine Stufe von Erstlesereihen. Hier werden Alltagsgeschichten in Bild und Text präsentiert, um den jüngsten Lesern den Einstieg in die Buchlektüre zu erleichtern. Inzwischen gibt es zahlreiche bekannte Kinderbücher auch als Bildgeschichten. Selbst Erich Kästners Klassiker »Emil und die Detektive« wurde in einen Comic transformiert.

In den letzten Jahren hat die Graphic Novel an Bedeutung gewonnen, ein Comic in Buchformat, der sich wegen seiner narrativen Komplexität vom normalen Heftcomic unterscheidet und deshalb auch als Comicroman bezeichnet wird. Unter diesem Begriff werden zuweilen auch die ungemein erfolgreichen Bände von »Gregs Tagebuch« geführt, obwohl es sich dabei eigentlich um konventionelle Kinderbücher handelt, die mit Zeichnungen im Comicstil illustriert sind. In Deutschland sind bis Ende 2011 sechs Bände erschienen, zuerst »Von Idioten umzingelt« (2007, dt. 2008). Jeff Kinney (*1971) erzählt die von gestörter Selbstwahrnehmung bestimmten Alltagsabenteuer seines klassischen Antihelden Greg mit viel Witz und völlig frei von pädagogischen Intentionen.

6. Bis zur Weimarer Republik (1900–1930)

Furcht vor dem Untergang

Die zunehmende Differenzierung der Lebensformen, sozialen Ordnungen und kulturellen Ausdrucksweisen zeigte sich ab 1900 in einem Nebeneinander verschiedener Stile und Strömungen in Kunst und Literatur. Einfluss auf die Kinder- und Jugendliteratur hatte insbesondere die kulturskeptizistische Haltung des Bildungsbürgertums, das die rasant fortschreitende Industrialisierung als Bedrohung empfand. Die Furcht vor dem Untergang der bürgerlichen Lebens- und Bildungswelt wurde durch politische Krisen und technische Katastrophen verstärkt, durch den Ersten Weltkrieg, die Abschaffung der Monarchie und die Ausrufung der Republik bestätigt. Eine mögliche Antwort auf die Gefährdungen der Gegenwart fand ein Teil der Künstler und Schriftsteller in der neuerlichen Rückbesinnung auf romantische und naturphilosophische Ansätze.

Märchen und Fantastik

In die neuromantische Strömung fügte sich das erneuerte Interesse an den Märchen ein, die in den ersten Jahrzehnten des 20. Jhs. wieder als eine wichtige Gattung der Kinderliteratur begriffen wurden. In Sammelbänden und illustrierten Ausgaben unterschiedlichster Ausstattung wurden die deutschen Volksmärchen, aber auch »Märchen der Weltliteratur« (40 Bände, ab 1912) herausgegeben.

Doch war Autoren wie Manfred Kyber oder Ina Seidel sehr wohl bewusst, dass das Naivitätsprinzip traditioneller Volksmärchen nicht mehr der komplexen Gegenwart entsprach. Durch literarische Mittel der Distanzierung und Verfremdung brachten sie ihre Zweifel daran zum Ausdruck.

Der Begriff **Neuromantik** bezeichnet eine gegen den Naturalismus gerichtete literarische Strömung um die Wende zum 20. Jh., die durch eine Neubelebung der Romantik gekennzeichnet ist. Motive der romantischen Literatur und vor allem Gattungen wie Traumliteratur, Märchen und Legenden werden wiederentdeckt. Vertreter der Neuromantik in der Allgemeinliteratur waren Hermann Hesse, Hans Carossa, Ricarda Huch und Gerhart Hauptmann (»Hanneles Himmelfahrt«, 1893).

Rudolf Steiner (1861–1925) begründete die **Anthroposophie**, eine Aspekte des deutschen Idealismus und der Weltanschauung Goethes aufgreifende Lehre, die auch naturwissenschaftliche Erkenntnisse und okkultes Gedankengut einbezieht. Sie basiert auf der Annahme einer Dreigliederung des Menschen (Leib, Seele, Geist). Im Weiteren geht die Anthroposophie davon aus, dass der menschliche Erkenntnisprozess so mit der Wirklichkeit verknüpft ist, dass erst das Erkennen die Wirklichkeit entstehen lässt. Das Bewusstsein entwickelt sich als fortschreitende Selbstgestaltung. Das pädagogische Konzept der **Freien Waldorfschule** beruht auf Steiners Lehre. Die erste Waldorfschule wurde von Steiner 1919 als Werkschule für Arbeiterkinder der Waldorf-Astoria-Zigarettenfabrik in Stuttgart eröffnet. Kennzeichnend für diesen Schultyp ist die große Bedeutung, die künstlerisch-musischen und praktisch-handwerklichen Fächern beigemessen wird, sowie der Verzicht auf die herkömmliche hierarchische Schulgliederung.

Der als »deutscher Andersen« titulierte Manfred Kyber (1880–1933), ein Anhänger der Pädagogik Rudolf Steiners, ließ in seinen Tiergeschichten und Märchenbüchern – zum Beispiel »Drei Waldmärchen« (1903) oder »Märchen« (1922) – anthroposophische Positionen erkennen, manchmal aber auch seine berufliche Nähe zum Kabarett (er schrieb Texte für das Berliner »Überbrettl«). Seine humoristisch gefärbten Geschichten beziehen ihren eigenwilligen Reiz aus dem Umstand, dass hier genau beobachtete Merkwürdigkeiten menschlichen Handelns in einem märchenhaften Ambiente von Tieren oder Fabelwesen vorgeführt werden, wobei stets eine gesellschaftspolitische Komponente erkennbar bleibt.

Ina Seidel (1885–1974) treibt ein ironisches Spiel mit bekannten Stoffen und Figuren der Märchenliteratur. In »Das wunderbare Geißleinbuch« (1925) haben ein Geißlein, der Bärenhäuter, Frieder und Katherlieschen sowie andere Gestalten aus Grimms Märchen ihre angestammten Geschichten verlassen und sich im »Räuberwirtshaus« der Bremer Stadtmusikanten eingefunden. Durch die Figur eines Jungen, der zwischen realer Welt und Märchenwelt hin und her wechselt und über manche Erscheinung ins Staunen gerät, wird zugleich die Selbstverständlichkeit übernatürlicher Ereignisse und Erfahrungen infrage gestellt, wie sie bis dahin für Märchen kennzeichnend war. Dieses Verfahren kennzeichnet die fantastische Geschichte der Moderne, der sich Seidel mit ihren Traummärchen annähert.

Wesentliche Anregungen hatte die deutsche Fantastik aus anderen europäischen Ländern bekommen. In erster Linie ist hier an »Alice im Wunderland« (1865, dt. 1869) von Lewis Carroll (d. i.

Charles Lutwidge Dodgson; 1832–1898) zu denken. Der englische Mathematikdozent ersann den von zahllosen literarischen Anspielungen, skurrilen Einfällen und hintergründigem Humor durchzogenen Roman über die kleine Alice, die durch ein Kaninchenloch aus ihrem unbeschwerten Kinderalltag in eine bizarre Traumwelt der Unwägbarkeiten und Verwandlungen fällt. Hier muss sie sich gegen unhöfliche und tyrannische Tiere wehren, die als Repräsentanten der rauen Erwachsenenwelt zu deuten sind. Bedeutsam ist das Werk vor allem, weil es durch die Verknüpfung von Traditionen des romantischen Kunstmärchens (E. T. A. Hoffmann) mit denen der logik- und sprachverdrehenden Nonsens-Literatur, für die zum Beispiel Edward Lears »Book of Nonsens« (1846) steht, wegweisend für die fantastische Kinderliteratur der Moderne wurde. Von »Alice« ließen sich unter anderem Lyman Frank Baum (»Der Zauberer von Oz«; 1900, dt. 1964), Astrid Lindgren, Michael Ende und Joanne K. Rowling anregen.

Zu den vorbildhaft wirkenden Büchern gehörte des Weiteren »Die Abenteuer des Pinocchio« (1883, dt. 1913) des italienischen Journalisten Carlo Collodi (1826–1890). Das aus einem einfachen Holzscheit geschnitzte »Bengele« durchläuft die Entwicklungsphasen eines Kindes vom egozentrischen zum sozialen Wesen. Im wilden Zickzackkurs schlingert es zwischen Triebhaftigkeit und Vernunft, zwischen Anarchie und Anpassung hin und her, bis es endlich ein richtiger Junge werden kann. Dem deutschen Schriftsteller und Publizisten Otto Julius Bierbaum (1865–1910) ging es in seiner sehr freien Bearbeitung des Stoffes auch darum, den Kunstcharakter von gestalteter Natur deutlich zu machen. Der Titel »Zäpfel Kerns Abenteuer« (1905) verweist auf den Tannenzapfen als Ursprung für das Stück Holz, aus dem ein alter Tischlermeister das »Bild eines Menschleins« herausarbeitet. Doch es entsteht kein Mensch, sondern Kunst:

> In der **fantastischen Literatur** werden Phänomene geschildert, die jenseits der Erfahrungswirklichkeit liegen. Im Unterschied zur geschlossenen Welt des Märchens, in der irrationale Erscheinungen selbstverständlich sind, ist für die fantastische Literatur ein »Zwei-Welten-Modell« (nach Tzvetan Todorov) von realer und magischer Sphäre konstitutiv und damit die Verunsicherung des Lesers darüber, wie die irrationalen Phänomene zu deuten sind. Eine rationale Erklärung ist kennzeichnend für die Schauer- oder Horrorgeschichte, aber auch die Traumgeschichte; in der rein fantastischen Geschichte bleibt das Irrationale dagegen als Erscheinung der magischen Welt unaufgeklärt.

Von dem geschnitzten Kasperle, dem »künstlichen Komödianten«, können Kinder etwas lernen, indem sie über ihn lachen.

In eine Spielzeugwelt entführte auch Alan Alexander Milne (1882–1956) mit »Pu der Bär« (1926, dt. 1928). Ob auf der Jagd nach dem »Heffalump« oder nach Honigtöpfen, der liebenswerte Bär mit dem »geringen Verstand« begeisterte Generationen von jungen (und älteren) Lesern. Die raffinierte Konstruktion des Werkes, in dem die Figur des Autors als Erzähler jener Abenteuer fungiert, die Pu selbst erlebt hat, steht im Kontrast zur einfach strukturierten, klar geordneten Spielwelt des Protagonisten Christopher Robin.

> »Pu der Bär« war der erste Teddybär der Kinderliteratur. 1902 hatte Richard Steiff einen Plüschbären erfunden, der binnen Kurzem zu einem Lieblingsspielzeug von Kindern wurde. Für den Namen stand der amerikanische Präsident Theodore (»Teddy«) Roosevelt Pate.

Der Junge vermittelt zwischen der realen Welt und der fantastischen Zauberwelt des »Hundertsechzig-Morgen-Waldes«, in dem Pu und seine Freunde agieren. Sprachlich steht Milne mit seinen Wortspielen, Tautologien und Nonsens-Elementen in der Tradition von Lewis Carroll. Der besondere Humor des Buches ergibt sich aus der eigenwilligen Logik, der Selbstverständlichkeit, mit der Dinge als lebendig begriffen werden, und dem egozentrischen Verhalten des Bären. Milne verweist hier auf Muster frühkindlicher Weltaneignung, die der Entwicklungspsychologe Jean Piaget in den Zwanzigerjahren empirisch erforschte. Kindliche Leser, die diese Entwicklungsphase bereits überwunden haben, können den Narreteien des Bären deshalb mit Nachsicht und einem Gefühl der Überlegenheit begegnen.

Wildgänse, Rehe und andere Tiere

Der Übergang vom Agrarstaat zur Industrienation wurde von vielen Menschen als Entfremdung von der Natur empfunden. Im Zuge der Verstädterung verschwanden Flora und Fauna immer mehr aus dem direkten Erfahrungs- und Wahrnehmungsfeld. In den Jahrzehnten zwischen 1900 und 1930 schrieben Autoren wie Rudyard Kipling, Selma Lagerlöf, Kenneth Grahame, Hugh Lofting, Felix Salten und Waldemar Bonsels bedeutende Werke der Kinderliteratur, die das zunehmend problematische Verhältnis zwischen Mensch und Natur aus einer zumeist zivilisationskritischen Haltung heraus in Form von Tiergeschichten thematisierten und literarisch neu zu definieren versuchten. Vielfach wurden die Tiererzählungen mit Elementen des Entwicklungsromans, der Naturbeschreibung oder des Märchens verknüpft, häufig auch symbolisch oder fantastisch überformt. Die Vergleiche zwischen Tier- und Menschenwelt waren auch mit vom Darwinismus beeinflusst, die häufig benutzte Analogie von Kindern und Tieren verdankte sich der romantischen Vorstellung von der ursprünglichen Verbundenheit des Kindes mit der Natur, entsprach aber auch psychoanalytischen Deutungen, wie sie zum Beispiel Sigmund Freud formuliert hatte.

Die zwei Bände der »Dschungelbücher« (1894/95, dt. 1898) des in Indien aufgewachsenen Engländers Rudyard Kipling (1865–1936) erzählen vor allem von Mowgli, einem indischen Jungen, der von einem Tiger in die Wildnis verschleppt und von Wölfen aufgezogen wird. Der Junge lernt, im Urwald zu überleben und sich als Führer durchzusetzen. Kipling ging es um eine naturalistische Darstellung der Tiere. Ihr Zusammenleben nach dem »Gesetz des Dschungels« und ihre soziale Ordnung galten ihm als Urbild einer unberührten Natur und zugleich als Modell eines hierarchisch organisierten Gesellschaftssystems nach dem Prinzip von Herrschaft und Unterordnung – eine Sichtweise, die sich in einen zeitgeschichtlichen Kontext zur englischen Kolonialpolitik stellen ließ. Ungewöhnlich war Kiplings straffer, packender Erzählstil, der sich auf die weitere Entwicklung der Kurzgeschichte auswirkte.

Von Kipling ließ sich die Schwedin Selma Lagerlöf (1858–1940) anregen. Für die »Wunderbare Reise des kleinen Nils Holgersson mit den Wildgänsen« (1906/07, dt. 1907/08) bekam sie 1909, zwei Jahre nach ihrem Vorbild, den Literaturnobelpreis verliehen.

Unter **Darwinismus** werden Vorstellungen verstanden, die auf die Evolutionstheorie des britischen Naturforschers Charles Darwin (1809–1882) zurückgehen. In seinem 1859 erschienenen Werk »Über die Entstehung der Arten« formulierte er die These von der gemeinsamen Abstammung aller Arten. Die Erkenntnis, dass der Mensch biologisch keine Sonderstellung in der Evolutionsgeschichte einnehme, und die daraus resultierende Widerlegung der biblischen Schöpfungsgeschichte hatten weitreichende Folgen für die biologische Forschung, aber auch für die theologische, politische und kulturwissenschaftliche Theoriebildung. Darwins These von der »natürlichen Auslese« durch Begrenztheit natürlicher Ressourcen als Grundprinzip des Daseinskampfes wurde durch Popularisierung, Vergröberung und Übertragung auf gesellschaftliche Ordnungsstrukturen zum **Sozialdarwinismus** erweitert: Die naturbedingte Ungleichheit der Menschen führe zur Bildung von hierarchischen Systemen, in denen sich die Schwachen den Starken unterzuordnen hätten.

Ihr Lesebuch für Volksschulen war vor allem in formaler Hinsicht innovativ, denn es fügte Elemente des Abenteuer- und Entwicklungsromans, des Sachbuchs und des Märchens zu einem in sich geschlossenen Ganzen zusammen. In ihre Erzählung der aufregenden Abenteuer, die der kleine Nils auf seiner unfreiwilligen Reise mit den Wildgänsen erlebt, integriert Lagerlöf Wissenswertes aus Literatur, Geografie und Landeskunde in einer lebhaften, realistischen Sprache. Der als Wichtel verzauberte Nils lernt sein Land aus der Vogelperspektive und im Detail kennen und erhält von den Tieren Lektionen im Sozialverhalten. Am Ende hat sich der ungehorsame, leichtsinnige Junge durch das Beispiel der Tiere zu einem verantwortungsvollen, sozial denkenden Menschen entwickelt.

Eine zivilisationskritische Perspektive bestimmt Kenneth Grahames (1859–1932) Buch »Der Wind in den Weiden« (1908, dt. 1929), das Züge der Idylle mit denen der Gesellschaftssatire verbindet. Das Leben der vier Individualisten Maulwurf, Ratte, Dachs und Kröte in der heiteren Landschaft am Fluss kann als Chiffre für die vorindustrielle Lebensweise des englischen Landadels gedeutet werden. Die Tiere, die sowohl menschliche als auch animalische Charakterzüge aufweisen, wagen kleine Ausbrüche aus ihrer wohlgeordneten Umwelt, unternehmen gemeinsame Ausflüge, Ruderbootpartien und Picknicks. Zwar packt sie zuweilen die Sehnsucht nach der Ferne oder einer Vagabundenexistenz, doch letztlich ziehen sie ein Leben am friedlichen Fluss den Gefahren des wilden Waldes und der weiten Welt vor. Grahames konservatives Gegenmodell zur Moderne zeigt eine in gepflegtem Müßiggang verharrende Gesellschaft, die auf Werte wie Freundschaft, Geselligkeit, Geborgenheit und Sicherheit setzt. Wegen der zahlreichen Anspielungen auf die viktorianische Gesellschaft wurde das Buch erst mit erheblicher zeitlicher Verzögerung für den deutschen Jugendbuchmarkt entdeckt.

Als die »besseren Menschen« gelten Hugh Lofting (1886–1947) die Tierfiguren in seinen zwölf Büchern über »Doktor Dolittle und seine Tiere« (ab 1920, dt. 1926). In einfacher, nüchterner Sprache, angereichert mit viel Situationskomik und Ironie, werden die Tiere, die zum Haushalt des hilfsbereiten Landarztes und Naturforschers gehören und diejenigen, denen er auf seinen zahlreichen Reisen begegnet, als vernunft- und sprachbegabte Wesen mit individuellen, ganz unverwechselbaren Charaktereigenschaften geschildert.

> »Das Verhältnis des Kindes zum Tiere hat viel Ähnlichkeit mit dem des Primitiven zum Tiere. Das Kind zeigt noch keine Spur von jenem Hochmut, welcher dann den erwachsenen Kulturmenschen bewegt, seine eigene Natur durch eine scharfe Grenzlinie von allem anderen Animalischen abzusetzen. Es gesteht dem Tiere ohne Bedenken die volle Ebenbürtigkeit zu; im ungehemmten Bekennen zu seinen Bedürfnissen fühlt es sich wohl dem Tiere verwandter als dem ihm wahrscheinlich rätselhaften Erwachsenen.«
> *Aus Sigmund Freud »Totem und Tabu« (1912/13)*

Loftings von einer humanistischen Grundhaltung bestimmte Utopie zielt ab auf eine Wiederannäherung von Mensch und Natur. Sie wird ermöglicht durch das Bemühen des Menschen, die Kommunikation mit der Natur zu suchen. Dieses Ideal verwirklicht im Buch Doktor Doolittle, der die Sprachen der Tiere beherrscht und ihre Leiden heilen kann.

In der Tradition des Entwicklungsromans steht »Bambi« (1923), die Tiergeschichte des Wiener Journalisten Felix Salten (1869–1945). Klug geleitet vom »alten Fürsten«, seinem Vater, wächst das Rehkitz Bambi zu einem mächtigen Hirsch heran. Die spannungsreiche Erzählung über den gefahrvollen Weg in die Selbstständigkeit endet eher melancholisch – der Gewinn von Stärke und Unabhängigkeit geht einher mit einem Verzicht auf Geselligkeit und Liebe. Die nach archaischen Prinzipien geordnete Tierwelt sollte nach Saltens Vorstellung auch ein sittliches Vorbild für die menschliche Gesellschaft sein. Salten, ein Verfechter des Tierschutzgedankens, wollte zudem deutlich machen, dass auch Tiere zu Empfindungen fähig sind. Er zeichnet das ambivalente Bild einer gefährdeten Natur, deren Gleichgewicht nur durch stete Wachsamkeit gewahrt bleiben kann, wobei von den Menschen eine größere Bedrohung ausgeht als von anderen Tieren.

»Die Biene Maja«

Die bekannteste deutsche Tiergeschichte am Beginn des 20. Jhs. ist Waldemar Bonsels (1880–1952) neuromantisches Naturmärchen »Die Biene Maja« (1912). Von dem Buch wurden allein bis 1922 eine halbe Million Exemplare verkauft. Viele davon steckten in den Tornistern junger Soldaten, die 1914 mit lautem »Hurra« in den Krieg zogen. Möglicherweise hat das vorwitzige Insekt sogar einiges zu dieser Begeisterung beigetragen. Denn »Die Biene Maja« ist nicht nur als anthropomorphisierte Tierparabel, kleine Insektenkunde oder evolutionstheoretischer Essay zu lesen, sondern auch als »politischer Roman« (Klaus Doderer), der ideologisch auf eine erneute kriegerische Auseinandersetzung mit »den alten Todfeinden« einstimmen will.

In zeittypischer Weise symbolisiert Majas Ausbruch aus dem Bienenstock jedoch auch das Lebensgefühl der Jugendbewegten, die in der Natur Freiheit, Abenteuer und Lebensfreude suchten. Doch im Moment der Gefahr für das Staatswesen – hier wirkt das Buch fast prophetisch – endet alles schwärmerische Naturerleben sofort. Jeder ist bereit, Verantwortung zu übernehmen, Opfer zu bringen und einen ehrenvollen Soldatentod zu sterben. Mit der »Biene Maja« hat Bonsels ein prägnantes literarisches Beispiel für die ambivalente Haltung der bürgerlichen Jugend zwischen Freiheits- und Sicherheitsstreben am Beginn des 20. Jhs. vorgelegt.

In den schwelgerischen Beschreibungen von Landschaften und Stimmungen, vor allem in der ausgeprägten Licht- und Sonnenmetaphorik, zeigt sich Bonsels dem neuromantischen Stilideal verpflichtet. Die schwärmerische Sprache der Naturbeschilderungen steht im Kontrast zu den lebendigen, dem Alltag entlehnten Dialogen zwischen der naiven Maja und den Tieren, die ihr begegnen, sodass die Erzählung durch ein Spannungsverhältnis zwischen Pathos und Komik gekennzeichnet ist.

Ab 1976 summten dann Maja und ihr Freund Willie unermüdlich über die Fernsehbildschirme. Außer dem Namen der Hauptfigur erinnert in den harmlos-lustigen Episoden der japanisch-österreichischen Koproduktion allerdings kaum noch etwas an den patriotischen Opfermythos des Originals.

Von Schatzsuchern und Goldgräbern

Das aus dem Gleichgewicht geratene Verhältnis zwischen Mensch und Natur ist nicht nur beherrschendes Thema der Tiergeschichten, sondern wird auch in Abenteuerromanen und -erzählungen zum Beispiel von Robert Louis Stevenson oder Jack London gestaltet, die erst mit einiger zeitlicher Verzögerung in Deutschland bekannt wurden.

Motive der Schauerromantik, die beim Leser wohligen Grusel erzeugen, wusste Robert Louis Stevenson (1850–1894) in »Die Schatzinsel« (1883, dt. 1897) äußerst effektvoll in Szene zu setzen. Die Lebenserinnerungen des ehemaligen Schiffsjungen Jim Hawkins enthalten alles, was einen aufregenden Abenteuerroman ausmacht: geheimnisvolle Charaktere, beängstigende Atmosphäre, schnelle und unerwartete Wendungen, zudem Piraterie, Meuterei, Schatzsuche, Überlebenskämpfe, Gewalttätigkeiten und Mord. Das Muster des englischen See- und Abenteuerromans (Defoe, Marryat), in dessen Tradition »Die Schatzinsel« steht, wird von Stevenson erweitert und modernisiert: An die Stelle schematischer Figurenzeichnung tritt eine psychologische Differenziertheit der Charaktere; der Verzicht auf weitschweifige Beschreibungen und Belehrungen führt zu einer beträchtlichen Erhöhung des Erzähltempos und der Spannung; die Verwendung von Umgangssprache in den Dialogen sowie Versatzstücken aus Dialekt und Seemannsjargon steigern Anschaulichkeit und Authentizität des Romans.

Jack London (1876–1916), der große Außenseiter der amerikanischen Literatur, verarbeitete die Erfahrungen seines kurzen, ruhelosen Lebens in Abenteuererzählungen über Goldgräber, Matrosen, Jäger und Fallensteller. Bei deutschen Jugendlichen war insbesondere die in Alaska spielende, dramatisch dicht gestaltete Geschichte des tapferen Schlittenhundes Buck beliebt, der am Ende als Rudelführer einer Wolfsmeute dem »Ruf der Wildnis« (1903, dt. 1929) folgt. Die naturalistische Darstellungsweise wird durch Elemente symbolischen Erzählens (zum Beispiel die Farbe Weiß als Symbol für Kälte) ergänzt. Beeinflusst von Kipling und in Übereinstimmung mit vielen anderen zeitgenössischen Natur- und Tiergeschichten, entwirft London hier wie auch in »Der Seewolf« (1904, dt. 1926) und »Lockruf des Goldes« (1910, dt. 1928) ein Bild vom Leben als Kampf, der nur mit Mut, Stärke und Scharfsinn zu bestehen ist. Diese durch die sozialdarwinistische Idee vom »Recht des Stärkeren« geprägte Vorstellung verbindet er mit einer antimodernen Konzeption, derzufolge der Mensch durch Flucht aus der Zivilisation und Rückkehr zu einer ursprünglichen Natur zu seinen eigenen Wurzeln und seiner Identität zurückfindet.

Der »Kolonialroman«

In der deutschen Kinder- und Jugendliteratur hatten Abenteuerbücher auch in den ersten Jahrzehnten des 20. Jhs. weiterhin Konjunktur. Die allseits beliebten See- und Indianergeschichten wurden durch Werke ergänzt, die Spannungselemente mit politischen Inhalten verknüpften. Mit sogenannten »Kolonialromanen« sollten junge Leser für die Überseegebiete begeistert werden, die das nach Weltgeltung strebende Kaiserreich seit Mitte der Achtzigerjahre des 19. Jhs. in Afrika und im Pazifik erworben hatte. Einen Namen in diesem Genre machte sich Stanislaus von Jezewski, der unter dem Pseudonym C. Falkenhorst zuerst »Ein afrikanischer Lederstrumpf (1888) und anschließend die zehnbändige Reihe »Jung-Deutschland in Afrika« (1893–1900) veröffentlichte, in der Schicksale deutscher Pioniere und Naturforscher vorgestellt werden. In einer Werbeanzeige wurde ausdrücklich betont, dass die Erzählungen nicht die »Wiedergabe märchenhafter Abenteuer« bezweckten, denn

Die Ursache des **Burenkrieges** (1899–1902) zwischen Großbritannien und den Burenrepubliken in Südafrika gründete im britischen Interesse an einem geschlossenen Kolonialgebiet und vor allem an den südafrikanischen Gold- und Diamantenfeldern. 1900 besetzten die Briten die Burenrepubliken. Auf den folgenden Guerillakrieg der Buren reagierten die Briten mit der Taktik der »verbrannten Erde« und der Errichtung von Konzentrationslagern. 1902 wurden die Burenrepubliken endgültig zu britischen Kolonien erklärt.
1904 rebellierte der Bantu-Stamm der **Hereros** in Deutsch-Südwestafrika gegen die fortschreitende Verdrängung durch deutsche Siedler. In zwei Schlachten wurden die Hereros vernichtend geschlagen.

»alle stehen sie im Dienste der Belehrung und sind geeignet, ebenso zur Verbreitung geographischer Kenntnisse, wie zur Förderung der deutschen Kolonialbewegung beizutragen.« Um die fiktionalen Werke glaubwürdig erscheinen zu lassen, gab man sie als biografische oder autobiografische Erlebnisberichte aus.

Wurden anfangs noch die friedlichen Absichten der Eroberer hervorgehoben, so verschärfte sich der Ton nach dem Burenkrieg (1899–1902) und den Herero-Aufständen in Deutsch-Südwestafrika (1904) deutlich. Mit unverhohlenem Rassismus behaupten die Autoren die angebliche Rückständigkeit der Eingeborenen auf allen Gebieten, die sie durch herabsetzende Schilderungen der fremden Sitten und Gebräuche zu belegen suchen. Mit evolutionstheoretischen Argumenten leitete man daraus das Recht zu Unterdrückung und grausamen Strafaktionen durch die Kolonisatoren ab. Typisch für diese Sichtweise ist Gustav Frenssens Buch »Peter Moors Fahrt nach Südwest« (1906), in dem ein Ich-Erzähler den Kampf gegen die Rebellen beschreibt. Dabei glauben die deutschen Truppen Gottes Gerechtigkeit auf ihrer Seite zu haben, weil sie vorgeblich »die Edleren und Vorwärtsstrebenden« sind.

Krieg als Abenteuer

Auf dem Höhepunkt der Indienstnahme der Kinder- und Jugendliteratur für politische Propaganda im Kaiserreich wurde der Krieg zum spannenden Abenteuer verklärt. In einer Gesellschaft, in der der Militarismus selbst Sprache (»Offizierston«), Umgangsformen und Kindermode (Matrosenanzug) bestimmte, konnten die Herrschenden mit breiter Zustimmung zu ihrer forcierten Kolonial-, Flotten- und Kriegspolitik rechnen.

Erzählungen und Romane über die »großen«, siegreichen Kriege des 19. Jhs., über die glorreichen Preußen und Hohenzollern und die Erbfeinde Frankreich und England trugen zur ideologischen Aufrüstung bei und mündeten im Hurrapatriotismus von 1914. In der Kinder- und Jugendliteratur war der Lehrer Wilhelm Kotzde (1878–1948) ein eifriger Verfechter der völkischen Idee, eines emotional übersteigerten, antisemitisch geprägten Nationalismus. Die von ihm herausgegebenen »Mainzer Volks- und Jugendbücher« sollten ebenso wie seine historischen Kriegsschilderungen, etwa »Die Geschichte des Stabstrompeters Kostmann« (1910) oder »Und deutsch sei die Erde« (1912), der vaterländischen Bildung dienen, deren Ausgangsposition die behauptete kulturelle Vorrangstellung Deutschlands vor anderen Nationen, auch vor den westlichen Nachbarn England und Frankreich, war. Damit einher ging eine Geringschätzung parlamentarisch-demokratischer Werte, die Betonung von Führerschaft und einer hierarchisch geordneten Gemeinschaft, in die der Einzelne sich einzuordnen hatte. Eine derartige Gesinnungserziehung leistete auch Karl Tanara. Mit der Erzählung »Der Freiwillige des Iltis« (1900), die vom Untergang des Kanonenbootes Iltis während eines Taifuns im Jahr 1896 handelt, warb er für den Ausbau der deutschen Flotte und beschwor zugleich Werte wie Mut, Gehorsam und Opferbereitschaft, die in der völkischen Erziehung ganz obenan standen.

> »Kameraden, angesichts des Todes ein Hurra für unsern Kaiser! Seine Majestät der Kaiser hurra, hurra, hurra!« Und donnernd, mächtiger als Wogenschwall und Heulen des Orkans erscholl es aus dem Munde der dem Untergang Geweihten: »Hurra, hurra, hurra!« – »Deutsche! Deutsche Jugend, das vergeßt nie! Der Iltis, sein Kommandant, seine Besatzung bleibe in Eurem Geist, in Eurem Herzen in steter Erinnerung. Die Männer, die dort im fernen Asien starben, die waren echte deutsche Helden!« –
> *Aus Karl Tanara »Der Freiwillige des ›Iltis‹« (1900)*

Im lauten Säbelrasseln der Kinder- und Jugendliteratur gingen warnende Stimmen fast unter. Als der sozialdemokratische Lehrer Wilhelm Lamszus (1881–1965) in »Das Menschenschlachthaus« (1912) drastische und illusionslose Visionen eines kommenden Krieges entwarf, suspendierte man ihn vorübergehend vom Schuldienst. Und 1915, als die Jugendlichen bereits zu Tausenden in den flandrischen Schützengräben starben, wurde sein Buch verboten. Man hielt fest am Bild der deutschen Kriegshelden, die sich treu und mutig für ihr Vaterland opfern. Zum Kultbuch der nationalistischen Jugendbewegung wurden die Aufzeichnungen des 1917 in Livland gefallenen Kriegsfreiwilligen Walter Flex (1887–1917). In »Der Wanderer zwischen beiden Welten« (1917) setzt er einem Kameraden ein literarisches Denkmal voll Pathos und völkischem Idealismus. Kriegsverherrlichende Jugendbücher mit deutlich chauvinistischen Untertönen blieben auch in der Weimarer Zeit weit verbreitet.

Als sich Ende der Zwanzigerjahre in der Allgemeinliteratur Autoren der desillusionierten »verlorenen Generation« zu Wort meldeten, die als Jugendliche im Ersten Weltkrieg teilweise noch Fronterfahrungen gemacht hatten, fanden ihre Bücher auch unter Heranwachsenden zahlreiche Leser. Neben »Jahrgang 1902« (1928) von Ernst Glaeser und »Krieg« (1929) von Ludwig Renn war es insbesondere Erich Maria Remarque (1898–1970) mit seinem aufrüttelnden Roman »Im Westen nichts Neues« (1929), der die Gräuel und Schrecken des Krieges in ungeschminktem Realismus zeigte. Angeprangert wurde von diesen Autoren auch der in Gesellschaft, Schule und Militär der Kaiserzeit weitverbreitete Chauvinismus und der Zynismus, mit dem eine ganze Generation junger Männer bedenkenlos dem Krieg geopfert wurde.

Das bürgerliche Familienmodell: »Nesthäkchen«

Obwohl das bürgerliche Ehe- und Familienideal des Kaiserreichs längst Risse aufwies, hielt die Kinder- und Jugendliteratur in unzähligen Varianten weiter daran fest. Das Gefühl vermeintlicher wie tatsächlicher Bedrohung durch Arbeiter- und Frauenbewegung, Krieg, Revolution und Wirtschaftskrise scheint die Sehnsucht nach einer intakten Familie und einem gemütlichen Heim noch verstärkt zu haben. Das zeigt beispielhaft Agnes Sapper (1852–1929) mit ihrer populären Erzählung »Die Familie Pfäffling« (1907), in der

Eltern und sieben Kinder wie in einem »kleinen Staat« zwar finanziell beschränkt, aber glücklich zusammenleben.

Am erfolgreichsten und nachhaltigsten jedoch hat Else Ury (1877–1943) in den ursprünglich zehn »Nesthäkchen«-Bänden (um 1913–1925; »Nesthäkchen im Weltkrieg« wurde nach 1945 nicht mehr neu aufgelegt) das traditionelle Familienmodell literarisch gestaltet. Die Gesamtauflage liegt inzwischen bei weit über sieben Millionen Exemplaren. Allerdings sind die Bücher im Laufe der Jahrzehnte so stark überarbeitet, modernisiert und vor allem gekürzt worden, dass manche nur noch siebzig bis achtzig Prozent des Originaltextes enthalten.

Die vor der Folie tatsächlicher Lebensverhältnisse fragwürdig gewordene Fixierung auf die »heile« bürgerliche Familie mit christlicher Überzeugung, patriotischer Gesinnung und bildungsbürgerlichem Werte- und Kulturkanon diente Ury wohl als literarische Projektion einer unerfüllbaren Wunschbiografie. Die gebürtige Berlinerin Ury fühlte sich lebenslang als Deutsche von Geburt und aus Überzeugung. Doch als Jüdin wurde sie immer wieder ausgegrenzt, diffamiert und als »Bürgerin zweiter Klasse« behandelt. In ihrem verklärten Bild der deutschen Familie dokumentiert sich ihr Bemühen um Assimilierung und Bestätigung ihrer nationalen und kulturellen Identität.

In der ersten von Beginn an auf mehrere Bände hin konzipierten Mädchenbuchreihe wird die Berliner Arzttochter Annemarie Braun durch sieben Jahrzehnte eines unspektakulären Mädchen- und Frauenlebens begleitet: von der Puppenmutter zur Schülerin, Abiturientin, Studentin, Ehefrau und Mutter bis hin zur Großmutter »im weißen Haar«. In einer zwischen lebendigem Umgangston und Schwulst wechselnden Sprache schildert Ury Glücksmomente und Peinlichkeiten, heitere und sorgenvolle Stunden, Familienfeste und Krankheiten – also die ganze bunte Vielfalt des Lebens, allerdings mit einem entscheidenden Unterschied: Für jedes Problem findet sich eine glückliche Lösung. Die mangelnde Rückbindung

---

Die dänische Autorin **Karin Michaelis** (1872–1950) schuf mit »Bibi« eine unkonventionelle Gegenfigur zu den braven Protagonistinnen der deutschen Mädchenbuchreihen. Sie handelt sehr selbstständig und unabhängig von der Familie, unternimmt verschiedene Reisen ins Ausland und gerät in aufregende Situationen. Von den insgesamt sieben Bänden der Reihe erschienen zwischen 1929 und 1936 sechs auch in Deutschland.

an die Realität, die durch eine in den verschiedenen Bearbeitungsstufen zunehmende Eliminierung von Zeitbezügen noch verstärkt wurde, aber auch die Oberflächlichkeit der Figurengestaltung und die unverbrüchliche »Alles-ist-gut«-Haltung der Protagonisten bestimmen »Nesthäkchen« als triviale Mädchenliteratur.

Dass die Bände trotzdem Klassikerstatus gewonnen haben, verdanken sie insbesondere einer Hauptfigur, der neben den gängigen Klischees auch Attribute eingeschrieben sind, die über das zeitgenössische Rollenbild hinausweisen: Nesthäkchen besucht das Gymnasium und beginnt ein Studium, wenngleich sie mit der Heirat ganz selbstverständlich den Hörsaal gegen Haushalt und Kinder tauscht. Aber sie ist alles andere als eine perfekte Hausfrau, handelt manchmal eigensinnig und unbedacht und bleibt bis ins Alter auch unkonventionellen Ideen gegenüber aufgeschlossen. In diesen Ansätzen zu einer Überschreitung gesellschaftlich definierter Grenzen liegt das besondere Identifikationspotenzial, das die »Nesthäkchen«-Bücher jungen Leserinnen anbieten.

Es war bitterste Ironie der Geschichte, dass die populärste deutsche Kinderbuchautorin des 20. Jhs., die Frau, die das bürgerliche Familienbild literarisch so nachhaltig tradierte, Anfang 1943 im Konzentrationslager Auschwitz ermordet wurde.

7. Neue Sachlichkeit und Sozialismus (1920–1932)

Bekannte Künstler und Dichter

Wenngleich in den ersten drei Jahrzehnten des 20. Jhs. in der deutschen Kinder- und Jugendliteratur konservative und nationalistische Gesinnungen dominierten, so gab es daneben in geringerem Umfang auch – vor allem in der künstlerischen und literarischen Aufbruchstimmung der Zwanzigerjahre – moderne und experimentelle Tendenzen, die von avantgardistischen Kunst- und Kulturströmungen der Zeit beeinflusst waren. Allgemein anerkannte Künstler wie Kurt Schwitters oder George Grosz und Dichter wie Christian Morgenstern, Joachim Ringelnatz oder Bertolt Brecht scheuten sich nicht, für junge Leser zu zeichnen und zu schreiben.

Auch in der Kinderliteratur bildete der unter anderem von Friedrich Nietzsche und Fritz Mauthner vertretene Sprachskeptizismus der Jahrhundertwende einen wichtigen Bezugspunkt. Man stellte die konventionalisierte Sprache des Bürgertums in Frage und entlarvte Leitbegriffe wie »Sittlichkeit«, »Vaterland« oder »Ehre« als Phrasen. Wenn – wie die Kritiker meinten – die Sprache unzureichend zur Erkenntnis von Welt war, so taugte sie doch zum Spiel oder zu einer poetischen Gegensprache der Bilder, Träume und Affekte, wie Nietzsche sie forderte.

Im Kontext der Rückwendung zu einer ursprünglichen Sprache steht die Lyrik Christian Morgensterns (1871–1914), die wesentlich durch Elemente des Musikalischen und Spielerischen bestimmt ist. Er knüpfte an gesellschaftskritische Traditionen des Sprachspiels an, aber auch an die Volks- und Kinderlieder der Romantik und die Kinderlyrik Paula Dehmels. Doch die »Kindlichkeit« seiner Verse verdankte sich nicht einer bewussten Orientierung an Kindern als Zielgruppe, sondern ergab sich aus seinem Bemühen um eine natürliche Sprache. Abgesehen von einzelnen Gedichten wie etwa »Das Häslein«, »Beim Mausbarbier« oder »Elbenreigen«, die in Verssammlungen für Kinder aufgenommen wurden, verfasste Morgenstern nur ein Buch speziell für junge Leser. »Das Hasenbuch« (1908) war eine Auftragsarbeit. Der Berliner Verleger Bruno Cassirer hatte ihn um Verse zu Illustrationen von Konrad Ferdinand von Freyhold (1878–1944) gebeten, der zu den geschätzten Illustratoren der Kunstmoderne zählte. Freyhold wollte im Sinne der Kunsterzieherbewegung mit bewusst gewählter Form- und Farbgebung das ästhetische Empfinden von Kleinkindern schulen. Seine Bilder zu den Themen Osterfest und Osterbrauchtum zeigen sich vom Jugendstil beeinflusst, lassen in der ausgeprägt schlichten Linienführung, der klaren, fast geometrischen Komposition und der plakativen Flächigkeit bereits Momente erkennen, wie sie für die Neue Sachlichkeit typisch werden sollten. Morgenstern passte seine – nach eigenen Aussagen – bewusst »epigrammatischen« Verse dem einfachen und knappen Stil der Bilder an. Wie auch sonst in seinem lyrischen Werk machen Rhythmus und Reim, Lautmalereien und Wortspiele den besonderen Reiz seiner Gedichte aus. Im Unterschied zu anderen Formen des Sprachspiels bleibt bei Morgenstern jedoch immer ein – in den Gedichten für Kinder meist komischer oder parodistischer – Sinnzusammenhang gewahrt.

Ein tiefes Misstrauen gegenüber den Manipulationsmöglichkeiten durch Sprache kennzeichnet auch das dichterische Werk von Joachim Ringelnatz (1883–1934), dessen Annäherung an das Kindliche aus der Abwendung von bürgerlichen Konventionen resultierte. Die humoristischen Sprachspielereien Morgensterns steigerte er ins Schaurig-Groteske. Beeinflusst durch das literarische Kabarett, das um die Jahrhundertwende entstand, verhöhnte Ringelnatz mit anarchischen, teilweise aggressiven Versen das Bürgertum und seine Sprache. Aufsehen erregte er mit seinem »Geheimen Kinder-Spiel-Buch« (1924), in dem er weniger pädagogisch empfehlenswerte, als vielmehr fantasievolle, freche, aber auch grausame Kinderspiele vorstellte. Thematisch knüpfte er damit an Wilhelm Busch und Mark Twain an. Seine provokanten Aufforderungen zur Tierquälerei und Aufmüpfigkeit gegenüber

> Der **Dadaismus** ist eine avantgardistische Kunstbewegung des frühen 20. Jhs., die sich – als Reaktion auf den Ersten Weltkrieg – gegen eine rationalistische Weltsicht und das Fortschrittsdenken der Zeit wandte. Gefordert wurde eine absolute Freiheit der Kunst, in der alle Mittel und Materialien ihre Berechtigung haben. Bevorzugte künstlerische Verfahren waren Montage und Collage, literarisch kam dem Laut- und Simultangedicht besondere Bedeutung zu. In Berlin, Köln, Zürich und Paris entstanden Zentren des Dadaismus. Bekannte Dada-Künstler waren Hugo Ball, Richard Huelsenbeck, Johannes Baader und Kurt Schwitters.

Respektspersonen gingen manchem entschieden zu weit. Die Polizei teilte Gustav Kiepenheuer mit, dass das von ihm verlegte Werk »eine ernste Gefahr für die sittliche Entwicklung der Kinder« bedeute. Der Adressatenhinweis auf dem Umschlag – »Für Kinder von 5 bis 15 Jahren« – musste überklebt werden.

Im Kontext des Konstruktivismus, wie er von Kasimir Malewitsch und El Lissitzky entwickelt wurde, sind die »Buchstaben-Harlekinaden« (Hans Ries) des dadaistischen Wort- und Bildkünstlers Kurt Schwitters (1887–1948) zu sehen, der mit seinen völlig neuartigen typografischen Büchern »Die Märchen vom Paradies« (1924) und »Die Scheuche« (1925) als Formen konkreter Dichtung herkömmliche Vorstellungen vom »schönen« Bilderbuch gründlich auf den Kopf stellte. Die Buchstaben übernehmen hier den Part der Figuren, die Grenzen zwischen Text und Bild sind aufgehoben. Die rhythmischen, assoziativen Kompositionen erinnern an improvisierte Kinderspiele, ohne dass eine pädagogische Zielsetzung erkennbar wäre. Schwitters ging es vielmehr darum, die Grenzen der Kunst durch eine Zerstörung konventioneller Strukturen und Vorstellungen von Bild und Sprache zu erweitern. Seine experimentellen Text-Bild-Montagen sind auch als Symbole der von ihm angestrebten Verbindung von Kunst und Alltag zu begreifen.

Selbst im Œuvre so bedeutender Künstler wie Otto Dix (»Bilderbuch für Muggli«, 1922) und George Grosz finden sich Arbeiten für Kinder. Grosz illustrierte Bertolt Brechts (1898–1956) erstes Kinderbuch »Die drei Soldaten« (1932). Brecht, der in seinen Anfängen bekannte Kinderverse parodierte, wollte mit dieser Gedichtfolge das kritische Bewusstsein von Heranwachsenden schärfen. Die drei Soldaten sind Allegorien auf Hunger und Krankheiten, zu deren bevorzugten Opfern Arme und Arbeitslose gehören. Ihre Botschaft lautet: Wer passiv bleibt, wird untergehen, wer sich gegen politische Ungerechtigkeiten wehrt, wird sie überwinden. Auch in seiner späteren Kinderlyrik bleibt Brecht zumeist der Dialektik politischer Aufklärung verpflichtet. Im Exil entstanden Kinderlieder, die zusammen mit Texten für Erwachsene in der Sammlung »Svendborger Gedichte« erschienen sind. Und mit dem »Kinderkreuzzug« (1939) gestaltete er ein eindrucksvolles Dokument gegen die Unmenschlichkeit des Krieges. Geschildert wird, wie eine Gruppe von Kindern auf der vergeblichen Suche nach Frieden durch zerstörte polnische Dörfer irrt.

Realistische Großstadtgeschichten

Im Verlauf des 19. Jhs. entdeckten Schriftsteller wie Eugéne Sue, Émile Zola und Charles Dickens mit Paris und London die Großstadt als literarischen Ort. Mit Charles Dickens' (1812–1870) Waisenjungen »Oliver Twist« (1838, dt. 1838) kämpft zum ersten Mal ein Kind in den bedrohlich wirkenden Gassen der Großstadt gegen Armut und Verbrechen. In Deutschland verzögerte sich der Prozess der Urbanisierung aufgrund der verspäteten nationalen Einigung. Erst mit der Gründung des Kaiserreichs 1870 wurde Berlin zur Hauptstadt bestimmt, die von der Kinderliteratur zunächst ebenso wenig beachtet wurde wie andere große Städte des Landes. Realistische Geschichten für junge Leser spielten bevorzugt in ländlicher Idylle, in Dörfern und Kleinstädten. Der Erste, der die Stadt als kindlichen Wahrnehmungs- und Erlebnisraum begriff, war der Reformpädagoge und Lehrer Heinrich Scharrelmann (1871–1940). Scharrelmann, der den üblichen Schulunterricht als zu trocken und verstandesorientiert kritisierte, entwickelte eine praxisbezogene Lehrmethode, die auf lebendigen Schilderungen und eigenen Erfahrungen beruhen sollte. In diesem Kontext stehen seine vier »Berni«-Bände (1908–1922), Geschichten über einen Jungen, der – anfangs noch im Vorschulalter – seine Heimatstadt Bremen erkundet. Die alltäglichen Begebenheiten aus der Welt der Kleinbürger und Handwerker werden in einfacher Sprache und konsequent aus der Perspektive eines Heranwachsenden geschildert, der sich in Augenhöhe mit dem Leser befindet. Durch diese Sichtweise sollen die in den Erzählungen enthaltenen Sachkenntnisse auf ebenso anschauliche wie leicht eingängige Weise vermittelt werden.

Nach dem Ersten Weltkrieg wurde Berlin zum politischen, wirtschaftlichen und kulturellen Mittelpunkt Deutschlands – und zum Schauplatz von Kinderbüchern. Den Anfang machte »Peter Stoll« (1925), dessen Titelheld sich vom Arbeiterjungen zum klassenbewussten Proletarier entwickelt. Die Alltagsgeschichte verrät, dass der Autor Carl Dantz (1884–1967) bestens mit dem Milieu der städtischen Fabrikviertel vertraut war.

Eine kleine Revolution löste Wolf Durian (1892–1969) mit »Kai aus der Kiste« (1926) aus, eine »ganz unglaubliche Geschichte«, die zunächst 1924 in Fortsetzungen von der Kinderzeitschrift »Der heitere Fridolin« abgedruckt worden war. Endlich einmal folgte ein Kinderbuch nicht den allgemeinen künstlerischen und literarischen

Tendenzen, sondern trug sie mit. Deutlich ist die Signatur der Neuen Sachlichkeit erkennbar: in der schnörkellosen Sprache, der konzentrierten Handlung, der neutralen Darstellung aus dem Blickwinkel einer Filmkamera, dem rasanten Erzähltempo, das mit der Dynamik des Großstadtlebens korrespondiert, und dem aktuellen, die Menschen ungeheuer faszinierenden Thema Werbung. Ein amerikanischer Zigarettenproduzent sucht den besten Werbestrategen, um eine neue Marke auf dem deutschen Markt zu etablieren. Den Wettbewerb mit einem »diplomierten Reklameagenten« kann der Straßenjunge Kai dank pfiffiger Ideen, ausgeprägter Cleverness und zahlreicher Helfer gewinnen. Einen solchen Helden kannte die Kinderliteratur bis dahin noch nicht: Er fährt schwarz, beschmiert fremdes Eigentum mit »Graffitis«, führt die Polizei hinters Licht, und doch erwartet ihn keineswegs eine drakonische Strafe, sondern eine steile Karriere als Werbekönig mit eigener Agentur. Kein Wunder, dass zwar die jungen Leser begeistert waren, die einflussreichen Jugendschriftenausschüsse in dem Buch aber »keine wertvolle Lektüre« sehen wollten.

> Mit dem Begriff **Neue Sachlichkeit** werden verschiedene Gegentendenzen und Abgrenzungen zum Expressionismus bezeichnet. Als allgemeine Stilkennzeichen gelten: wirklichkeitsnahe und zeitbezogene Themengestaltung, sachlich-neutrale Perspektive, schlichte Alltagssprache, Lakonie und Sprachwitz. Als wichtige Vertreter der Neuen Sachlichkeit gelten Kurt Tucholsky, Walter Mehring und Erich Kästner.

Die Radikalität in Form und Inhalt mag der Grund dafür gewesen sein, dass den wilden Kai drei Jahre später ein Musterknabe an Popularität klar überflügelte. Die Großstadt- und Kriminalgeschichte um »Emil und die Detektive« (1929) wurde auch international zum erfolgreichsten deutschen Kinderbuch des 20. Jhs. Als Erich Kästner (1899–1974) seinen ersten Roman für Kinder schrieb, hatte er sich bereits als kritischer »Weltbühne«-Journalist und Verfasser frivoler und bissiger Gedichte einen Namen gemacht. Sein »Emil« gehört ganz in die sachliche Zeit. Aus der Kleinstadt, die nicht zuletzt der überbesorgten Mutter wegen Geborgenheit, aber auch Enge symbolisiert, reist der Schüler Emil Tischbein in die pulsierende Metropole Berlin. Eine Gruppe kesser Berliner Jungs hilft ihm dabei, den »Herrn im steifen Hut« zu verfolgen und als Dieb zu überführen, der ihm während der Zugfahrt einhundertvierzig Mark gestohlen hat.

Erich Kästner (1899–1974) war der populärste Kinderbuchautor des 20. Jhs. in Deutschland. Der Dresdner wuchs in kleinbürgerlichen Verhältnissen auf. Nach dem Studium arbeitete er zunächst als Journalist in Leipzig. Der Höhepunkt seines literarischen Schaffens fiel in seine ersten Berliner Jahre zwischen 1928 und 1933, in denen neben zahllosen gesellschaftskritischen Gedichten und dem »Fabian« (1931) seine berühmten Kinderromane entstanden: »Emil und die Detektive« (1929), »Pünktchen und Anton« (1931), »Der 35. Mai« (1932) und »Das fliegende Klassenzimmer« (1933). In der Zeit des Nationalsozialismus umging er das Publikationsverbot durch die Veröffentlichung von harmlosen Unterhaltungsbüchern und die Verwendung wechselnder Pseudonyme. Ab 1945 lebte Kästner in München. Nach »Das doppelte Lottchen« (1949) und »Die Konferenz der Tiere« (1949) zeigte sein kinderliterarisches Werk zunehmend Züge von Resignation. Er bearbeitete Klassikern für Kinder, zum Beispiel »Die Schildbürger« (1954) und »Gullivers Reisen« (1961), schrieb seine Kindheitserinnerungen unter dem Titel »Als ich ein kleiner Junge war« (1957) und erfand als letzten seiner Kinderhelden mit »Der kleine Mann« (1963 und 1967) einen Miniatur-Erwachsenen im Streichholzschachtel-Format. Dass er trotz oft sehr deutlicher moralischer Botschaften zu einem Lieblingsautor junger Menschen wurde, verdankte er seiner Fähigkeit, deren Probleme und Hoffnungen glaubwürdig und mit großer Ernsthaftigkeit, zugleich aber mit ausgeprägtem Humor darzustellen.

Die Großstadtgeschichte für Kinder fand viele Nachfolger, etwa »Das rote U« (1932) von Wilhelm Matthießen (1891–1965), einige von Werner Bergengruens (1892–1964) Episoden um »Zwieselchen« (1931) und Kästners zweiter in Berlin spielender Kinderroman »Pünktchen und Anton« (1931), in dem es um soziale Unterschiede, Freundschaft und – wiederum – ein Verbrechen geht. Die Großstadt war in diesen Büchern zum Ort kindlicher Sozialisation und Bewährung geworden. Hier lernten Heranwachsende ganz selbstständig miteinander und voneinander, unabhängig von Eltern und anderen Erziehungsinstanzen. Die neuen Helden der realistischen Kinderliteratur handelten selbstbewusst, solidarisch, klug und vernünftig, oft sogar effektiver als die Erwachsenen, die nur noch in Nebenrollen auftraten. Dieses moderne Kindheitsbild barg eine utopische Dimension, die vor allem Erich Kästner immer wieder gestaltete. Es war die Hoffnung, die nachwachsende Generation werde eine menschlichere und friedlichere Gesellschaft schaffen.

Sozialistische Kinderliteratur

Die Diskussion um eine spezifisch sozialistische bzw. kommunistische Kinderliteratur begann mit der Reformbewegung um die Wende zum 20. Jh. Getragen wurde sie von Clara Zetkin, Otto

Marko, Julian Borchardt und Richard Levy. Es ging um die Kernfrage, ob Bücher für junge Leser überhaupt politisch aufklären sollten, oder ob nicht Funktionen der Unterhaltung oder der literarischen Erziehung wichtiger seien. Clara Zetkin gehörte zu denen, die eine eigenständige sozialistische Kinder- und Jugendliteratur mit klassenkämpferischer Tendenz ausdrücklich forderten. Erziehung im Geiste des Kommunismus sollte Ideale wie Brüderlichkeit, Solidarität und proletarische Freiheitsliebe vermitteln und zur Veränderung der Realität motivieren.

Im Märchen sahen viele Autoren die literarische Gattung, mit der sie diese Ziele am wirkungsvollsten erreichen konnten. Doch sie wollten nicht zur Gedankenflucht in vergangene Idyllen animieren, sondern zum visionären Blick voraus in eine sozialistische Gesellschaft. Der Wahrheit im Sinne der Aufklärung verpflichtet, ließen sich die Handlungsweisen vernunftbegabter Fantasiewesen allegorisch deuten. Die bekannteste Autorin proletarischer Kindermärchen in der Weimarer Republik war Hermynia Zur Mühlen (1883–1951), die in Heranwachsenden die »Erbauer einer freien, brüderlichen Welt« sah. In ihrer von George Grosz illustrierten Märchensammlung »Was Peterchens Freunde erzählen« (1921) überträgt sie die Dimension des Wunderbaren auf die Wirklichkeit des Arbeiteralltags. Dem kranken Peter erzählen die Gegenstände, die ihn in seinem Zimmer umgeben (Kohle, Bettdecke, Eisentopf usw.), von ihrer Herkunft und ihrer Bedeutung im jeweiligen Produktionszusammenhang. Jede dieser Schilderungen veranschaulicht Prinzipien des Kapitalismus und enthält eine politische Lehre.

Ein Beispiel für die zahlreichen Kinder- und Jugendbücher, in denen aus der Vergangenheit heraus Handlungsperspektiven für die Zukunft entwickelt werden, ist Berta Lasks Sozialutopie »Auf dem Flügelpferde durch die Zeiten« (1925). Auf einem »Gedankenpferd« gerät der Arbeiterjunge Karl im Traum in Epochen und Ereignisse hinein, die für den fortwährenden Klassenkampf in der Geschichte stehen. Durch sein Mithandeln und Mitleiden werden ihm die daraus abzuleitenden visionären marxistischen Lehren unmittelbar deutlich.

Nicht durch die Zeiten, sondern durch die Länder der Erde reist der von Lisa Tetzner (1894–1963) als »proletarischer Nils Holgersson« bezeichnete »Hans Urian« (1931). Tetzner, die zunächst als Märchenerzählerin und Leiterin der Kinderstunde beim Berliner

Rundfunk gearbeitet hatte, schildert, wie Hans Urian auf der Suche nach Brot für seine Familie lernt, dass die Prinzipien des Kapitalismus überall dieselben sind.

Sowohl Lask wie Tetzner verwendeten nur noch einzelne Elemente der Fantastik und näherten sich insgesamt einem realistischen Erzählen an. Um 1930 hatten Märchen ihre Bedeutung für die »kommunistische Erziehung« weitgehend verloren. 1932 wollte die Autorin Grete Weiskopf unter ihrem programmatischen Berlin-Pseudonym Alex Wedding (1905–1966) beweisen, dass der Großstadtalltag jungen Lesern doch viel näher steht als ferne Märchenwelten. »Ede und Unku« (1932), ein Arbeiterjunge und ein Zigeunermädchen, bilden das soziale Gegenpaar zur harmonischen Allianz von Kleinbürger- und Fabrikantenkind, die Erich Kästner mit »Pünktchen und Anton« ein Jahr zuvor geschaffen hatte. Neben Freundschaft und Solidarität ist das Hauptthema von Weddings Geschichte allerdings die politische Wandlung Edes, der, nachdem der Vater arbeitslos geworden ist, soziale Verantwortung übernehmen muss und sich binnen weniger Tage zum klassenbewussten Proletarier entwickelt.

8. Nationalsozialismus und Exil (1933–1945)

Literaturlenkung

Mit der Machtübernahme der Nationalsozialisten im Januar 1933 endete die Phase der lebendigen und innovativen Kinder- und Jugendliteratur der Weimarer Republik. In der Folgezeit zielten unterschiedliche Maßnahmen und Aktionen darauf ab, Markt und Kritik der Bücher für Heranwachsende parteikonform auszurichten. Das gesamte Jugendschriftenwesen wurde durch Erlasse des Reichsministers für Erziehung, Wissenschaft und Volksbildung neu geordnet. Ab Juli 1933 koordinierte die »Reichsstelle für das Jugendschrifttum« die Bestrebungen um einen ideologisch einheitlichen Kurs in der Kinder- und Jugendliteratur. Werke von sozialdemokratisch oder kommunistisch gesinnten Autoren, aber auch von Vertretern der Neuen Sachlichkeit wie Erich Kästner oder Irmgard Keun wurden verboten, missliebige Bücher aus den Bibliotheken entfernt, die Jugendschriftenausschüsse und ihre Zeitschrift »Jugendschriftenwarte« gleichgeschaltet. »Schwarze« Listen wie die berüchtigte »Liste 1 des schädlichen und unerwünschten Schrifttums« (1936) oder »Wir lehnen ab« (1937) und Empfehlungskataloge wie »Das Buch der Jugend« (1934) oder »Verzeichnis guter Mädchenbücher« (1942) dienten der Literaturlenkung und der Orientierung auf dem Kinder- und Jugendbuchmarkt im nationalsozialistischen Sinne.

Doch die staatliche Kontrolle war nie absolut. Immer wieder konnten Werke die Zensurbehörden passieren, obwohl es sich um Bücher handelte, die offiziell verboten waren. So erschien beispielsweise noch im Dezember 1933 Erich Kästners Internatsgeschichte »Das fliegende Klassenzimmer« in einem Stuttgarter Verlag. 1935 kam das Kinderbuch »Der Bankrott des kleinen Jack« (1929, dt. 1935) in einer deutschen Übersetzung heraus. Geschrieben hatte es der jüdische Arzt Janusz Korczak (1878–1942), der sich im Warschauer Getto um die Kinder des Waisenhauses kümmerte und mit diesen 1942 in den Gaskammern von Treblinka ermordet wurde. Das Buch handelt von einem Jungen, der mit seinen Mitschülern einen Laden nach dem Genossenschaftsprinzip führt. Es wurde von der »Jugendschriften-Warte« (1937) abgelehnt, weil man in dem Verfahren eine »amerikanische« Sitte sah, die in deutschen Schulen nicht nachgeahmt werden sollte. Bis 1938 durften jüdische Verlage in Deutschland noch Kinderbücher herausbringen. Das »Jüdische Jugendbuch« (1935), ein von Emil Bernhard Cohn (1881–1948) und Else Rabin publizierter Jugendkalender, sollte assimilierten Jugendlichen die religiösen Traditionen, kulturellen Werte und Leistungen des Judentums nahebringen. Für Auswanderungswillige gab es Sachbücher mit Informationen über Palästina und den Zionismus.

Ansonsten gab es neben den »erwünschten« noch die »geduldeten« Werke, die zumindest für eine gewisse Bandbreite der Kinder- und Jugendliteratur zwischen 1933 und 1945 sorgten.

Literarische Erziehung zu Gemeinschaft und Krieg

Nationalsozialistische Erziehung, wie sie etwa Bildungsminister Bernhard Rust durchsetzen wollte, sollte uneingeschränkt in den Dienst der Machtsicherung gestellt werden. Deshalb kam einer nationalpolitisch und völkisch ausgerichteten Kinder- und Jugendliteratur eminente Bedeutung zu. Gefordert wurden »echte«, »gegenwartsbetonte« Werke, die nicht durch sachliche Information und Aufklärung, sondern durch emotionale Beeinflussung überzeugen sollten. Helden, die sich ohne Wenn und Aber der Bewegung opferten, sollten den Lesern vermitteln, dass die völkische Gemeinschaft nur durch Einordnung, Unterordnung und absoluten Gehorsam des Einzelnen funktioniere. Kennzeichnend für diese Literatur war ein »reaktionärer Modernismus« (Ulrich Nassen) zwischen Germanen- und Technikkult. Häufig aber mangelte es Schriftstellern an der Fähigkeit, die »erwünschten« Inhalte angemessen umzusetzen. In zahllosen von der Jugendschriftenstelle als »nationaler Kitsch« kritisierten »Konjunkturschriften« begnügten sich Autoren damit, Versatzstücke der neuen Weltanschauung mit viel Pathos in konventionelle Erzähltexte zu montieren.

Karl Aloys Schenzinger (1886–1962) jedoch erfüllte die ideologischen und ästhetischen Vorgaben der Nationalsozialisten bereits

> Die Erfassung der Heranwachsenden in einer Organisation der NSDAP begann mit der Aufnahme der Zehnjährigen zum Deutschen Jungvolk. Damit einher ging eine größere Unabhängigkeit von Elternhaus und Schule, aber auch die absolute Unterordnung und Disziplin innerhalb der Organisation. Ab 1936 wurde die Mitgliedschaft zur Pflicht.

vor 1933 in mustergültiger Weise. Sein »Hitlerjunge Quex« (1932) zeigt die Wandlung des Tischlerlehrlings Heini Völker vom Kommunisten zum überzeugten Nationalsozialisten und Hitlerjungen. Der Junge lebt ärmlichen, proletarischen Verhältnissen, sein Vater ist arbeitslos und alkoholkrank, das aggressive Gebaren seiner kommunistischen Jugendgruppe stößt ihn ab. In dieser als trostlos empfundenen Situation wird die Begegnung mit der Hitlerjugend für Heini Völker zum einschneidenden Erweckungs- und Bekehrungserlebnis. Nicht der Sonnenaufgang, sondern der Schein des lodernden Lagerfeuers zeigt ihm den Weg und symbolisiert seinen Aufbruch. Bei den Hitlerjungen erfüllt sich seine Sehnsucht nach einer festen Gemeinschaft, die ihm als Modell einer klassenlosen Gesellschaft erscheint, geeint durch Gehorsamspflicht und Führerprinzip. Am Ende wird Völker Opfer kommunistischer Gewalt, sein Sterben verklärt Schenzinger als quasireligiösen »Märtyrertod«.

Demselben Wertesystem zeigte sich auch Alfred Weidenmann (1918–2000) verpflichtet, der als gerade Achtzehnjähriger ein für jugendliche Leser besonders glaubwürdiger Autor war. Sein Erstling »Jungzug 2« (1936) galt auch der eingefügten Fotografien und »schmissigen« Zeichnungen wegen als ein besonders gegenwartsnahes und modernes Buch und wurde mit dem »Hans-Schemm-Preis« für nationalsozialistische Jugendliteratur ausgezeichnet. Erzählt wird von einem Kfz-Lehrling, der fünfzig »Pimpfe« verschiedenster sozialer Herkunft zu einem Jungzug organisiert. Leitbegriffe sind die »Schwertworte der Jungvolkjungen«: Härte, Tapferkeit, Treue, Haltung, Wahrheit, Kameradschaft und Ehre. Im Mittelpunkt der Handlung steht die erlebte Gemeinschaft bei Fahrten, Zeltlagern, Heimabenden, Weihestunden, Fahnen- und Feuerritualen. Doch die straffe Ordnung und der Kommandoton verraten,

> **Jugendlieder im Nationalsozialismus:** Wegen ihrer starken emotionalen Wirkung spielten Musik und Gesang eine wichtige Rolle im nationalsozialistischen Gemeinschaftserleben. Mit Liedersammlungen wie »Trommel der Rebellen« (1935) oder »Horch auf, Kamerad« (1936) tat sich Hans Baumann (1914–1988) in diesem Genre besonders hervor. Von ihm stammen bekannte Texte in volkspoetischer Tradition wie »Es geht eine helle Flöte« oder »Die Morgenfrühe, das ist unsere Zeit«, aber auch »Es zittern die morschen Knochen« und viele weitere Lieder im Kontext des »Blut-und-Boden-Mythos«. Baumann fasste Lebensverachtung und Todessehnsucht in eingängige Verse und gab die Parolen für einen Eroberungskrieg im Osten vor.

dass die Atmosphäre von Romantik und Abenteuer nur die Kulisse für die Einübung soldatischen Verhaltens darstellt.

Jungen Mädchen sollte mit der Bekehrungsgeschichte »Ulla, ein Hitlermädchen« (1933) von Helga Knöpke-Jost ein Vorbild und eine Identifikationsfigur im nationalsozialistischen Sinne geboten werden. Ulla baut eine Gruppe des BDM (»Bund deutscher Mädel«) auf und kämpft gegen Kommunisten und Juden. Die Hauptfigur repräsentiert zugleich den neuen Mädchentypus der Kameradin, die Idealismus und Tatkraft in ihrem Wesen vereint.

Die nationalsozialistische Gesinnungsbildung wollte man auch mit zahlreichen »Lebens- und Kampfbildern« unterstützen, in denen bevorzugt »Blutzeugen« oder Führer der Bewegung glorifiziert wurden. Viele Werke waren historischen Personen (zum Beispiel Armin der Cherusker, Widukind, Heinrich der Löwe) und Themen gewidmet, soweit sie dazu taugten, die kontinuierliche »Volkwerdung« der »germanischen Rasse« von der Steinzeit bis in die Gegenwart zu begründen. Unter den Kriegsschilderungen nahmen diejenigen zum Ersten Weltkrieg, den man zu »einem der größten Schicksalserlebnisse der deutschen Volksgemeinschaft« verklärte, eine herausgehobene Position ein.

Krieg, Führertum und Volk waren auch bevorzugte Themen der Kriegs- und Indianerbücher von Fritz Steuben. Als Klassiker gilt die achtbändige Reihe mit Geschichten über den Shawnee-Häuptling »Tecumseh« (1930–1939), der zu Beginn des 19. Jhs. die Indianerstämme einigen wollte, um gegen die weißen Siedler bestehen zu können. Eine solche Hauptfigur stand im Widerspruch zur Rassenlehre der Nationalsozialisten. Der einflussreiche Schriftsteller Will Vesper forderte, »mit aller weichlichen literarischen Farbigenschwärmerei« endlich Schluss zu machen. Deshalb gestand Steuben dem Häuptling zwar Heldenattribute wie Mut und Tapferkeit zu, ließ aber keinen Zweifel daran, dass sein Scheitern unausweichlich war.

Die Kolonialliteratur wurde auch im Zeichen völkischer Erziehung weiterhin gefördert. Paul von Lettow-Vorbecks Klassiker »Heia Safari!« (1920) erreichte 1940 eine Auflage von 150.000 Exemplaren.

Mit dem Beginn des Krieges dann sollte die gesamte Literatur für Heranwachsende der »wehrgeistigen Erziehung« dienen. In der »Kriegsbücherei der deutschen Jugend« erschienen insgesamt

156 Titel, in denen der Krieg zum großen Technikabenteuer stilisiert wurde. Die Herausgabe in Form der vormals heftig kritisierten »Groschenhefte« zeigt, dass nach Kriegsausbruch die früheren literarischen Maßstäbe offenbar bedeutungslos geworden waren. Ein Werk von wie auch immer geartetem literarischen Rang hat die genuin nationalsozialistische Kinder- und Jugendliteratur nicht hervorgebracht.

Fluchten in die kinderliterarische Provinz
Es gab Autoren, die mit dem Nationalsozialismus nicht sympathisierten, aber trotzdem in Deutschland weiterhin literarisch tätig sein wollten. Mit kleineren oder größeren Zugeständnissen an den »braunen Zeitgeist«, einer betont unpolitischen Haltung und einem Rückzug in die topografische wie literarische Provinz hofften sie, der Aufmerksamkeit der Zensurbehörden zu entgehen.

Dass aber Literatur trotz eines Verzichts auf direkte Bezüge zur gesellschaftspolitischen Realität ideologisch wirksam sein konnte, zeigen beispielsweise die Mädchenbuchreihen »Goldköpfchen« (ab 1928), »Pommerle« (1926–1938) und »Pucki« (1935–1941) von Magda Trott (1880–1945). Die Autorin vollzog 1933 einen radikalen Positionswechsel, nachdem sie in den Zwanzigerjahren in der Frauenbewegung engagiert gewesen war, als Journalistin für feministische Zeitschriften geschrieben hatte, für die Gründung eines »Frauenstaates« eingetreten war und auch mit »Pommerle« anfangs einen eher unkonventionellen Mädchentyp gestaltet hatte. In der populären »Pucki«-Reihe erzählt Trott in zwölf Bänden die Lebensgeschichte der Förstertochter Hedi Sandler, genannt Pucki. Die sentimental verklärte Naturbegeisterung der Heldin, das anspruchslose, von Arbeit und Ordnung bestimmte Familienleben in ländlicher Idylle, vor allem aber die Erziehung zu Gehorsam, Unterordnung, Verzicht und Willenskraft vermittelten auf sehr subtile Weise wichtige Elemente nationalsozialistischer Gesinnung.

Soweit passten sich andere nicht an. Der Zeichner und Karikaturist Erich Ohser (1903–1944) aus dem sächsischen Plauen versuchte, seine kleine Familie mit humorvoll-hintersinnigen Bildergeschichten von »Vater und Sohn« zu erhalten, die ab 1934 unter dem Pseudonym E. O. Plauen in der »Berliner Illustrierten« erschienen. So harmlos sie auf den ersten Blick wirken, oft steckt in ihnen ein kleiner Stachel der Subversion, denn immer wieder zeigt sich, dass sich aus menschlichem, partnerschaftlichem, tolerantem und unkonventionellem Handeln glücklichere Lösungen ergeben als aus blindem Gehorsam. Ohser selbst nützte diese Erkenntnis allerdings nichts. Im Gegenteil – er wurde denunziert und wegen »defätistischer Äußerungen im Luftschutzkeller« verurteilt. Der Vollstreckung der Todesstrafe konnte er nur noch durch Selbstmord in der Gefängniszelle zuvorkommen.

Autoren wie Ehm Welk (1884–1966) und Hans Fallada (1893–1947) hofften, nach einem Umzug aufs Land und der Hinwendung zur Kinderliteratur unbehelligt zu bleiben. Nachdem Welk wegen regimekritischer Artikel einige Zeit im Konzentrationslager Sachsenhausen inhaftiert war, sah er sich gezwungen, nur noch »unpolitische Bücher« zu schreiben. In »Die Heiden von Kummerow« (1937) und den Fortsetzungsbänden verarbeitete er autobiografische und familiengeschichtliche Erinnerungen zu einem Reigen humoristischer Episoden über das Leben in einem pommerschen Dorf. Im Mittelpunkt steht der zehnjährige Martin, der erkennen muss, dass sein naiver Glaube an die Gerechtigkeit vor der Wirklichkeit keinen Bestand hat. Auch Hans Fallada (1893–1947), den die Nationalsozialisten nach seinem Welterfolg »Kleiner Mann, was nun?« (1932) sozialkritischer Tendenzen verdächtigten, gab sich mit »Hoppelpoppel, wo bist du?« (1936) und »Geschichten aus der Murkelei« (1938) als betont harmloser Erzähler für Kinder. Diese Texte zwischen Märchen und Groteske sind jedoch ebenso wenig als literarische Dokumente des inneren Widerstands zu verstehen wie die Kinderbücher, die Erich Kästner zwischen 1933 und 1945 veröffentlichte. Im Unterschied zu den genannten Autoren besaß Kästner keine Publikationserlaubnis für Deutschland, alle seine Bücher für Kinder und Erwachsene waren verboten – außer »Emil«. Möglicherweise schützte die internationale Bekanntheit den Detektivroman. Der wenig überzeugende Folgeband »Emil und die drei Zwillinge« (1935), in dem die »Detektive« ein Selbsterziehungsmodell an der Ostsee erproben, musste in der Schweiz erscheinen.

Hoffnungen und Utopien der Exilautoren
Die Kinder- und Jugendbücher, die deutsche Autoren im Exil schrieben, sind trotz ihrer teilweise außergewöhnlichen Qualität Außenseiter der Kinderliteraturgeschichte geblieben. Als sie während der restaurativen Nachkriegsjahre in der Bundesrepublik

> »Niemals möchte ich später General werden, denn ein General hat tausend und abertausend Soldaten – ich wüßte nicht, was ich als General mit denen von morgens bis abends anfangen sollte. Vielleicht weiß ein General es auch nicht und läßt sie darum totschießen. Herr Kleinerz hat auch gesagt, Generale wollten immer Krieg, und erst wenn der Krieg verloren ist, wollen sie Frieden und ziehen sich zurück und züchten Rosen.«
> *Aus »Das Mädchen, mit dem die Kinder nicht verkehren durften« (1936) von Irmgard Keun*

erscheinen konnten, fanden sie oft nicht die Beachtung, die sie verdient hätten. Das trifft zum Beispiel auf die unprätentiösen Kinderbücher von Irmgard Keun (1905–1982) zu, die jegliche Erziehungsabsicht vermissen lassen. Am Ende der Weimarer Republik war Keun durch ihre Zeitromane »Gilgi« (1931) und »Das kunstseidene Mädchen« (1932) ungemein populär geworden war. Ab 1936 verbrachte sie vier unruhige Exiljahre in mehreren europäischen Ländern und den USA, bis sie 1940 heimlich nach Deutschland zurückkehrte. In »Kind aller Länder« (1938) – noch im Exil geschrieben und publiziert – plaudert die zehnjährige Kully altklug und scheinbar ungerührt über das unstete Leben auf der Flucht, die ständige Geldnot und den exzentrischen Vater, lässt den Leser dabei aber doch viel von der Halt- und Heimatlosigkeit des Exils spüren. Bereits zwei Jahre zuvor hatte Keun Erinnerungen an ihre Kölner Kindheit literarisch verarbeitet. »Das Mädchen, mit dem die Kinder nicht verkehren durften« (1936) schildert mit umwerfendem Humor, eigenwilliger Logik und entlarvender Naivität das heuchlerische Alltagsleben des Kleinbürgertums in der Zeit um den Ersten Weltkrieg ganz und gar aus der Perspektive eines Kindes.

Die bedeutendsten Kinderbücher, die Autoren während ihres Exils verfassten, wurden in der Schweiz geschrieben. Dort hatten unter anderem Kurt Held (1897–1959), der eigentlich Kurt Kläber hieß und seine Karriere als kommunistischer Arbeiterdichter begonnen hatte, und seine Ehefrau Lisa Tetzner Zuflucht gefunden. »Die rote Zora und ihre Bande« (1941), Helds bekannter Räuberroman mit Robin-Hood-Motiven, avancierte nach einer Umarbeitung (1950) zum Klassiker der Jugendliteratur. Die von der rothaarigen Albanerin Zora angeführte Bande haust in einer Burgruine und lebt von Mundraub und gelegentlichem Diebstahl. Es ist eine Notgemeinschaft von Jugendlichen, die nach dem Verlust ihrer Eltern oder anderer familiärer Bindungen aus der »anständigen« Gesellschaft der dalmatischen Kleinstadt herausgefallen sind.

Held verbindet Spannungselemente des Abenteuerromans mit Kritik an sozialer Ausgrenzung und wirtschaftlicher Ausbeutung und der Vermittlung humanistisch-christlicher Werte wie Mitgefühl und Hilfsbereitschaft. Am Ende finden sich einsichtige Erwachsene, die den Jugendlichen dabei helfen, wieder in die städtische Gemeinschaft aufgenommen zu werden.

Den Anspruch auf realistische Zeitzeugenschaft erfüllt wohl kein kinderliterarisches Werk besser als Lisa Tetzners neunbändiger Romanzyklus »Die Kinder aus Nr. 67« (1933–1949), der eine Gruppe Heranwachsender aus einem Berliner Hinterhaus durch die Jahre zwischen 1931 und 1946 begleitet. Am Anfang steht die Geschichte der Freundschaft von Erwin und Paul. 1933 werden beide getrennt. Erwin muss mit seinem Vater, einem Sozialdemokraten, flüchten, eine andere Hausbewohnerin muss ihre Heimat verlassen, weil sie Jüdin ist. Tetzner schildert in verschiedenen Handlungssträngen und Erzählformen die Schicksale der Flüchtlinge, ihre Irrfahrten durch Europa, Nord- und Südamerika und ihr Robinsonleben auf einer einsamen Insel nach einem Schiffbruch. Paul, der in Deutschland geblieben ist, verhält sich zunächst affirmativ, wird dann Mitglied der Hitlerjugend, beteiligt sich schließlich an Aktionen gegen die Juden und denunziert einen Lehrer. Doch als Zweifel und Schuldgefühle immer drängender werden, flüchtet er ebenfalls. Nach und nach hat sich der Kreis der Figuren immer mehr erweitert, sodass nach dem Krieg elf junge Menschen in der Schweiz zusammentreffen, um Wiedersehen zu feiern und einen »Bund der Gerechten« zu gründen, der alle Völker miteinander vereint. So scheint auch hier die viel beschworene Utopie jener Jahre auf, der nächsten Generation werde ein Neuanfang in Frieden und Humanität gelingen.

9. Nachkriegszeit (1945–1969)

Keine Stunde Null

Nach dem Ende des Zweiten Weltkriegs kam das literarische Leben nur allmählich wieder in Gang. Papiermangel, Kontroll- und Zensurmaßnahmen der Alliierten und die »leeren Schubladen« junger, politisch unbelasteter Autoren waren mit dafür verantwortlich, dass der Buchmarkt sich erst nach der Währungsreform von 1948 normalisierte. Wie in der Erwachsenenliteratur so gab es auch in der Kinder- und Jugendliteratur keinen Neuanfang von einer »Stunde Null« aus. In manchem kinderliterarischen Werk lebte die nationalsozialistische Ideologie weiter fort. So passierte etwa 1948 das Buch »Hornissenvolk« von Kurt Knaak (1902–1976) ungehindert die französische Zensur, obwohl die Insektenkunde als deutliche Apologie des totalitären Staatssystems zu lesen war. Erfolgsreihen wie Trotts »Pucki« oder Steubens »Tecumseh« konnten problemlos wieder aufgelegt werden und hochrangige Repräsentanten der nationalsozialistischen Kinder- und Jugendliteratur wie Hans Baumann oder Alfred Weidenmann setzten ihre Karrieren ungestört fort. Baumann schrieb fortan viel beachtete Sach- und Abenteuerbücher, und Weidenmann, der sich als Film- und Fernsehregisseur einen Namen machte, passte Werte wie bedingungslose Kameradschaft, straffe Gruppenhierarchie und Autoritätsglauben ganz pragmatisch der veränderten gesellschaftlichen Situation an. Das zeigt etwa sein bekannter Kinderkrimi »Gepäckschein 666« (1959).

Aufbruchstimmung

»Wir müssen unsere Tugenden revidieren«, forderte Kästner, der weiter daran glauben wollte, dass die junge Generation eine friedliche und humanitäre Welt verwirklichte. Als Herausgeber der Jugendzeitschrift »Pinguin« (1946–1948) setzte er sich in zahlreichen moralischen Appellen dafür ein. Dieses Ziel leitete auch Jella Lepman (1891–1970), auf deren Initiative hin 1949 die »Internationale Jugendbibliothek« in München gegründet wurde, die durch Sammlung, Erschließung und Vermittlung von Kinder- und Jugendliteratur aus aller Welt zur globalen Verständigung beitragen will. Lepman war es auch, die Kästner zu seinem politischen Kinderroman »Die Konferenz der Tiere« (1949) anregte. Löwe, Elefant und Giraffe streiten für das Recht der Kinder auf Frieden und Menschlichkeit. Da die Politiker Forderungen nach einer Abschaffung von Krieg, Not und Revolution ignorieren, greifen die Tiere zu drastischen, an die biblische Apokalypse erinnernde Maßnahmen. Doch erst, als alle Kinder verschwunden sind, lenken die Verantwortlichen ein und unterzeichnen »den ewigen Friedensvertrag«.

Während diese märchenhafte, mit viel Witz geschriebene Tierparabel zu gesellschaftlichem Umdenken aufruft, geht es in Kästners ebenfalls 1949 erschienenem Kinderroman »Das doppelte Lottchen« darum, die defekte Familienwelt wieder ins Lot zu bringen. Als den Opfern von Egoismus und Rücksichtslosigkeit der Erwachsenen gelingt den Kindern wieder einmal das, wozu die Erwachsenen unfähig sind. Die Zwillinge Lotte und Luise versöhnen die geschiedenen Eltern miteinander. In den folgenden Jahren musste Kästner erkennen, dass sich Politik und Gesellschaft immer weiter von seinen Utopien einer besseren Welt entfernten. Der Autor, der sich selbst als Schulmeister, Moralist und Aufklärer beschrieb, resignierte.

> »Pinguin ist mein Name! Ich rede, wie mir der Schnabel gewachsen ist. Ich lache, wie es mir gefällt. Ich will mich anfreunden mit all denen, die jung sind und sich jung fühlen. Ich liebe das Leben und alles, was lebendig ist. Ich hasse das Abgelebte und Verstaubte, den Spießbürger und den Schnüffler. Ich freue mich an der Schönheit der weiten Welt, an den Wundern der Natur und den Schöpfungen der großen Künstler. Ich habe ein offenes Ohr für die Klagen der Bedrückten, und mein Herz schlägt mit allen, die guten Willens sind. Ich will Euch begeistern für all das, was wir tun können, um uns selbst ein besseres Leben zu schaffen.«
> *Programm der Jugendzeitschrift »Pinguin« (1946)*

Neue Kinderbuchhelden

Nach Jahren kultureller Isolation konnten ab Ende der Vierzigerjahre ganz ungewöhnliche Kinderbuchhelden in Deutschland heimisch werden. Noch während des Krieges hatte der französische Schriftsteller und Pilot Antoine de Saint-Exupéry (1900–1944), der bei einem Aufklärungsflug über dem Mittelmeer abgeschossen wurde, von New York aus eine der liebenswertesten Figuren der gesamten Kinder- und Jugendliteratur in die Welt hinausgeschickt. »Der kleine Prinz« (1943, dt. 1950) vom Astroiden Nr. B 612 gab nicht nur dem in der Sahara notgelandeten Erzähler, sondern auch den schon bald nach Millionen zählenden jungen und erwachsenen Lesern ihren Glauben an die einfachen Wahrheiten des Lebens zurück. Seine melancholischen, existenzialistischem Denken nahestehenden Erkenntnisse über die Einsamkeit und das Geheimnis von Freundschaft und Liebe haben auch für die Menschen des 21. Jhs. offenbar nichts von ihrer Trostfunktion verloren. »Man sieht nur mit dem Herzen gut. Das Wesentliche ist für die Augen unsichtbar« – jene so leicht klingende, lebenskluge Sentenz, dem Schein der Dinge besser nicht zu trauen, ist längst zu einem geflügelten Wort geworden.

Wesentlich mächtiger noch war der Wirbel, den die exaltierteste Gestalt der Kinderliteratur auf dem deutschen Buchmarkt erzeugte. Anknüpfend an romantische Vorstellungen sowie an Traditionen von Nonsenspoesie und Fantastik gestaltete Astrid Lindgren (1907–2002) mit »Pippi Langstrumpf« (1945, dt. 1949) eine starke, anarchische Heldin mit wunderbaren Eigenschaften, übernatürlicher Kraft, unermesslichem Reichtum und unerschöpflichen Einfällen. Zu erkennen ist in dieser Figur das auf E. T. A. Hoffmann zurückgehende Motiv des »fremden Kindes«, eines Naturkindes, das mit seinem Handeln immer wieder in Widerspruch zu den Regeln und Normen der zivilisierten Gesellschaft gerät. In Pippis völlig ungebundenem Leben in der »Villa Kunterbunt« erfüllen sich kindliche Wunschträume von Autonomie gegenüber den Forderungen

Astrid Lindgren (1907–2002) ist die weltweit berühmteste Kinderbuchautorin. Sie wuchs in einem südschwedischen Dorf auf und zog 1926 nach Stockholm. Mit »Pippi Langstrumpf« wurde sie 1945 berühmt. Zwischen 1946 und 1970 arbeitete sie als Lektorin beim Verlag Rabén & Sjögren, der auch ihr parallel entstandenes, über hundert Titel umfassendes Gesamtwerk herausbrachte. Zwei Grundtendenzen lassen sich unterscheiden: Humorvolle Bücher über glückliche, starke Kinder in einem idyllischen Lebensumfeld wie »Wir Kinder aus Bullerbü« (1946, dt. 1954) oder »Michel in der Suppenschüssel« (1963, dt. 1964) stehen neben den melancholischen Märchenromanen über Einsamkeit, Sterben und Tod wie »Mio, mein Mio« (1954, dt. 1955) oder »Die Brüder Löwenherz« (1973, dt. 1974). Zu ihren bekanntesten Figuren gehören auch der eitle und unberechenbare »Karlsson vom Dach« (1955, dt. 1956) und die Heldin von Lindgrens letztem großen Kinderroman »Ronja Räubertochter« (1981, dt. 1982). Immer ging es Lindgren in ihren Büchern um die Utopie einer Gesellschaft, die auf Friedfertigkeit und Verantwortungsgefühl basiert. Zu den wichtigsten der zahlreichen internationalen Auszeichnungen, die sie erhielt, gehören: »Deutscher Jugendliteraturpreis« (1957), »Hans Christian Andersen-Medaille« (1958), »Friedenspreis des Deutschen Buchhandels« (1978), »Internationaler Book Award« (UNESCO) (1993), »Alternativer Nobelpreis« (1994).

der Erwachsenen. Angeregt durch antiautoritäre Erziehungsvorstellungen, wie sie etwa A. S. Neill vertrat, bezog Lindgren ganz klar Stellung: gegen repressive Systeme und pädagogische Botschaften, für Fantasie und Freiheit. Doch Pippis Argumente gegen traditionelles Schulwissen und blinden Gehorsam, ihre Schwäche für Lügengeschichten, Komik und subversiven Sprachgebrauch fanden keine ungeteilte Zustimmung. Begeisterte Aufnahme stand scharfer Ablehnung gegenüber. Pippi erinnere an »die Fantasie eines Geisteskranken oder an krankhafte Zwangsvorstellungen«, meinte zum Beispiel ein schwedischer Kritiker. Trotz der kritischen Stimmen erschienen auch in Deutschland zwei Fortsetzungsbände: »Pippi geht an Bord« (1946, dt. 1950) und »Pippi in Taka-Tuka-Land« (1948, dt. 1951). Doch als Anführerin einer »Revolution in der Kinderstube« blieb »Pippi Langstrumpf« zunächst eine singuläre Erscheinung.

Fünf Jahre später kam eine Schar sympathischer Wesen aus Finnland nach Deutschland. Die trollähnlichen Mumins, von denen die schwedischsprachige Finnin Tove Jansson (1914-2001) in ihren insgesamt neun »Muminbüchern« (1945–1970, dt. 1954ff.) erzählt, fröhnen in sich immer weiter verzweigenden Familienverband einem fröhlichen Anarchismus zwischen Bürgerlichkeit und Boheme. Mit Gelassenheit und Pragmatismus meistern sie die Naturkatastrophen, die ihre paradiesische Muminwelt bedrohen. Jansson hatte sich unter dem Eindruck des Zweiten Weltkriegs in eine literarische Fantasiewelt der Tiere und Fabelwesen zurückgezogen. In allen »Mumin«-Bänden kommen eine pazifistische Tendenz und die Forderung nach Toleranz zum Ausdruck. Von der sprachlichen Qualität des Originals, das in gelungener Weise die Balance zwischen Komik und Melancholie hält, ist in der harmlos-heiteren deutschen Übersetzung allerdings kaum etwas erhalten geblieben.

Suche nach der »heilen Welt«

Die deutsche Kinder- und Jugendliteratur der Fünfzigerjahre ist weniger durch Neubeginn und demokratischen Aufbruch gekennzeichnet als vielmehr – dem politischen Zeitgeist entsprechend – durch restaurative Tendenzen. In einer Phase kollektiver Unsicherheit und ungewisser Zukunft blickten viele lieber zurück auf die vermeintlich bessere Zeit vor 1933. Zahlreiche »Klassiker« und Erfolgsbücher aus Biedermeier und Kaiserreich wie beispielsweise »Robinson«, Grimms Märchen, »Schatzinsel«, »Trotzkopf«,

»Winnetou« und »Heidi« wurden wieder aufgelegt. Auch neue Werke hielten sich meist sehr eng an konventionelle Erzählformen und -inhalte und orientierten sich allenfalls vage an der zeitgenössischen Realität. Bevorzugte Handlungsorte waren Dorf und Kleinstadt, wobei die intakte, patriarchalisch organisierte Großfamilie meist im Mittelpunkt stand. Die Hauptfiguren waren charakterlich gefestigt, im christlichen Glauben verwurzelt, von Heimat- und Elternliebe durchdrungen, zielstrebig und optimistisch.

Im Bemühen, Kinder und Jugendliche durch »gesunde Lesekost« weiterhin im bildungsbürgerlichen Sinne zu erziehen, sahen sich konservative gesellschaftliche Kräfte vor allem durch Wildwest-, Landser- und Liebesromane in Heftchenform sowie Comics behindert, die ein breites junges Publikum erreichten. Der mit Vehemenz geführte Kampf gegen »Schmutz und Schund« trug teilweise Züge von Hysterie. Dem pädagogischen Denken der Zeit entsprechend wollte man junge Menschen vor den sittlichen Gefährdungen schützen, die man dieser »Kioskliteratur« zuschrieb. Es wurden Sammel- und Umtauschaktionen veranstaltet, und einige Gemeinden schreckten auch vor neuerlichen »Bücherverbrennungen« nicht zurück. 1953 trat das »Gesetz über die Verbreitung jugendgefährdender Schriften« in Kraft, 1954 wurde die »Bundesprüfstelle für jugendgefährdende Schriften« eingerichtet. Da deren Arbeit nicht so erfolgreich war, wie manche Pädagogen es sich erhofft hatten, begann man Mitte der Fünfzigerjahre damit, gegen die kommerzielle Massenproduktion »einen Damm des Guten« (Anna Krüger) aufzubauen. Das »gute« Jugendbuch sollte Unvereinbares leisten: in Sprache und Thema der entwicklungspsychologisch bestimmten Altersstufe entsprechen und zugleich ästhetisch überzeugen. Gefordert wurden Werke, die Lebenshilfe boten, positive Grundhaltungen und ein intaktes Weltbild vermittelten, von inhaltlicher und formaler Geschlossenheit zeugten und keine Fragen offen ließen. Die wichtigste der zahlreichen Institutionen, die sich seither um die Verbreitung

> Wie man sich die ideale Jugend in den Fünfzigerjahren vorstellte, zeigt die Äußerung des CDU-Abgeordneten Emil Kemmer 1952 im Deutschen Bundestag: »Wir wollen ohne jede Prüderie und ohne jedes Muckertum eine saubere, gesunde, quicklebendige Jugend, der alles offenstehen soll, was schön und gut ist, von der aber auch ferngehalten werden muß, was ihr schadet.«
> *Aus »Stenographischer Bericht« zur Verhandlung des Deutschen Bundestages (17.9.1952)*

anspruchsvoller Kinder- und Jugendliteratur bemühen, ist der 1955 gegründete »Arbeitskreis für Jugendliteratur e. V.«, ein Zusammenschluss von Organisationen und Einzelpersonen aus Bibliothek, Buchhandel, Verlag, Sozialarbeit, Erziehungswesen, Wissenschaft und Forschung, die im Bereich der Kinder- und Jugendliteratur tätig sind. Der Verein organisiert auch den »Deutschen Jugendliteraturpreis«, der – als einziger Staatspreis für erzählende Literatur in Deutschland, gestiftet vom »Bundesministerium für Familie, Senioren, Frauen und Jugend« – seit 1956 für herausragende Werke der Kinder- und Jugendliteratur verliehen wird.

Die Erfolgsstory der Enid Blyton

Zum Schrecken all derer, die sich für eine inhaltlich und sprachlich anspruchsvolle Kinderliteratur einsetzen, aber zur Freude zahlloser junger Leser im besten Schmökeralter zwischen acht und zwölf, erschienen gegen Ende der Fünfzigerjahre die ersten Bücher von Enid Blyton (1896–1968) auf dem deutschen Markt. Der Erfolg der ausgebildeten Erzieherin aus England, deren Gesamtwerk mal auf vierhundert, mal auf sechshundert Titel geschätzt wird, schlug sich schon bald in Superlativen nieder. Sie gilt noch heute als eine der meistgelesenen und meistübersetzten Kinderbuchautorinnen der Welt. Mit ausgeprägtem psychologischem Gespür, sicherem Blick für die Mechanismen des Marktes und großem schriftstellerischem Fleiß eroberte sie sich ein Millionenpublikum rund um den Globus. In Deutschland sind von den vielbändigen Reihen die Abenteuer-Serie der »Fünf Freunde« (1944ff., dt. 1959ff.), die »Geheimnis«-Serie (1943ff., dt. 1963ff.) und die Internatsserien »Hanni und Nanni« (1941ff., dt. 1965ff.) und »Dolly« (1946ff., dt. 1965ff.) am populärsten. Das Erfolgsgeheimnis der Bücher liegt gerade in den Merkmalen, die am meisten kritisiert werden: oberflächlich gezeichnete, idealisierte Charaktere, standardisierte Konflikte, schematische Lösungen und eine ausgesprochen schlichte Sprache. Die vermittelten gesellschaftlichen Werte sind affirmativ

> **Enid Blytons** Krimireihe »Fünf Freunde« nahmen sich viele Autoren zum Vorbild. Erfolgreiche Nachfolger sind unter anderem: »Die drei Fragezeichen« (1964ff., dt. 1968ff.) unter dem Namen Alfred Hitchcock von verschiedenen Autoren verfasst, 108 Bände; »Ein Fall für TKKG« (1979ff.) von Stefan Wolf (d.i. Rolf Kalmuczak), ca. 100 Bände; »Die Knickerbocker-Bande« (1989ff.) von Thomas Brezina, 50 Bände; 4½ Freunde (1992ff.) von Joachim Friedrich, 10 Bände.

und folgen einem einfachen »Gut-Böse-Raster«. Züge von Intoleranz, Rassismus und Sexismus hat man in neueren Bearbeitungen weitgehend beseitigt. Und doch es sind gerade die Trivialität und Stereotypie der Geschichten, die bei den jungen Lesern Vertrautheit und Identifikation mit den Figuren und ihren Handlungsweisen erzeugen, und die mit dem kindlichen Bedürfnis nach Orientierung korrespondieren.

Ausbruch aus der Bilderbuchidylle

Für die Entwicklung der Bilderbücher, die aufgrund ihrer Verbindung von literarischen und künstlerischen Aspekten eine Sonderstellung in der Kinderliteratur einnehmen, war in den beiden ersten Nachkriegsjahrzehnten, aber auch darüber hinaus, ein Nebeneinander von eher konservativen und mäßig innovativen Tendenzen charakteristisch.

Die Bilderbuchproduktion der ersten Jahre nach 1945 stand noch ganz in der Kontinuität einer zur Idylle verklärten Tier- und Pflanzenwelt mit anthropomorphisierten »Käferchen« und »Blümelein«, wie sie etwa Else Wenz-Viëtor seit den Zwanzigerjahren mit viel Erfolg gestaltete. Zwischen 1946 und 1960 erschienen von ihr weitere dreißig Titel. Ihr auf Prinzipien wie Harmonie und Einfachheit beruhender Illustrationsstil gilt vielen Erwachsenen bis in die Gegenwart hinein als Synonym für ein »kindgemäßes« Bilderbuch, obwohl es bis heute keine gesicherten Erkenntnisse darüber gibt, welche bildlichen Darstellungsweisen Kindern tatsächlich gemäß sind.

Im Unterschied zum Beginn des 20. Jhs., als die Kunstmoderne die Gestaltung von Bilderbüchern unmittelbar prägte, wurden nach 1945 die jeweils aktuellen künstlerischen Strömungen nur in abgeschwächter Form und mit zeitlicher Verzögerung aufgegriffen. Das hing mit der konservativen, ablehnenden Haltung zeitgenössischer Kunstpädagogik gegenüber der Gegenwartskunst zusammen. Zu den wenigen Ausnahmen zählt Hans Leips (1893–1983) Bilderbuch »Das Zauberschiff« (1947), das während seiner Exiljahre in Südtirol entstand. Es ist im Stil des expressiven Realismus gestaltet und erinnert an die dialektischen Komplexbilder von George Grosz oder Heinrich Vogeler. Die in Text und Bild thematisierten Eindrücke, Erlebnisse und Begegnungen zweier Kinder auf einer Traumreise durch die Welt sind als Kritik an Krieg, Rassismus und Gewalt und als Plädoyer für Frieden und Menschlichkeit zu verstehen.

»Danach kamen sie in eine Gegend mit reichen und armen Leuten. Sieh, da flitzt ein dickes Auto vorbei. Es hat einen Elefanten als Kühlerfigur. Der soll wohl auch Glück bringen. Als wenn die es nötig hätten! Das kleine Mädchen hat es gut. Der prächtige Fahrer! Die freundliche Kinderschwester! Aber es scheint sich zu langweilen. Es vermag nicht mehr zu staunen, nicht über die Musik der Drehorgel, nicht über das zahme Äffchen und nicht über den Drehorgelmann, der aus dem Kriege nur einen Arm, ein Bein und ein Auge, dafür aber zwei Orden mitgebracht hat. Selbst die schönen Pralinen freuen es nicht. Ach, da staunen die armen Kinder. So hat der eine viel, der andere wenig. Besser wäre, alles richtig zu verteilen, damit jeder das Nötige habe.« *»Die Reichen und Armen« von Hans Leip aus »Das Zauberschiff« (1947)*

Ganz bewusst gegen die Prinzipien pädagogischer Korrektheit verstößt häufig auch Tomi Ungerer (*1938), der vor allem als politischer Karikaturist und Satiriker bekannt wurde. Seine plakativen, farblich kontrastreichen Zeichnungen mit dem fast groben Strich verweisen auf Ungerers berufliche Herkunft aus der Werbegrafik. Ein Beispiel dafür bietet das Bilderbuch »Die drei Räuber« (1961). Es ist die märchenhafte Geschichte über drei Ganoven, die sich von einem kleinen Waisenmädchen dazu animieren lassen, ihren Reichtum zur Unterstützung anderer armer Kinder zu verwenden.

Zu einem Klassiker wurde das von Louise Fatio getextete und von ihrem Ehemann Roger Duvoisin illustrierte Bilderbuch »Der glückliche Löwe« (1954, dt. 1955), das 1956 als erstes Kinderbuch mit dem neu gestifteten Deutschen Jugendliteraturpreis ausgezeichnet wurde. Der Löwe kann sich nicht erklären, warum die Menschen, die so freundlich sind, wenn sie ihn im Zoo besuchen, entsetzt vor ihm weglaufen, wenn er ihnen in der Stadt begegnet.

Das die Fünfziger- und Sechzigerjahre bestimmende, entwicklungspsychologisch ausgerichtete Konzept der musischen Bildung ging von einer besonderen inneren Erlebniswelt der Kinder aus, deren Fantasietätigkeit und Kreativität durch die Bildbetrachtung angeregt und unterstützt werden sollten. Deshalb zählten Märchen und Traumgeschichten zu den Gattungen, die bevorzugt als Vorlage von Bilderbuchillustrationen gewählt wurden. Der Trend zu einer reduzierten Gegenständlichkeit im Bilderbuch war mit angeregt durch künstlerische Strömungen des Informel und abstrakten Expressionismus, aber auch ganz wesentlich pädagogisch motiviert. Naturalistisch genaue Zeichnungen oder Fotografien würden, so fürchtete man, die kindliche Wahrnehmung überfordern und zu wenige Spielräume für eigene Assoziationen und Imaginationen lassen. Mit der Technik der Federzeichnung setzten beispielsweise

123

Gerhard Oberländer, Lilo Fromm oder Reiner Zimnik das Prinzip des Einfachen in ihren von der Gebrauchs- und Werbegrafik beeinflussten Illustrationen um. Gerhard Oberländer (1907–1995) gestaltete neben Klassikern wie »Die Schatzinsel« (1955) oder »Robinson Crusoe« (1956) und Märchen der Brüder Grimm (1958ff.) und Andersens (1964ff.) auch eigene Geschichten, wie die über die geheimen Träume von »Krählinde« (1956) und anderen Spielzeugwesen. Seine großzügigen, grob konturierten und auf das Wesentliche begrenzten Zeichnungen wirken in ihrer kontrastreichen Farbigkeit ungemein lebendig und lassen sich inhaltlich leicht erfassen. Eine eher feine Linienführung ist charakteristisch für Lilo Fromm (*1928), die zum Beispiel in »Gusti sucht die Eisenbahn« (1962), der skurrilen Geschichte über einen Betriebsausflug von Bahnhofsvorstehern, Elemente eines naiven Kinderstils mit professioneller Strich- und Perspektivtechnik mischt und die bewusste Schlichtheit der Bilder durch nur punktuell eingesetzte Farbe betont. Reduktion in Form und Farbe bestimmt auch die eigenwilligen Federzeichnungen Reiner Zimniks (*1930), der sich ebenfalls Kinderbilder zum Vorbild nahm, aber auch Gestaltungsmittel der Karikatur verwendete. Bilderbücher wie »Der Kran« (1956) oder »Der Bär auf dem Motorrad« (1959) handeln von eigenwilligen, verträumten Einzelgängern, die mit großer Geduld und Ausdauer ihre selbst gesteckten Ziele erreichen.

Eine intensive malerische Wirkung erzielte Lieselotte Schwarz (1930–2003) mit ihren anspruchsvollen, in Collagetechnik gearbeiteten Illustrationen, deren expressive Farbigkeit durch die großzügig angelegte Flächigkeit noch verstärkt wird. An Marc Chagall erinnern die psychologisch tiefgründigen Bilder zu poetischen Texten aus dem Traumerleben eines kindlichen Ich in »Leiermann dreht goldne Sterne« (1959). Schwarz' künstlerische Interpretation von »Dornröschen« (1967) lässt mit ihren extrem reduzierten Figuren, ihren Symbolisierungen und der suggestiven Ausdruckskraft der Farbgebung eine Tendenz zum Abstrakten erkennen.

Beeinflusst vom abstrakten Expressionismus und der Farbfeldmalerei in der amerikanischen Kunst der Vierziger- und Fünfzigerjahre gestaltete ein amerikanischer Künstler italienischer Herkunft das erste radikal ungegenständliche Bilderbuch. Leo Lionni (1910–1999), ein Grenzgänger zwischen Werbegrafik, Design, Architektur und Malerei, verwendet in »Das kleine Blau und das kleine Gelb«

(1959, dt. 1962) gerissene monochrome Farbpapiere, um eine vom Inhalt her eher unspektakuläre Geschichte über die Freundschaft zweier Kinder zu erzählen. In Lionnis weiteren Bilderbüchern – zum Beispiel in den bekannten Werken »Swimmy« (1963, dt. 1964) und »Frederick« (1967) – verbinden sich eine stark reduzierte Gegenständlichkeit mit ästhetisch anspruchsvollen Techniken und knappen Texten zu parabolisch zu deutenden Geschichten über Toleranz, Altruismus und Solidarität.

Eine psychologische Tiefendimension brachte Maurice Sendak (*1928) in die Illustrationskunst ein. In »Wo die wilden Kerle wohnen« (1963, dt. 1967) findet er eine Bildsprache für unterbewusste kindliche Ängste und Aggressionen. Im Traum bezwingt Max die grobschlächtigen Monster, die Sendak mit feinem Strich in der Tradition des 19. Jhs. zeichnet. Immer geht es ihm darum, Kindern zu zeigen, dass sie mit Mut, Findigkeit und Fantasie ihre Ängste überwinden können.

Bemalte Papiere sind das bevorzugte Ausgangsmaterial des Deutsch-Amerikaners Eric Carle (*1929), der von Lionni Anregungen für seine Bilderbücher erhielt. Mit »Die kleine Raupe Nimmersatt« (1969, dt. 1970), die sich durch die Buchseiten frisst und am Ende zu einem Schmetterling wird, begründete Carle seine internationale Karriere. Die Spiel- und Bilderbücher verknüpfen Naturkunde, Poesie und Didaktik. Carle will zu eigenem Ausprobieren und neugierigem Weiterforschen anregen. In der Tradition der musischen Erziehung geht es ihm darum, der psychologischen Besonderheit kindlicher Entwicklung gerecht zu werden und mit den bewusst einfach gehaltenen Illustrationen intellektuelles Lernen ganz behutsam in Gang zu setzen. Damit soll Kindern – einer von ihm selbst formulierten Zielsetzung gemäß – der Übergang vom behüteten Zuhause zur leistungsorientierten Schule erleichtert werden.

Fantastische Zivilisationskritik

In der zweiten Hälfte der Fünfzigerjahre bildete die erzählende Kinderliteratur in Deutschland allmählich ein eigenständiges Profil heraus. Zugrunde lag dem die Vorstellung von einer autonomen Kindheit: Kinder sollten sich zunächst ganz ungestört, unbelastet von den gesellschaftlichen und sozialen Anforderungen« des Erwachsenenlebens, entwickeln können. Durch Aktivierung und Förderung ihrer eigenen unverdorbenen, schöpferischen Kräfte gewännen sie aus sich selbst heraus genügend Selbstvertrauen und Stärke, um in der Wirklichkeit bestehen zu können. Deshalb ging es Autoren der jüngeren Generation wie Otfried Preußler, James Krüss oder Michael Ende nicht darum, junge Leser unmittelbar mit der Realität zu konfrontieren, sondern durch darüber hinaus weisende Texte in die inneren Erlebensräume der Fantasie und Imagination vorzudringen. In einem zweiten Schritt sollte die fantastische Literatur wieder zurück in die Wirklichkeit führen, wie Ansätze zu vorsichtiger Kritik an konservativen Werten und Normen, an Klischees und Vorurteilen, aber auch an einzelnen Phänomenen der bundesrepublikanischen Gesellschaft zeigten.

Otfried Preußler (*1923), der Volksschullehrer aus Rosenheim, machte mit seinen paradoxen Märchen »Der kleine Wassermann« (1956) »Die kleine Hexe« (1957) und »Das kleine Gespenst« (1966) das Genre der fantastischen Geschichte auch für Vorschulkinder attraktiv. Er versteht die Welt der Fantastik ganz bewusst als Schonraum und poetische Gegenwelt, in der Kinder eine optimistische, harmonische Lebenseinstellung entwickeln können. Preußler knüpfte an Sagen und Märchen seiner böhmischen Heimat und seiner Kindheit an, verkehrte ihre Wirkung aber durch Verfahren der Entdämonisierung und Entzauberung ins Gegenteil. Eine »gute« Hexe oder ein liebenswürdiges Gespenst verlieren ihre Bedrohlichkeit und werden zu Verbündeten der Leser. Im Konflikt der kleinen Hexe mit den großen Hexen können Kinder eigene negative Erfahrungen mit der Autorität Erwachsener erkennen. Die originellen »kleinen« Helden, die klare einfache Sprache und die Komik seiner Geschichten machten Preußler zum beliebtesten deutschen Kinderbuchautor der Sechzigerjahre.

Seine Werke belegen sein Einfühlungsvermögen in die kindliche Erlebenswelt, weisen aber nicht darüber hinaus. So bleibt Preußlers literarischer Kosmos trotz mancher Einsprengsel von Subversion insgesamt weitgehend einem geschlossenen System von Optimismus und Harmonie verhaftet.

Zur Tradition der romantischen Idee von einer Erneuerung der Gesellschaft durch Kunst und Poesie bekannte sich Michael Ende (1929–1995). Er hatte zunächst große Schwierigkeiten, für seinen Erstling »Jim Knopf und Lukas, der Lokomotivführer« (1960) einen Verlag zu finden. Die Geschichte um das Findelkind Jim, das im Postpaket auf die Insel Lummerland gerät, gewann vor allem durch die im Kinderfernsehen ausgestrahlte Adaption der »Augsburger Puppenkiste« (1961) enorm an Popularität. Auch Ende folgte der Vorstellung von einer autonomen kindlichen Entwicklung. Im Modellstaat Lummerland sind Mensch, Natur und Technik noch harmonisch miteinander verbunden. Von hier aus brechen Jim und sein väterlicher Freund Lukas mit der Lokomotive Emma zu Abenteuern auf, kämpfen gegen Drachen, befreien eine Prinzessin und gewinnen am Schluss das Märchenreich der Kindheit.

Augsburger Puppenkiste: Im Februar 1948 gründete Walter Oehmichen in Augsburg sein Puppentheater mit dem Märchen »Der gestiefelte Kater«. Bekannt wurden die Inszenierungen, zu denen neben den Märchen bald auch Adaptionen zeitgenössischer Kinderliteratur (zum Beispiel »Kater Mikesch«, »Urmel«, »Sams«, »Mumins«) gehörten, durch die Ausstrahlungen im Fernsehen.

Kritik an der kapitalistischen Konsumwelt der Wirtschaftswunderjahre übte James Krüss (1926–1997) in seinem fantastischen Bildungs- und Abenteuerroman über »Timm Thaler« (1962), den Jungen, der sein Lachen verkaufte. Bekannt geworden war der Autor, der Erich Kästner sein Vorbild nannte, mit »Der Leuchtturm auf den Hummerklippen« (1956) und »Mein Urgroßvater und ich« (1959). Für Krüss hatte Fantasie eine Aufklärungsfunktion zu erfüllen, sie sollte als Medium der Erkenntnis und der Wahrnehmung des Unerhörten und Unvorhergesehenen dienen. Im teuflischen Pakt, den Timm Thaler eingeht, stehen Macht und Geld in unaufhebbarem Widerspruch zu einer im Akt des Lachens symbolisch bewahrten Menschlichkeit, die der Junge schließlich zurückgewinnen kann. Damit erweist sich Krüss' Werk als weit weniger optimistisch und stärker auf die Realität des gesellschaftlich-politischen Lebens der Zeit bezogen als das von Preußler oder Ende.

Wie in der Allgemeinliteratur so wurde auch in der Kinderliteratur die Lyrik seit jeher eher am Rande wahrgenommen. Als erfolgreichster Kinderlyriker der Nachkriegszeit gilt Josef Guggenmos (1922–2003), der 1957 seine erste Gedichtsammlung herausgab. Bekannt wurde er vor allem durch das Buch »Was denkt die Maus am Donnerstag?« (1967). In der Begründung zur Verleihung des Lyrik-Sonderpreises des Deutschen Jugendliteraturpreises an Guggenmos im Jahr 1993 hieß es unter anderem: »Viele seiner Gedichte sind ein Echo auf die Liebe der Kinder zum Kleinen, zum

Lebendigen und zur eigenen Sprache. Sie helfen ihnen, diese dreifache Liebe zu vertiefen und zu bewahren.« Guggenmos' Werk steht in der Tradition romantischer Volkspoesie. Für seine Natur-, Tier- und Alltagsgedichte, Nonsensverse und Sprachspiele hat er aber einen ganz eigenen Ton zwischen Naivität, Komik und Skurrilität gefunden. Alle seine Texte sind immer vom Kind aus gedacht und geschrieben.

Zögerliche Vergangenheitsbewältigung

Das Interesse der Kinder- und Jugendliteratur an der schrecklichen Vergangenheit und der unwirtlichen Gegenwart war in den ersten beiden Nachkriegsjahrzehnten relativ gering. Bücher wie »Die Arche Noah« (1948) von Margot Benary-Isbert oder »Die Haimonskinder« (1950) von Lise Gast, die Flucht, Vertreibung und die Bewältigung des Alltags in den Trümmerstädten schildern, fanden zunächst nur geringe öffentliche Aufmerksamkeit. In den Sechzigerjahren schrieb Willi Fährmann (*1929) mit »Das Jahr der Wölfe« (1962) und »Es geschah im Nachbarhaus« (1968) gegen Schweigen, Gleichgültigkeit und Vergessen an. Doch die allgemeine Tendenz der Nachkriegsgesellschaft, die Ereignisse zwischen 1933 und 1945 zu verdrängen, war in der Kinder- und Jugendliteratur noch stärker ausgeprägt, weil es dem pädagogischen Denken der Zeit entsprach, Heranwachsende nicht mit derartigen Themen zu konfrontieren. Deshalb setzte die literarische Verarbeitung von Nationalsozialismus, Holocaust und Krieg in Deutschland erst mit Verzögerung ein.

Eine Sonderstellung kommt dem »Tagebuch der Anne Frank« (1947, dt. 1950) zu. Jugendliche können die Schrecken und die Gewalt der Judenverfolgung hier besonders anschaulich nachempfinden, weil es sich um die im unmittelbaren zeitgenössischen Umfeld entstandenen Aufzeichnungen einer Gleichaltrigen handelt. Zwischen ihrem dreizehnten und fünfzehnten Lebensjahr schilderte Anne Frank (1929–1945) in Briefen an die fiktive Freundin Kitty das beengende Leben im Versteck eines Amsterdamer Hinterhauses, die Angst vor Entdeckung, die psychischen Belastungen der Eingeschlossenen, aber auch ihre Träume und Hoffnungen. Anne Frank starb im Konzentrationslager Bergen-Belsen. Ihr Vater veröffentlichte eine gekürzte Fassung der Tagebücher, seit 1991 liegt eine von Mirjam Pressler übersetzte, vollständige kritische Ausgabe vor. Über das Leben Anne Franks, ihr Tagebuch, ihre Familie und die gesellschaftspolitischen Hintergründe informiert anschaulich das illustrierte Jugendsachbuch »Anne Frank« (1993) von Ruud van der Rol und Rian Verhoeven.

Zu den allerersten kinderliterarischen Dokumenten der Judenverfolgung gehört außerdem noch Clara Asscher-Pinkhofs (1896–1984) »Sternkinder« (1946, dt. 1961), das erst fünfzehn Jahre nach seinem Erscheinen in den Niederlanden ins Deutsche übersetzt und wegen seiner »tiefbewegenden Schlichtheit und Wahrhaftigkeit« im Jahr darauf mit dem Jugendliteraturpreis ausgezeichnet wurde. Asscher-Pinkhof, eine Überlebende des Naziterrors, hat unmittelbar nach Kriegsende den Leidensweg jüdischer Kinder aus Holland in die Konzentrationslager aufgezeichnet.

Hans Peter Richter (1926–1993) war dann der erste deutsche Autor, der in »Damals war es Friedrich« (1961) das Thema Judenverfolgung in einem realistischen Kinderbuch erzählerisch gestaltete. Richter geht es über die konkrete Darstellung in Form einer Erzählung hinaus um allgemeine Fragen von Vorurteil, Toleranz und Menschlichkeit. Am Beispiel von zwei gleichaltrigen Jungen, die im selben Haus aufwachsen, beschreibt er das grausame Alltagsgesicht des Faschismus. Der bescheidene Aufstieg der opportunistischen Kleinbürgerfamilie des Ich-Erzählers verläuft entgegengesetzt zum Abstieg der anfangs gut situierten jüdischen Familie. Schließlich wird der Vater verhaftet, die Mutter stirbt an Misshandlungen durch die SA und der Sohn kommt um, weil ihm bei einem Bombenangriff der Zugang zum Keller verwehrt wird. Richter verzichtete auf psychologische Erklärungsansätze und ließ auch den Holocaust selbst in der Erzählhandlung unberücksichtigt.

10. Die neue Aufklärung (1970–1978)

»1968« und die Folgen

Die fast zwanzig Regierungsjahre der christlich-konservativen CDU in Deutschland standen für das »Wirtschaftswunder« des Wiederaufbaus, für Vollbeschäftigung und eine Verbesserung des Lebensstandards breiter Sozialschichten, schließlich aber auch für eine zunehmende gesellschaftspolitische Erstarrung. Um die Mitte der Sechzigerjahre wurden erste Proteste gegen eine »Wohlstandsgesellschaft« laut, die jeden Willen zur Veränderung vermissen ließ. 1964 machte der Pädagoge Georg Picht mit dem Schlagwort von der »Bildungskatastrophe« auf Versäumnisse in der Bildungspolitik aufmerksam. Die bereits in den Zwanzigerjahren begründete kritische Sozialtheorie der »Frankfurter Schule«, zu deren maßgeblichen Vertretern Herbert Marcuse, Theodor W. Adorno und Max Horkheimer zählten, wurde von der sich formierenden Studentenbewegung aufgegriffen. Gefordert wurden eine Reformierung des kapitalistischen Systems und eine »kritische Gesellschaft«, die den Machtanspruch von Institutionen wie Schulen, Medien und Kirchen radikal in Frage stellte. In zahllosen Protestaktionen und Demonstrationen, unter anderem gegen Polizeiwillkür, Vietnamkrieg und Notstandsgesetze, gegen den Kapitalismus und das »Establishment« insgesamt, wurde die Öffentlichkeit auf die Anliegen der »Neuen Linken« und der APO (Außerparlamentarische Opposition) aufmerksam gemacht. Als 1969 zum ersten Mal in der Bundesrepublik eine Koalition aus Sozialdemokraten und Liberalen die Regierung übernahm, begann eine Phase der Reformen, die vor allem zu einer Demokratisierung im Schul- und Hochschulwesen führte, aber auch einen – am Denken der Aufklärung orientierten – allgemeinen gesellschaftlichen Modernisierungsprozess einleitete.

Deutlich wandelte sich auch das pädagogische Grundverständnis. An die Stelle bis dahin dominierender Erziehungsziele wie Gehorsam, Ordnung und Reinlichkeit traten jetzt Selbstvertrauen, Kritik- und Durchsetzungsfähigkeit. Erziehung sollte nicht länger der sozialen Ein- und Unterordnung dienen, sondern der Emanzipation und Veränderung der Gesellschaft. Die Vorstellung vom

Schonraum, in dem Kinder sich ungestört von äußeren Einflüssen entwickeln sollten, löste eine egalitaristische Sichtweise ab. Kinder galten den Erwachsenen als gleichgestellt, sie sollten die Probleme und Widersprüche der Realität, aber auch Mittel und Wege zu ihrer Bewältigung möglichst früh kennenlernen.

Als ein wichtiges Erkenntnis- und Sozialisationsmedium galt die Kinder- und Jugendliteratur, die gesellschaftlich enorm aufgewertet wurde. Der Kinderliteraturbetrieb weitete sich aus: Zahlreiche neue Fachzeitschriften, Preise und Auszeichnungen kamen hinzu, die Kinder- und Jugendliteratur wurde Gegenstand universitärer Forschung und Lehre. Für die Gestaltung der Kinder- und Jugendbücher resultierte aus dem veränderten Kindheitsbild ein Verzicht auf die Forderung nach »Kindgemäßheit« und auf eine feste Orientierung an Altersstufen. Die Bücher sollten sich prinzipiell nicht mehr von der Erwachsenenliteratur unterscheiden, sondern dieselben gesellschaftlich relevanten Themen behandeln, dasselbe kritische Bewusstsein entwickeln und denselben Wirklichkeitsbezug aufweisen. Der traditionelle Lektürekanon, selbst Werke von Autoren wie Krüss, Preußler oder Kästner, wurde nun von vielen als bürgerlich reaktionär abgelehnt.

Antiautoritäre Kinderliteratur

Den Beginn einer neuen Kinderliteratur markierten provokante Erzähltexte, die im Umfeld antiautoritärer Theorieansätze entstanden. Nachhaltig bestimmt wurde die Diskussion von dem repressionsfreien Erziehungsmodell, das der Engländer A. S. Neill in seiner bereits 1924 gegründeten Internatsschule »Summerhill« erprobt und in mehreren Publikationen vorgestellt hatte. Von Neill und den Arbeiten des Kinderpsychologen Siegfried Bernfeld aus den Zwanzigerjahren wurde auch die 1968 von APO-Mitgliedern in Berlin initiierte Kinderladenbewegung beeinflusst. Das Modell einer kollektiven Kleinkindererziehung verband psychoanalytische

---

Zwischen 1970 und 1980 wurden die folgenden **Kinder- und Jugendliteraturpreise** neu gestiftet: Buxtehuder Bulle (Buxtehude, 1971); Großer Preis der Deutschen Akademie für Kinder- und Jugendliteratur e.V. (Volkach, 1976); Die silberne Feder (Köln, 1976); Oldenburger Kinder- und Jugendbuchpreis (Oldenburg, 1977); Hans-im-Glück-Preis (Limburg an der Lahn, 1978); Das Rote Tuch. Antifaschistischer Jugendmedienpreis (Berlin, 1978); Katholischer Kinder- und Jugendbuchpreis (Bonn, 1979); Volkacher Taler (Volkach, 1980)

Implikationen (Bejahung kindlicher Sexualität, Reaktivierung der analen Phase, unmittelbare Bedürfnisbefriedigung) mit dem politischen Ziel einer Erziehung zum Sozialismus.

Dementsprechend zeigen die antiautoritären Bücher für Heranwachsende – in der Tradition von Busch, Ringelnatz oder Lindgren – starke, energische Kinderfiguren, die sich gegen jede Form von Willkür zur Wehr setzen. Sie gaben Modelle für kreatives, solidarisches und selbstbewusstes Handeln vor, das auf eine tatsächliche Änderung der realen gesellschaftlichen Verhältnisse abzielte. Zu den bekannteren Beispielen zählen etwa Günter Herburgers (*1932) technisch-sozialutopische Geschichten um eine Glühbirne: »Birne kann alles« (1971) oder Irmela Brenders (*1935) Episoden über ein aufmüpfiges kleines Mädchen: »Jeanette zur Zeit Schanett« (1972). Die bis dahin übliche Trennung zwischen Bilder- und Kinderbuch überwanden Susanne Kilian (*1940) und Günther Stiller (*1927) mit ihrem »Nein-Buch für Kinder« (1972), das mit Zeichnungen, Fotos und Texten zum kritischen Nachdenken über die Gesellschaft und zur Überprüfung von Urteilen und Vorurteilen anregen wollte. Es wurde zu einem der wenigen wirklichen Erfolgstitel der antiautoritären Kinderliteratur. In der Folge erschienen noch das »Streit-Buch für Kinder« (1973) und das »Ja-Buch für Kinder« (1974).

Friedrich Karl Waechter (1937–2005), der für Satiremagazine wie »Pardon« und »Titanic« arbeitete, schockte mit seinem sexuell freizügigen »Anti-Struwwelpeter« (1970), in dem die Kinder sich gegen Autoritäten kräftig zur Wehr setzen und die Drohungen der Eltern nicht ernst nehmen. Weniger radikal geriet Waechters Bilderbuch »Wir können noch viel zusammen machen« (1973), in dem drei Tierkinder sich von den Eltern »emanzipieren« und trotz unterschiedlicher Eigenschaften erkennen, dass sie gemeinsam viel erreichen können.

Konsequenter Realismus

Während die extrem antiautoritären Werke nur eine Episode in der Geschichte der Kinderliteratur blieben, konnte sich die parallel dazu entstehende sozialkritische Erzählliteratur für junge Leser bis in die Gegenwart hinein behaupten. Ursula Wölfel (*1922) gilt als Pionierin einer emanzipatorischen, problemorientierten Kinderliteratur. Mit ihrer Geschichtensammlung »Die grauen und die grünen

Felder« (1970) wurde sie für viele zur Galionsfigur des politischen Aufbruchs in der Kinder- und Jugendliteratur, obwohl sie selbst einer solchen Einordnung entschieden widersprach. Die Autorin verweigerte jedes Zugeständnis an die bis dahin übliche »Heile-Welt«-Sicht. Die Kurzgeschichten dokumentieren die Schwierigkeiten menschlichen Zusammenlebens in verschiedenen Ländern und Kulturen mit teilweise brutaler Nüchternheit und holzschnittartiger Klarheit. Aufsehen erregte das schmale Bändchen auch, weil hier Themen behandelt werden, die man bislang in Kinderbüchern vergeblich gesucht hatte: Probleme von Kindern aus Unterschichten und aus der Dritten Welt, Erfahrungen von Gewalt, Krieg und Diktatur. Wölfel erzählt von einer alkoholkranken Mutter und einem behinderten Jungen, von Feindschaft zwischen Kindern, von Angst, Verrat, Diskriminierung, Neid und Schadenfreude. Statt glücklicher Lösungen wird allenfalls aufgezeigt, dass nur etwas ändern kann, wer selbst aktiv wird.

Problembücher ohne Tabu
Die Kinderliteratur der Siebzigerjahre überwand Tabus, stellte ihre Leser mitten hinein ins sogenannte »wirkliche Leben« und mutete ihnen auch die dunklen Seiten des Alltags in Familie und Gesellschaft zu. Der literarisch ambitionierteste und produktivste Autor war in dieser Phase Peter Härtling (*1933), der mit gleichem Engagement und Erfolg für Erwachsene und Kinder schreibt. Sein Werk ist geprägt vom Anspruch auf Authentizität, stets geht es ihm darum, die Wirklichkeit mit allen ihren Facetten in Literatur zu übersetzen. Der Sonderpreis des Jugendliteraturpreises wurde Härtling 2001 unter anderem verliehen, weil man in ihm einen »maßgeblichen Vertreter des sozialkritischen Realismus« und einen »Botschafter der Humanität« sieht. Deutlich wird dieses Anliegen gleich in seinem ersten Kinderbuch, »Und das ist die ganze

»Eine autoritäre Erziehung hat lange Jahre eine autoritäre Literatur geschaffen. Hoch klang das Lied vom braven Kind. Es gab nicht nur den Professor Unrat; es gab auch den Schüler Unrat. Generationen von Eltern halfen mit, seelische und geistige Krüppel ins Leben zu schicken, gelehrige Untertanen, die gelernt hatten, nicht aufzumucken: dem Vater gegenüber nicht, dem Lehrer gegenüber nicht, dem Staat gegenüber nicht. [...] Es ist schwer, dem Kind beizubringen, daß sich Wirklichkeit und Freiheit unaufhörlich verbünden.«
Peter Härtling anlässlich der Verleihung des Deutschen Jugendliteraturpreises 1969

Familie« (1970), einer minutiösen Dokumentation des Alltags seiner Kinder. Bekannt wurde Härtling dann mit der Geschichte über einen geistig behinderten Jungen, der so anders ist als andere und doch auch dazugehören möchte. »Das war der Hirbel« (1973) zeigt Ausgestoßensein nicht nur als individuelles Schicksal, sondern auch als Versagen der Gesellschaft. Neu waren auch Themen wie Alter, Sterben und das nicht immer einfache Verhältnis zwischen Großeltern und Enkeln, die in »Oma« (1975) und »Alter John« (1981) einfühlsam und unsentimental gestaltet werden. Dass auch Kinder dem Gefühlschaos einer ersten Liebe begegnen können, macht »Ben liebt Anna« (1979) deutlich. Härtling gelang es in seinen Kinderromanen immer wieder, Alltagswirklichkeit in spannende Geschichten zu packen.

Auch andere Autoren wollten mit den Mitteln des Erzählens aufklären, zu Solidarität, Toleranz und Mitmenschlichkeit erziehen und dazu beitragen, dass Kinder sich zu selbstbestimmten und selbstbewussten Persönlichkeiten entwickeln. Max von der Grün (1926–2005) lässt in »Die Vorstadtkrokodile« (1976) einen querschnittsgelähmten Jungen seinen Platz in einer Kinderbande finden. Wie Kinder den Tod von Familienangehörigen erleben, schildert Elfie Donnelly (*1950) in »Servus Opa, sagte ich leise« (1977). Der kleine Michi erlebt eine doppelte Tabuisierung des Todes: Nicht nur ihm gegenüber schweigen die Erwachsenen, auch untereinander weichen sie in Euphemismen und Riten aus.

Einen weiteren Schwerpunkt in der zeitgenössischen Kinderliteratur bildeten Erzähltexte über soziale Probleme, Jugendkriminalität, Drogen, Alkoholismus und Heimerziehung. Einer der Ersten, die sich um Aufklärung und Ursachenforschung bemühten, war Hans-Georg Noack (1926–2005). »Rolltreppe abwärts« (1970) schildert den Weg des dreizehnjährigen Jochen in die Kriminalität und in Fürsorgeeinrichtungen. Das Leben im Heim bedeutet für den Jungen Gefangenschaft und Qual. Noack stellt auch Fragen an die Gesellschaft, die für einen des Diebstahls Schuldigen nur Verachtung, nicht aber Hilfe und Verständnis kennt. »Die große Flatter« (1977) wollen zwei Jugendliche aus einer Obdachlosensiedlung machen, nachdem ihre Versuche, ins Bürgertum hinüberzuwechseln, immer wieder gescheitert sind. Ihre eigenen Erfahrungen im Umgang mit Randgruppen nutzte Leonie Ossowski (*1925) zu einer wirklichkeitsnahen Darstellung von Milieu, Sprache und

Denkweisen sozialer Außenseiter. Die Gefahren des Drogenmiss-
brauchs wurde der Mehrheit der deutschen Bevölkerung wohl erst
mit dem autobiografischen Protokoll der sechzehnjährigen Chris-
tiane F. richtig bewusst. »Wir Kinder vom Bahnhof Zoo« (1979)
schildert eine Drogenkarriere mit allen ihren elenden und würdelo-
sen Begleiterscheinungen. Der Vorabdruck des Textes in der Zeitschrift »Stern« sorgte für großes öffentliches Aufsehen. Angesprochen fühlten sich von dem Thema insbesondere Jugendliche, auf
die die schonungslose Schilderung nicht nur abschreckend, sondern teilweise auch faszinierend wirkte.

Auseinandersetzung mit der Vergangenheit
Nach 1970 setzte ein bis heute nicht verebbter Strom von Publikationen zur jüngsten deutschen Geschichte für Kinder und Jugendliche ein. Die Zahl der Sach- und Erzählbücher zu Nationalsozialismus, Zweitem Weltkrieg, Judenverfolgung und Holocaust, zu Exil,
Flucht und Vertreibung schnellte in die Höhe. Der große Anteil
autobiografisch geprägter Texte macht deutlich, dass es den Autoren auch darum ging, das Erlebte für sich selbst zu verarbeiten. Viel
Anerkennung bekam Judith Kerr (*1923), die ihre Kindheitserfah-
rungen während der Emigrationsjahre in der Schweiz und Frankreich unter dem Titel »Als Hitler das rosa Kaninchen stahl« (1971,
dt. 1973) veröffentlichte. Allerdings war das Schicksal der relativ
privilegierten Familie des Berliner Literaturkritikers Alfred Kerr
nicht repräsentativ für die Mehrheit der Exilanten. Wie ein Junge
in einem mährischen Dorf die aus den Fugen geratene Welt in den
letzten Kriegswochen erlebt, in denen Gewalt, Tod, Denunziation
und Demütigung herrschten, schildert Jan Procházka (1929–1971)
in seinem Antikriegsroman »Es lebe die Republik« (1966, dt. 1968).
In Wien beobachtete die achtjährige Christine Nöstlinger (*1936)
das irritierende Verhalten der Erwachsenen am Ende des Krieges
und während des Einmarschs der sowjetischen Armee, das sie später in ihrem Kinderroman »Maikäfer flieg« (1973) gestaltete. Mit
Lakonie und Sprachwitz milderte sie die Schrecken der Situation
etwas ab. Auch Leonie Ossowski führt in »Stern ohne Himmel«
(1978) zurück in die letzte Phase des Naziterrors, als eine Gruppe
von Kindern einen aus dem Konzentrationslager entflohenen jüdischen Jungen entdeckt und vor der Entscheidung steht, ihn zu verraten oder ihm zu helfen.

Die in der Gesellschaft der Fünfziger- und Sechzigerjahre verdrängte Frage nach kollektiver und individueller Schuld an den Verbrechen des nationalsozialistischen Regimes wurde in den Siebzigerjahren aus einer ideologiekritischen Perspektive beleuchtet. Mit Nachdruck wurde die Aufarbeitung dieser Zeit gefordert. Die Nachkriegsgeneration wollte von Eltern und Großeltern wissen, wie sie sich gegenüber dem Unrechtsregime und gegenüber den Juden verhalten hatten. Mit »Vier Fragen an meinen Vater« (1976) griff Horst Burger (1929–1975) dieses Anliegen der Jugendlichen auf. Doch es ging ihm nicht nur um die Bewältigung der Vergangenheit. Burger schlägt den Bogen zum Rechtsradikalismus, einer damals neuen Gefahr, die in den folgenden Jahrzehnten zu einem wichtigen Thema der Problemliteratur für junge Leser wurde.

Umwelt entdecken im Bilderbuch

Die Entwicklung des Bilderbuchs war in den Siebzigerjahren gekennzeichnet durch eine Abkehr von den Maximen ästhetischer und künstlerisch-formaler Bildung zugunsten von kritischer Erkenntnis und emanzipatorischem Mediengebrauch. Wie in der aktuellen Kunstströmung der Pop-Art öffnete sich auch das Bilderbuch nun Einflüssen des Alltags. Sehr deutlich von den modernen Kunststilen beeinflusst zeigt sich zum Beispiel »Der mini mini Düsenzwerg. Reime und Bilder« (1971) von Jürgen Spohn (*1934). Andere knüpften formal an die Karikatur, den Comic oder das Flugblatt an. Den Gestaltern dieser teils unbeholfen, teils unbekümmert wirkenden Illustrationen ging es vor allem um die inhaltliche Vermittlungsdimension: Texte und Bilder zusammen sollten die Umwelt so zeigen, wie sie wirklich ist.

Höchst lebendig präsentiert sie sich auf den doppelseitigen Suchbildern von Ali Mitgutschs (*1935) »Rundherum in meiner Stadt« (1968). Die fröhlichen, kräftig bunten Illustrationen mit vielen Details laden zum genauen Betrachten ein und zum Erfinden von Geschichten über die Menschen in ihren Wohnungen, ihrem Alltag und ihrer Freizeit. »Bei uns im Dorf« (1970) vermittelt ein modernes Bild vom Land, auf dem auch Maschinen, Neubauten und Gewerbebetriebe ihren Platz haben. Mitgutschs Bilderbücher verdeutlichen auch den Bruch mit der traditionellen Forderung nach reduzierten Darstellungen. Man war nun offenkundig nicht mehr der Ansicht, Kinder visuell zu überfordern.

Auf Vielfalt und Komplexität sinnlicher wie sprachlicher Wahrnehmung setzte auch die Lyrikanthologie »Die Stadt der Kinder« (1969), in der Hans-Joachim Gelberg (*1930) Gedichte von rund siebzig Autoren der älteren und jüngeren Generation mit Illustrationen von Janosch zusammenstellte. Gemeinsam ist den realistischen, fantastischen, absurden und konkreten Versen die Perspektive der Kinder und der durchgängige Bezug auf ihre städtische Erfahrungswelt. Diesem Prinzip folgten auch die Jahrbücher der Kinderliteratur, die Gelberg ab 1971 herausgab. In Form einer Collage wurden Illustrationen in unterschiedlichen Techniken, Fotografien, Prosa- und Lyriktexte zu einem modernen, vielschichtigen Lesebuch komponiert, das Intentionen kritischer Aufklärung und anregender Unterhaltung miteinander verknüpfte.

»Umwelt entdecken« hieß in den Siebzigerjahren auch, auf ihre Gefährdungen aufmerksam zu machen. Zuerst gestaltete Luis Murschetz (*1936) das Thema im Bilderbuch. »Der Maulwurf Grabowski« (1972) muss erleben, wie ein Landvermesser und ein Bagger sein geruhsames Leben und sein Zuhause zerstören, weil auf »seiner« Wiese Hochhäuser mit Tiefgaragen gebaut werden. Nach abenteuerlicher Flucht findet er jedoch eine neue Wiese mit viel »duftender Erde«. Ein solches Happy End gibt es bei Jörg Müller (*1942) nicht. Sein Bilderbuch »Alle Jahre wieder saust der Presslufthammer nieder« (1973) besteht aus sieben fotorealistischen Plakaten, die den immer gleichen Ausschnitt zeigen. Am Anfang sieht man ein stark idealisiertes Dorf in beschaulicher Landschaft, knapp zwanzig Jahre später einen betonierten Industrievorort mit Schnellstraße und Einkaufszentrum. Für Kinder und ihre Bedürfnisse nach freiem Spiel und Abenteuer war kein Platz mehr, nachdem die Trümmerlandschaften des Krieges beseitigt worden waren und Trabantensiedlungen und Stadtautobahnen den modernen Städtebau bestimmten.

Fantastik gegen den Zeitgeist

Die innovative Leistung der Kinder- und Jugendliteratur im Jahrzehnt nach 1970 lag in der Durchsetzung eines Realismus, wie er in dieser Radikalität und Authentizität bis dahin unbekannt war. Dagegen geriet die fantastische Literatur in eine Außenseiterposition und musste sich den Vorwurf des Eskapismus gefallen lassen. Doch gerade die Bücher, die in eine andere Wirklichkeit entführten und eher konventionell erzählt waren, standen in der Gunst junger Leser weiterhin obenan. Zu den Lieblingsbüchern der Kinder in den Siebzigerjahren gehörten zum Beispiel »Die Wawuschels mit den grünen Haaren« (1967) von Irina Korschunow, »Urmel aus dem Eis« (1969) von Max Kruse oder Tilde Michels »Kleiner König Kalle Wirsch« (1969). Der vielseitig begabte Paul Maar (*1937) hatte mit der Geschichtensammlung »Der tätowierte Hund« (1968) debütiert, bevor er mit »Eine Woche voller Samstage« (1973) ein Werk veröffentlichte, das binnen kurzer Zeit Klassikerstatus errang. Die Ängste des schüchternen Herrn Taschenbier, der nicht genug Selbstbewusstsein besitzt, um sich gegen anmaßende Zeitgenossen zur Wehr zu setzen, konnten junge Leser durchaus als ihre eigenen erkennen. Als zwar zunächst unerwünschter, aber sehr erfolgreicher Nothelfer und Therapeut erweist sich das schweinsnasige Sams mit seinem ungeheuren Sprachwitz, seiner schrägen Reimkunst, seinen phänomenalen Eigenschaften und verrückten Einfällen. Das respektlose, subversive Fabelwesen steht in der Tradition des unangepassten Kindes wie zum Beispiel Struwwelpeter, Max und Moritz oder Pippi Langstrumpf und bezieht bei aller Komik doch kritisch Position gegen inhaltsleeres Geschwätz und Autoritätsgebaren von Erwachsenen.

> Obwohl nie als Serie geplant, hat sich Paul Maar doch immer wieder zu neuen Geschichten vom **Sams** überreden lassen. 2011 erschien als siebter Band »Sams im Glück«. Längst ist das Sams auch zum Multimedia- und Filmstar aufgestiegen: Eine Spielgeschichte auf CD-Rom (1998) will bereits Vorschulkinder mit dem Fabelwesen und dem Computer vertraut machen, und nachdem es dem ersten Spielfilm (2001) gelungen war, ganze Familien ins Kino zu locken, wurden zwei weitere Folgen gedreht. Außerdem lässt Maar das Sams in Musicals und Theaterstücken auftreten.

Dass das Wunderbare durchaus wieder in die Wirklichkeit zurückführen kann, zeigt auch Christine Nöstlingers Kinderbuch »Wir pfeifen auf den Gurkenkönig« (1972), in dem der traditionellen Familie ein fantastischer Spiegel vorgehalten wird. So wie die Gurkinger im Keller ihren tyrannischen König vertreiben, so emanzipieren sich die Hogelmanns vom autoritären Vater.

In »Momo« (1973) nimmt die kleine Heldin den Kampf gegen die grauen Herren auf, denen es gelang, die Menschen von dem Grundsatz »Zeit ist Geld« zu überzeugen. Michael Endes Märchenroman ist eine Parabel über soziale Kälte, Rationalisierung und

Uniformierung des Alltagslebens. Ende entwirft eine sprachlich überzeugende, mit großer poetischer Kraft und leisem Humor erzählte soziale Utopie einer Gesellschaft, in der Muße, Lebensfreude und Geselligkeit im Hier und Jetzt mehr zählen als an fremdbestimmte Arbeits- und Lebensprozesse gekoppelte Glücksversprechen auf eine ferne, ungewisse Zukunft.

Gegen den Zeitgeist schrieb auch Otfried Preußler unverdrossen an. Die Geschichte des Waisenjungen »Krabat« (1971), der zu Beginn des 18. Jhs. bettelnd durch die Lausitz wandert, vereint Motive aus Sage, Legende und Märchen mit historischem Wissen und Informationen über das Brauchtum der Sorben, die Riten der Schwarzen Magie und das Handwerk des Müllers. Als Lehrling in einer Mühle gerät Krabat in eine albtraumhafte Gegenwelt, in der er selbst über magische Kräfte verfügt. Der teuflischen Verführung zur Herrschaft kann er schließlich durch Willensstärke und die Macht der Liebe entkommen. In der komplexen Metaphorik des Textes steht die Mühle als zentrales Symbol für die Zerstörung des Menschen. Preußlers psychologisch tiefgründiger Entwicklungsroman erinnert in seiner Suggestivität, aber auch in seiner bedrückenden Atmosphäre an Werke von Franz Kafka.

Sowohl »Krabat« als auch »Momo« gehörten wegen ihrer Vielschichtigkeit in Inhalt und Form zu den außergewöhnlichsten und anspruchsvollsten Werken der zeitgenössischen Kinder- und Jugendliteratur. Erst in den Achtzigerjahren wurden sie zu Kultbüchern der jungen Generation.

Exkurs: Die Kinder- und Jugendliteratur der DDR

Vierzig Jahre verlief die Geschichte der deutschen Kinder- und Jugendliteratur auf getrennten Wegen. Berührungspunkte gab es wegen der unterschiedlichen Marktbedingungen, pädagogischen Konzepte und Kindheitsbilder nur wenige. In der DDR war die Literatur für junge Leser anerkannter und stärker in die Allgemeinliteratur eingebunden als in der Bundesrepublik, und häufiger schrieben Autoren für beide Zielgruppen. Schon 1945 wurde der »Altberliner Verlag« gegründet, ein Jahr später entstand der »Verlag Neues Leben«, und ab 1949 übernahm der »Kinderbuchverlag« als Editionshaus der Pionierorganisation die Monopolstellung auf dem insgesamt nur vierzehn Verlage umfassenden Jugendbuchmarkt.

In den ersten Jahren nach dem Zweiten Weltkrieg orientierte sich die Produktion vor allem an der Besatzungsmacht. Bis 1949 erschienen etwa achtzig bekannte Jugendbücher der Sowjetunion in Ostdeutschland. Wieder aufgelegt wurden auch unpolitische Werke aus der Zeit des Nationalsozialismus (Hans Fallada, Ehm Welk) und Exilliteratur von Autorinnen, die in das Gebiet der späteren DDR zurückgekehrt waren. Antifaschistisches Heldentum einer Kindergruppe zeigt Alex Weddings »Das Eismeer ruft« (1948, zuerst 1936) und Auguste Lazar (1887–1970) agitiert in ihrer Erzählung »Sally Bleistift in Amerika« (1948, zuerst 1935) gegen Kapitalismus und Rassismus. Mit einiger Verzögerung entdeckte man die sozialistische Literatur der Weimarer Republik (Berta Lask, Hermyna Zur Mühlen) wieder. Alex Weddings proletarischer Klassiker »Ede und Unku« erschien erst 1954 in der DDR.

»Die Aufbau-Bande« (1948) – ein Titel von Walther Pollatschek (1901–1975) – wies auf das literaturpolitische und -pädagogische Programm der Fünfzigerjahre voraus. Die junge Generation sollte systematisch zu sozialistischen Persönlichkeiten erzogen werden. Auch Erzählungen und Romane hatten dieser Zielsetzung zu folgen. Im Sinne des sozialistischen Realismus ging es darum, Gegenwartsstoffe zu gestalten und positive junge Protagonisten darzustellen, die sich aktiv an Aufbau und Gestaltung kollektiver Strukturen beteiligten. Der im Westen vorherrschenden Vorstellung von einer autonomen, geschützten Kindheit stand die der DDR konträr entgegen. Hier war Kindheit ganz in die Gesellschaft integriert, jeder hatte seinen Platz und seine Aufgabe, alle gemeinsam schufen den sozialistischen Staat.

Repräsentativ für diese literarische und ideologische Aufbauphase ist der Kinderroman »Tinko« (1954) von Erwin Strittmatter (1912–1994). Der Konflikt zwischen altem Feudalsystem und neuem Genossenschaftsprinzip spiegelt sich in der Familie des achtjährigen Martin, genannt Tinko. Er muss seine Position finden zwischen dem Besitzdenken des Großvaters und dem Gemeinschaftssinn des Vaters. Anfangs steht Tinko auf der Seite des Großvaters, der mühsam seinen kleinen Hof bewirtschaftet, zäh sein Privateigentum verteidigt und gegen jede Neuerung rebelliert. Den aus der Kriegsgefangenschaft heimkehrenden Vater lehnt der Junge ebenso ab wie dessen Überzeugung von den Vorzügen des Kollektivs. Doch dann beginnt Tinko zu zweifeln, er lernt die Gemeinschaft und Hilfe der Pioniere schätzen und erkennt, dass die Einbindung in die Genossenschaft durchaus positive Seiten hat. Der Tod des Großvaters versinnbildlicht den Untergang des alten Systems. Wie in seinen Erwachsenenbüchern »Ole Bienkopp« (1963) und »Der Laden« (1983–1992) so schildert Strittmatter auch in »Tinko« den Mikrokosmos des Dorfes höchst lebendig, anschaulich und glaubwürdig. Aus der naiven Perspektive des Jungen ergeben sich viele humorvolle Momente, manchmal bis zur Satire gesteigert. Kritisiert wurde allerdings, dass die Hauptfigur nicht durchgängig positiv gestaltet war, sondern sich erst allmählich zu einer sozialistischen Überzeugung hin entwickelte.

Die wohl beliebteste Kinderbuchfigur erfand Gerhard Holtz-Baumert (1927–1996). Die humorvollen und nachdenklichen Geschichten über den chaotischen Alltag des liebenswerten Tollpatschs »Alfons Zitterbacke« (1958 und zwei Fortsetzungsbände) waren in der DDR ungemein erfolgreich.

Abgesehen von der massiv geförderten sozialistischen Gegenwartsliteratur waren andere Gattungen zunächst auf ihre Brauchbarkeit für die gesellschaftliche Zielsetzung hin zu überprüfen. So musste etwa in der beliebten Abenteuerliteratur die unakzeptable Weltsicht eines Karl May durch ideologisch angemessene Texte über den Kampf junger Protagonisten gegen politische Unterdrückung ersetzt werden. Die Wegbereiterin der sozialistisch-realistischen

Abenteuerliteratur war Liselotte Welskopf-Henrich (1901–1979). Mit »Die Söhne der großen Bärin« (1951) legte sie den ersten Band ihres sehr erfolgreichen Zyklus moderner Indianerromane über die Dakota, ihren Alltag, ihre Kultur und ihre Kämpfe gegen die Weißen vor. Ludwig Renn (1889–1979), der mit seinem Hauptwerk »Krieg« (1928) zu den bekanntesten kommunistischen Autoren der Weimarer Republik gehört hatte, verarbeitete in »Trini« (1954), der Geschichte des mexikanischen Befreiungskrieg aus der Sicht eines mitkämpfenden Indiojungen, Erfahrungen seiner Exiljahre. Die Anforderungen an eine sozialistische Abenteuerliteratur erfüllte auch das politische Märchen »Der Neger Nobi« (1955), in dem es einem afrikanischen Jungen mit Hilfe von Freunden und Tieren gelingt, die Sklavenjäger aus seinem Stamm zu vertreiben.

Relativ früh thematisierten DDR-Autoren Erfahrungen der Zeitgeschichte, wobei auch hier dem heldenhaften Handeln für die Befreiung vom Faschismus besondere Bedeutung zukam. Diesem Gedanken folgte etwa Stephan Hermlin (1915–1997), der in »Die erste Reihe« (1951) Widerstandskämpfer des Dritten Reichs in auffällig unpathetischen Porträts würdigte. Zu den bedeutenden Beispielen der »Ankunftsliteratur« wird der Jugendroman »Die Abenteuer des Werner Holt« (1960) von Dieter Noll (1927–2008) gerechnet. Geschildert werden die Irr- und Umwege eines Sechzehnjährigen, der seine schwärmerische Kriegsbegeisterung als Fehler erkennt und zu einer antimilitaristischen Haltung findet. Von den Beobachtungen und Erlebnissen einer Achtjährigen gegen Ende des Krieges handelt Karl Neumanns (1916–1985) populäres Kinderbuch »Das Mädchen hieß Gesine« (1966).

Ab den Sechzigerjahren konnte die Kinder- und Jugendliteratur der DDR die engen ideologischen Grenzen ein Stück weit überschreiten. Der Optimismus der Aufbaujahre wich verhalteneren Tönen, es wurde auch gezeigt, wie schwierig es für Heranwachsende war, sich in einer Gesellschaft zu orientieren, deren Ideale sich zunehmend als brüchig erwiesen. Benno Pludra (*1925), wegen der poetischen Eindringlichkeit seiner Romane einer der überzeugendsten Autoren der DDR, ging es immer wieder darum, die komplizierte Realität für junge Menschen durchschaubar zu machen. So etwa in der Geschichte um den Fischkutter »Tambari« (1969), der zum Symbol wird für den Widerspruch zwischen den materiellen Interessen der Fischer, die ihn verkaufen wollen, und der

Solidarität einer Kindergruppe, die ihn zuvor wieder hergerichtet hat. Die große, ferne Sehnsucht, für die das nach einer Südseeinsel benannte Schiff steht, erfüllt sich nicht, aber das kleine Abenteuer im Alltag kann ebenso aufregend sein. Diese Botschaft fand sich in der Folge häufiger. Soziale und regionale Mobilität wurden so oft thematisiert, dass man dafür den Begriff »Umzugsliteratur« prägte. So erzählen Günter Görlich (1928–2010) in seinem viel gelesenen Schulroman »Den Wolken ein Stück näher« (1971) und Benno Pludra in »Die Insel der Schwäne« (1980) von den Schwierigkeiten des Abschiednehmens und der Neuorientierung, aber auch von Konflikten mit übermächtigen Vorbildern und engstirnigen Vätern, die Kreativität und Fantasie kindlichen Handelns behindern.

Schwer hatte es in der DDR die fantastische Literatur. In den Fünfzigerjahren überwog Ablehnung, in den Sechzigern eher Duldung als Akzeptanz, und auch danach begegnete man ihr selten unbefangen. Einen mutigen Schritt wagte Christa Kožik (*1941), denn »Der Engel mit dem goldenen Schnurrbart« (1983) lässt sich nicht als Traum deuten, sondern agiert als Gestalt mit übernatürlichen Eigenschaften in der realen Umwelt von Lilli, die ihn herbeigesehnt hat. Bald wird deutlich, wie die Gesellschaft, verkörpert durch den Schuldirektor, dem Unkonventionellen begegnet: nicht mit Toleranz, sondern mit der Aufforderung zu absoluter Anpassung. Da der Engel nicht bereit ist, seine Identität ganz aufzugeben, fliegt er in seine Welt zurück. Eines der originellsten Kinderbücher der Achtzigerjahre schrieb Christoph Hein (*1944). Für »Das Wildpferd unterm Kachelofen« (1984) ist das Prinzip der Doppelbödigkeit ebenso kennzeichnend wie für seine Werke der Allgemeinliteratur. Die wundersamen Geschichten, die der einsame Jakob über seine skurrilen Freunde aus der Spielzeugwelt erzählt, verschließen sich einer eindeutigen, logisch-rationalen Lesart. Mit Humor und Ironie zeigt Hein Paradoxien menschlichen Daseins auf und plädiert für ein fantasievolles, selbstbestimmtes Leben.

Peter Hacks' (*1928) umfangreiches lyrisches und dramatisches Werk weist vielfältige Beziehungen zur literarischen Tradition, zu Märchen und Sagen auf. Seine Texte kennzeichnen stilistische Brillanz, subtiler Sprachwitz und das Nebeneinander von komplexer und naiver Lesart. Durch Hacks erhielt vor allem das Kindergedicht neue Impulse. »Der Flohmarkt« (1965) gilt als eines der bedeutendsten Werke der Kinderlyrik des 20. Jhs.

Die Buchgestaltung hatte in der DDR einen besonders hohen Stellenwert. Zu den bekanntesten und produktivsten Illustratoren zählte Klaus Ensikat (*1938). Typisch ist sein auf Perfektion bedachter filigraner Zeichenstil, der sich jedem modischen Trend verweigert. Für mehr als hundert Bücher hat er witzige und hintergründige Bilder zwischen Realistik und Fantastik gestaltet.

Gegen Ende der DDR wurde es auch in der Kinder- und Jugendliteratur möglich, einen schonungslosen Blick auf die Schattenseiten der Gesellschaft zu werfen. Mit »Umberto« (1987) veröffentlichte Günter Saalmann (*1936) zum ersten Mal einen Kinderroman über einen sozial verwahrlosten Jungen, der keine Chance hat, einem von Alkoholismus, Gleichgültigkeit und emotionaler Kälte geprägten Milieu zu entkommen. Authentische Sprache und sensible Darstellung kennzeichnen auch Saalmanns Romane »Zu keinem ein Wort« (1993), über Rechtsradikalismus in der DDR, und »Ich bin der King« (1997), über soziale Widersprüche und die Perspektivlosigkeit von Jugendlichen nach der Wende.

11. Neoromantik und Postmoderne (1979–1997)

Rückzug ins Private

Nachdem die großen politischen Utopien der Generation von 1968 beim »langen Gang durch die Institutionen« an Kraft verloren und die Versuche zu einer gewaltsamen Änderung des politischen Systems 1977 in den Terroraktionen des »Deutschen Herbstes« einen Höhepunkt des Schreckens erreichten, ließ sich gegen Ende der Siebzigerjahre ein Rückzug ins Private beobachten.

Besonders deutlich machten diese gesellschaftliche Trendwende ein kleiner Bär und ein kleiner Tiger, die Helden des Bilderbuchs »Oh, wie schön ist Panama« (1978) von Horst Eckart, besser bekannt als Janosch (*1931). Deren aufregende Expedition ins Land ihrer Träume führt sie zurück ins eigene Heim. Am Ende sitzen sie glücklich und zufrieden auf dem Plüschsofa. Doch ihr auch gesellschaftlich zu deutender Rückzug in die Idylle ist nicht mehr vollständig zu erreichen, Janosch versieht ihn mit einem ironischen Fragezeichen. Das Biedermeiersofa fungiert als Attribut einer überlebten Bürgerlichkeit, denn es steht nicht mehr kultivierten Salon, sondern in einer kargen Holzhütte inmitten der Natur. So bleibt als inhaltliche Aussage das in der naiven Weisheit von Bär und Tiger gegründete Plädoyer für Freundschaft, Selbstgenügsamkeit und gegenseitige Anteilnahme als zeitloses Rezept zur Überwindung von Einsamkeit und Lebensangst.

Fantastische Wende

Im Spektrum einer weit überwiegend realistischen und problemorientierten Kinder- und Jugendliteratur erschien 1979 ein ganz und gar unzeitgemäßes Buch und wurde zum bis dahin größten literarischen Erfolg der Nachkriegszeit. »Die unendliche Geschichte« von Michael Ende verkaufte sich in weniger als zwölf Monaten zweihunderttausend Mal, zusammen mit den zahllosen Raubdrucken, die in Studentenkneipen und Hörsälen vertrieben wurden, erreichte der Titel die sprichwörtliche Lesergruppe zwischen acht und achtzig. Als erstes Kinderbuch erklomm »Die unendliche Geschichte« im Sommer 1980 die Bestsellerliste des »Spiegel«, wo sie sich jahrelang auf den vorderen Plätzen behaupten konnte. Es war auch ein Sieg der Fantasie über die Realität. Im Buch erringt ihn der schüchterne Bastian Balthasar Bux, der das vom Untergang bedrohte Reich Phantásien und dessen schwerkranke Herrscherin, die Kindliche Kaiserin, retten kann, weil er einen neuen Namen für sie weiß. Dafür bekommt er alle Wünsche erfüllt. Zusammen mit seinem Freund Atréju und dem Glücksdrachen Fuchur zieht er durch Phantásien und entfernt sich immer weiter von der Menschenwelt. Im letzten Augenblick erkennt Bastian jedoch seinen wahren Willen: den Wunsch, zu lieben und selbst geliebt zu werden. Jetzt kann er in die Wirklichkeit zurückkehren.

»Die unendliche Geschichte« gilt wegen ihres ausgeprägten Stilpluralismus und intertextuellen Verwirrspiels auch als erstes postmodernes Kinderbuch. Ganz bewusst ließ Michael Ende die Märchen- und Mythenwelt der Vergangenheit wieder aufleben. Er übernahm Stoffe, Figuren und Motive aus der gesamten Literatur- und Kulturgeschichte, der Philosophie, der Mythologie und Anthroposophie. Die archaische Gegenwelt ist voller Paradoxien, Metamorphosen, Verzauberungen und Wunscherfüllungen. Im Buch spiegeln sich verschiedene Dimensionen des Unendlichen: Werden und Vergehen, Leben und Tod, Tag und Nacht, der ewige Kreislauf allen Seins. Nur die Kraft der Fantasie kann die Wiederholung des immer Gleichen durchbrechen und dadurch zur Gesundung der Welt beitragen. Doch für Ende ist der Weg in die Fantasie keine Einbahnstraße, sondern ein Umweg zurück ins Leben. Als Bastian aus Phantásien zurückkehrt, hat er an Selbstbewusstsein gewonnen und kann sich jetzt den Problemen seines Alltags stellen. In einer außergewöhnlich bilderreichen Sprache von kraftvoller Farbigkeit schuf Ende ein höchst lebendige, verschwenderisch ausgestattete Parallelwelt, die zudem durch die Verschmelzung von Romanfigur und Leser ein Höchstmaß an Identifikation ermöglicht. Mit seinem poetischen Erfindungsreichtum stieß Ende in eine neue Dimension der

> »Wer kann der Kindlichen Kaiserin / einen neuen Namen geben? / Nicht du, noch ich, nicht Elfe, noch Dschinn, / von uns rettet keiner ihr Leben, / und keiner erlöst uns alle vom Fluch, / durch keinen wird sie gesunden. / Wir sind nur Figuren in einem Buch, / und vollziehen, wozu wir erfunden. / Nur Träume und Bilder in einer Geschicht', / so müssen wir sein, wie wir sind, / und Neues erschaffen – wir können es nicht.«
> *Aus »Die unendliche Geschichte« (1979) von Michael Ende*

Fantasy bezeichnet eine relativ junge Subgattung der fantastischen Literatur. Im Unterschied zur »klassischen« Fantastik ist das Aufeinandertreffen von Real- und Wunderwelt kein konstitutives Merkmal. Fantasyromane bleiben ganz auf die irrationale, magische oder mythische Anderswelt bezogen. Die Handlung spielt in archaischen, historisch unbestimmten Gesellschaften und ist gekennzeichnet durch Motiv- und Stoffübernahmen aus Märchen, Sage, Volksbuch und Legende. In den Achtziger- und Neunzigerjahren waren bei jungen Lesern außerordentlich beliebt: Marion Zimmer Bradley (1930–1999) mit »Die Nebel von Avalon« (1982, dt. 1983) und dem »Darkover«-Zyklus (1976ff., dt. 1978ff.), Terry Pratchett (*1948), der seinem ersten Scheibenweltroman »Die Farben der Magie« (1983, dt. 1985) inzwischen 36 weitere folgen ließ, und Ursula K. Le Guin (*1929), deren »Erdsee-Zyklus« (1968, dt. 1979) 2002 als Jugendbuchausgabe erschien. Der bekannteste deutsche Fantasy-Autor dieser Jahre war Wolfgang Hohlbein (*1953), der seine Romane meist zusammen mit seiner Frau Heike Hohlbein (*1954) verfasst. Seit seinem erfolgreichen Debüt mit »Märchenmond« (1983) hat Hohlbein mehr als 200 Bücher veröffentlicht.

deutschsprachigen Kinderliteratur vor. Inhaltlich jedoch vermittelte er ein relativ naives und konventionelles Weltbild, in dem mit der zentralen Botschaft »Tu, was du willst« nach dem Kollektivismus der vorhergehenden Phase jetzt wieder ein individueller Subjektivismus an Bedeutung gewann.

Einen der Gründe für den Erfolg sah man in der wertkonservativen Haltung, die Endes »Unendlicher Geschichte« zugrunde liegt, und die insbesondere der »verunsicherten« jungen Generation Orientierung bot. Fantastische Literatur als Heilsbotschaft oder Wirklichkeitsflucht – diese Kontroverse beschäftigte die Pädagogen und die Feuilletons, am Ausbruch des Fantasyfiebers änderte sie indes nichts. In Deutschland wurden manche Werke des Genres erst jetzt entdeckt oder erlebten einen ungeahnten Popularitätsschub. Das betraf in erster Linie John Ronald Reuel Tolkien (1892–1973), der mit »Der kleine Hobbit« (1937, dt. 1967) den ersten bedeutenden Fantasyroman für Kinder geschrieben hatte. Er handelt von dem Hobbit Bilbo Beutlin, der zusammen mit dreizehn Zwergen und einem Zauberer auf abenteuerliche Schatzsuche zieht, auf Trolle, Elfen, Orks und Riesenspinnen trifft und einen magischen Ring findet. Mit »Der Herr der Ringe« (1954/55, dt. 1969/70) erfuhr die Geschichte ihre monumentale Fortsetzung in drei Bänden, die das Grundmuster aller Fantasy deutlich erkennen lässt: die durch zahlreiche Begegnungen mit wundersamen Gestalten unterbrochene Abenteuerreise, der Kampf zwischen guten und bösen Mächten und die Symbolkraft magischer Gegenstände, bei Tolkien der Ring, mit dessen Hilfe die Herrschaft über das Universum erreicht werden kann. So wie Fantasy sich immer im Grenzbereich zwischen Kinder-, Jugend- und Erwachsenenlektüre bewegt, wurde auch die »Herr-der-Ringe«-Trilogie, die eigentlich an Erwachsene gerichtet war, zu einem Kultbuch der Jugendszene.

Problembücher über Zukunft, Gegenwart und Vergangenheit
Hatte Michael Endes »Unendliche Geschichte« noch heftige Pro- und Kontra-Diskussionen ausgelöst, so kam es in der Folge zu einer relativ ungestörten Koexistenz von fantastischer und realistischer Kinder- und Jugendliteratur, wobei sich die Themen der sozialkritischen Kinderbücher den gesellschaftlichen Veränderungen anpassten.

Die Achtzigerjahre waren geprägt durch irrationale und rationale Ängste vor Umweltzerstörung, atomarer Bedrohung und militärischer Hochrüstung, aber auch durch individuelle Lebensängste und Identitätsprobleme. In politische Aktionen wurden Kinder und Jugendliche ausdrücklich einbezogen. Auch die erzählende Literatur forderte zum praktischen Handeln auf und gab konkrete Anweisungen dazu. Großes politisches Engagement zeigte Gudrun Pausewang (*1928), die in »Die Kinder von Schewenborn« (1983) die Folgen eines Atomkrieges und in »Die Wolke« (1987) die bedrückende Vision eines Atomreaktorunfalls mitten in Deutschland schildert. In »Die Wolke« bezog Pausewang Gesetzestexte und Verordnungen sowie Berichte über die Ereignisse von Tschernobyl mit in die Darstellung ein. Dadurch gelang ihr ein eindringliches, allerdings auch tendenziöses Schreckensszenarium. Pädagogen stritten über die Frage, ob eine derart naturalistische Schilderung von Grausamkeiten nicht das Maß des jungen Lesern Zumutbaren übersteigt, vor allem, wenn die Grenze des Fiktionalen durch die Suggestion von Authentizität bewusst überschritten wird. Die Autorin wollte nicht nur Betroffenheit und emotionale Anteilnahme erzeugen, sondern einen politischen Denk- und Umdenkprozess in Gang setzen.

Kritische und aufklärerische Kinder- und Jugendromane zu individuellen, sozialen und gesellschaftspolitischen Problembereichen blieben weiterhin eine feste Größe in der Kinder- und Jugendliteratur. Ob Essstörung, sexueller Missbrauch, Krankheit, Trauer und Tod, ob Alkoholismus, Drogenabhängigkeit oder Kriminalität,

Arbeitslosigkeit, Gewalt, Rassismus oder Neonazismus: Zu jedem Thema gibt es inzwischen neben informierenden Sachbüchern auch fiktionale Texte, die über die Erzeugung von Mitleid und Identifikation mit den handelnden Figuren Problembewusstsein und Lösungsansätze vermitteln wollen.

Zu den literarisch anspruchsvollen Kinderbüchern dieses Segments gehört »Jakob heimatlos« (1999) von Benno Pludra. Ein naiver Junge aus der Provinz reißt von zu Hause aus und streunt in Berlin am Bahnhof Zoo umher, wo er unter Obdachlose, Drogensüchtige, Prostituierte und Stricher gerät. Pludras Kinderroman unterscheidet sich wohltuend von den üblichen »Problembüchern«, weil er auf moralische Wertungen und Patentlösungen völlig verzichtet. Mit minimalen sprachlichen Mitteln gelingt es ihm, die Leser tief zu berühren, sie die emotionale Kälte und Bindungsunfähigkeit der an und in der Gesellschaft Gescheiterten in aller Eindringlichkeit spüren zu lassen.

In den Neunzigerjahren wurden schwierige Themen wie Tod und Trauer zunehmend auch im Bilderbuch gestaltet. Ein Beispiel dafür ist »Hat Opa einen Anzug an?« (1997) von Amelie Fried (*1958) und Jacky Gleich (*1964): die sensibel erzählte Geschichte über den kleinen Bruno, der allmählich den Schmerz über den Tod des Großvaters überwindet.

Erhalten hat sich auch bis ins neue Jahrtausend hinein das Interesse an einer kritischen Auseinandersetzung mit dem Nationalsozialismus. Die zunehmende zeitliche Distanz mag mit dazu beigetragen haben, dass einige Werke durch eine besondere stilistische Dichte, inhaltliche Differenziertheit und psychologische Sensibilität auffallen. Mit zu den in diesem Zusammenhang eindrucksvollsten Büchern gehören »Ich bin ein Stern« (1989, dt. 1990), Inge Auerbachers (*1934) Schilderung ihrer Kinderjahre im Konzentrationslager, »Pausenspiel« (1996, dt. 2000), Ida Vos' (1931-2006) Roman über ihr Leben im Versteck, und Kathryn Winters (*1934) verstörende Kindheitsautobiografie »Katarína« (1998, dt. 2000) über die einsame Odyssee der Achtjährigen durch die Slowakei. Die schrecklichen psychischen Folgen völliger Verlassenheit vor dem Hintergrund einer umfassenden Bedrohungssituation, in der es jeden Tag um Leben und Tod ging, macht auch der Jugendroman »Malka Mai« (2001) von Mirjam Pressler deutlich, dem Erinnerungen einer Überlebenden zugrunde liegen.

Roberto Innocenti und Christophe Gallaz verfassten und illustrierten mit »Rosa Weiss« (1985, dt. 1986) das erste Bilderbuch zum Holocaust. Es wurde sehr kontrovers diskutiert. Innocenti wählte für die Darstellung der historischen Sachverhalte einen dokumentarischen Stil, den er in Kontrast setzte zu der farbig gestalteten fiktionalen Figur der Rosa Weiss, die in ihrer Stadt Merkwürdiges beobachtet, ein Konzentrationslager entdeckt und den Insassen heimlich hilft.

Historische Kinderromane stellt Klaus Kordon (*1943) in den Mittelpunkt seiner schriftstellerischen Arbeit. Er vermittelt genau recherchierte Ereignisse deutscher Geschichte verständlich und anschaulich, indem er sie in eine fiktionale Erzählhandlung kleidet, deren Protagonisten etwa im gleichen Alter wie die Leser sind. Angesprochen werden vor allem Zehn- bis Zwölfjährige. In der »Trilogie der Wendepunkte« (1984–1993) werden das Ende des Kaiserreichs, der Übergang zum Nationalsozialismus und das Ende des Zweiten Weltkriegs aus der Perspektive einer Berliner Familie dargestellt, in »1848« (1997) verbindet Kordon die Ereignisse der Revolution und die unwürdigen Lebensbedingungen der kleinen Leute mit der Liebesgeschichte von Jette und Frieder zu einem plastischen Epochenbild. Kordons historische Kinderromane lassen Geschichte lebendig werden und überzeugen durch eine spannende und authentisch wirkende Erzählweise.

Geänderte Familien- und Mädchenbilder

Von einzelnen zaghaften Vorläufern abgesehen, gehörte es zu den Errungenschaften der Achtzigerjahre, die »heile« Familie endgültig aus der Kinderliteratur zu verabschieden und durch realistischere Darstellungen zu ersetzen. Damit reagierten die Autoren mit Verzögerung auf gesellschaftliche Änderungen, die durch verschiedene Reformen in der Familienpolitik und die Aktivitäten der Frauenbewegung für die Gleichberechtigung in den Siebzigerjahren angestoßen worden waren. Weitreichende Auswirkungen hatte vor allem die Modernisierung des Ehescheidungsrechts: Die Abschaffung des Schuldprinzips löste eine regelrechte Scheidungswelle aus. Die Trennung der Eltern bestimmt seither den Alltag vieler Kinder, fast jede dritte Ehe wird wieder geschieden. Von der traditionellen Vater-Mutter-Kind(er)-Familie über den Patchworkhaushalt bis hin zu allein Erziehenden und gleichgeschlechtlichen Partnerschaften bilden die verschiedensten Lebensformen den ebenso selbstverständlichen wie von zahllosen Schwierigkeiten bestimmten Handlungsraum von Alltags- und Familiengeschichten.

Es war insbesondere Christine Nöstlinger, die in ihren Kinder- und Jugendromanen immer wieder zeigte, dass die Ablösung autoritärer Strukturen durch die moderne »Verhandlungsfamilie« ein mühsamer und schmerzhafter Prozess ist, der allen Beteiligten Kompromissbereitschaft und Toleranz abverlangt, gerade den Kindern aber auch einen Gewinn an Eigenständigkeit und Freiräumen gewährt. In der Trilogie über die Familie von »Gretchen Sackmeier« (1981–1988) zerstört der Entschluss der Mutter, aus der Hausfrauenrolle auszubrechen, das harmonische Familienleben. Es bedarf zahlreicher Diskussionen und Zugeständnisse, bis das Beziehungschaos sich allmählich wieder ordnet. Hier wie auch in vielen anderen ihrer Werke gelingt Nöstlinger das Kunststück, mit Bissigkeit, Komik und dem lässigen Ton der Wiener Umgangssprache ein Problemthema angemessen ernsthaft und doch unterhaltsam darzustellen.

Es war auch Ausdruck der Tatsache, dass die Aktivitäten und Maßnahmen der Frauenbewegung eine gesellschaftliche Breitenwirkung zeigten, wenn in emanzipatorischen Mädchenbüchern der Achtzigerjahre ein zunehmend neues Rollenverständnis gesucht und erprobt wurde. In »Aber ich werde alles anders machen« (1981) von Dagmar Chidolue (*1944) wagt die sechzehnjährige Kiki den Ausbruch aus dem wohlgeordneten Familienleben und dem perfekt organisierten Alltag, ohne sich aber zunächst über ihre eigenen Ziele klar zu sein. Sie weiß nur, dass sie dem Vorbild der Mutter keinesfalls folgen will. Erst durch eine zufällig entstandene Notlage – sie verliert während eines Kurzurlaubs in Amsterdam ihr Portemonnaie und muss sich das Geld für die Rückreise verdienen – überwindet sie ihre Antriebslosigkeit und nimmt die Planung ihrer Zukunft selbst in die Hand. Unfähig zu einer Anpassung an gesellschaftliche oder weibliche Rollenkonzepte ist dagegen »Lady Punk« (1985), die fünfzehnjährige Terry, deren Eltern sich weigern, Orientierungs- und Fürsorgefunktionen zu übernehmen. Durch provokantes Benehmen, schrille Kleidung und übertrieben forsches Auftreten kompensiert sie ihre Unsicherheit und Verzweiflung. Chidolue, die als Flüchtlingskind das Außenseiterdasein aus eigener Erfahrung kennt und deren berufliche Laufbahn einige Kurven aufweist, gestaltet in ihren Büchern immer wieder

Sachbuchklassiker: »Was ist Was« ist der Klassiker unter den deutschen Sachbuchreihen. 1961 brachte der Tessloff-Verlag den ersten Band »Unsere Erde« heraus. Die Idee zu einem Sachbuch, das ein Thema aus Geschichte, Technik, Natur oder Wissenschaft knapp und kompakt, zugleich aber auch unterhaltsam und informativ abhandelt, stammte aus den USA. Ungewöhnlich war zudem die Gleichrangigkeit von Texten und Abbildungen. Nach anfänglicher Skepsis setzte sich die Reihe durch. Inzwischen gibt es mehr als hundertdreißig »Was ist Was«-Bände, und viele andere Verlage haben das Erfolgsmuster übernommen. Der Markt für kinder- und jugendspezifische Sachbücher erlebt seit den Siebzigerjahren einen enormen Aufschwung. Neugierige und wissensdurstige Kinder sowie Jugendliche, die Lebenshilfe und Orientierung suchen, können aus einem umfangreichen Angebot an Lexika und Nachschlagewerken, Biografien, Beschäftigungsbüchern, Ratgebern und Lernhilfen auswählen.

mit großem Einfühlungsvermögen und realistischer Sprache glaubwürdige Mädchenfiguren, die in der Auseinandersetzung mit sich selbst und ihrer Umwelt ihren eigenen, oftmals schwierigen Weg ins Berufs- und Erwachsenenleben finden.

Jenseits der ansonsten üblichen Ausrichtung am bürgerlichen Mittelstand bewegt sich Renate Welsh (*1937) mit ihrem sozialkritischen Jugendroman »Johanna« (1979), der das Schicksal einer historischen Figur aus der ländlichen Unterschicht in den Dreißigerjahren zum Thema hat. Johanna ist als Magd auf einem Bauernhof vielfältigen Kränkungen und gewalttätigen Übergriffen ausgesetzt. Trotzdem gelingt es ihr allmählich, sich aus ihrer Abhängigkeit zu befreien und eine innere Selbstständigkeit zu erlangen. Welshs sprachlich authentische Dokumentation eines historisch verorteten Einzelschicksals lässt sich ins Allgemeine übertragen. Sie zeigt in eindringlicher Weise, wie es auch unter widrigen äußeren Umständen und in Konfliktsituationen möglich ist, seine Würde zu bewahren und Selbstvertrauen zu gewinnen.

Wie unverkrampft der Umgang mit den unterschiedlichen Lebensformen sich in der Folge entwickelte, zeigt beispielsweise das Bilderbuch »König & König« (2000, dt. 2001) von Linda de Haan und Stern Nijland: Auf der Suche nach einer Braut verliebt sich der Kronprinz in den Bruder einer Bewerberin. Die Prinzen heiraten und gehen »von nun an als König & König durchs Leben«.

Der psychologische Kinderroman

Im Verlauf der Achtzigerjahre ließ sich ein Perspektivwechsel von der gesellschaftlichen Ebene auf die kindliche Innenwelt feststellen.

Der psychologische Kinderroman nahm Heranwachsende als Wesen mit eigenen Gefühlen und Bedürfnissen zum ersten Mal wirklich ernst. Daraus resultierte eine zunehmende Komplexität der fiktionalen Kinderbücher. Häufig wurden Erzähltechniken moderner Allgemeinliteratur wie erlebte Rede, innerer Monolog, Bewusstseinsstrom, rascher Wechsel zwischen Zeitebenen und Tempusformen, Gestaltungsweisen der Collage und Montage übernommen. Und der auktoriale Erzähler, der in der Kinderliteratur jahrhundertelang als wertende moralische Instanz eine wesentliche Rolle gespielt hatte, wurde immer öfter durch einen Ich-Erzähler oder eine personale Sichtweise ersetzt. So wurde ein unverstellter Blick ins Innere der Figuren, auf ihre Emotionen und Befindlichkeiten möglich.

Ein besonders feines Gespür für die Irritationen der kindlichen Psyche besitzt Mirjam Pressler (*1940), die als Autorin und Übersetzerin eine herausragende Position in der Kinder- und Jugendliteratur der letzten Jahrzehnte einnimmt. Pressler, die selbst eine schwierige Kindheit durchlebte, beschäftigen die dunklen Seiten kindlicher Existenz. Sensible Psychogramme gestaltete sie zum Beispiel in »Bitterschokolade« (1980), »Kratzer im Lack« (1981), »Novemberkatzen« (1982) oder »Wenn das Glück kommt, muß man ihm einen Stuhl hinstellen« (1994). In all diesen Kinderromanen gibt sie sozialen Außenseitern eine Sprache, zeigt ihre Sehnsucht, Angst und Einsamkeit. Am Ende sind sich die Figuren ein Stück weit ihrer selbst bewusst geworden und haben zumindest die Chance eines Auswegs aus ihrer Isolation entdeckt.

Kirsten Boie (*1950) gilt seit »Paule ist ein Glücksgriff« (1985), ihrem Erstlingswerk über ein farbiges Adoptivkind, als eine Autorin, die politische und soziale Probleme literarisch anspruchsvoll gestaltet, wobei es ihr darauf ankommt, sich kindlichen Empfindungen und Wahrnehmungsweisen anzunähern. Der kompromisslose Einsatz von literarischen Gestaltungsmitteln sowie die inhaltliche Komplexität ihrer Romane stellen hohe Anforderungen an junge Leser. Bezwingend wahrhaftig wirkt der innere Monolog des zwölfjährigen Steffen in »Ich ganz cool« (1992). In der Sprache seiner Ingroup reflektiert er seinen trostlosen Alltag und hängt seinen der Werbung entlehnten Träumen von gemeinsamen Abenteuern mit dem unbekannten Vater nach. »Erwachsene reden. Marco hat was getan« (1994) dokumentiert die auf Distanzierung bedachten

Aussagen von Personen aus dem Umfeld der Hauptfigur Marco, der ein überwiegend von Türken bewohntes Haus angezündet hat. Den Gedanken an eine mögliche Mitverantwortung weist jeder weit von sich. Mit »Nicht Chicago, nicht hier« (1999) löste Boie heftige Kontroversen aus, weil sie einen Jungen als Opfer scheinbar grundloser Gewalt eines Mitschülers zeigt, dabei aber auf jede Erklärung verzichtet und jede Möglichkeit einer Lösung des Konflikts negiert. Damit wandte Boie sich sowohl gegen einen Grundsatz moderner Sozialpädagogik, bei Verhaltensauffälligkeiten auch nach psychologischen Ursachen zu fragen, wie auch gegen die allgemein verbreitete Annahme, dass es möglich sei, im familiären Rahmen oder mit institutioneller Hilfe (Sozialamt, Schule, Polizei) Probleme zu klären und Straftaten aufzudecken.

Jugendliteratur in der Sinnkrise
Aus der Nähe zur Allgemeinliteratur resultiert die Sonderstellung der Jugend- und Adoleszenzliteratur für Leser ab etwa vierzehn Jahren, die im letzten Jahrzehnt des 20. Jhs. noch an Komplexität gewann. Die moderne Adoleszenzliteratur ist gekennzeichnet durch literarische Fragmentierung von Wirklichkeitserfahrung, unorthodoxe und unkonventionelle Protagonisten, psychologische Verrätselung und Verknüpfung verschiedenster Problemkomplexe. Peter Pohl (*1940), der als deutsches Kind im schwedischen Exil erfuhr, wie grausam schon Heranwachsende miteinander umgehen können, hat diese traumatischen Erlebnisse in schonungslosen, bedrückenden Texten literarisch verarbeitet. Ob in seinem Debütroman »Jan, mein Freund« (1985, dt. 1989), in »Der Regenbogen hat nur acht Farben« (1986, dt. 1993) oder »Nennen wir ihn Anna« (1987, dt. 1991), immer geht es um die Ohnmacht des Einzelnen gegenüber Aggression und Gewalt und um Heimatlosigkeit im geografischen, individuellen oder gesellschaftlichen Sinn.
Ähnliche Themen gestalteten unter anderem auch Mats Wahl (*1945) in »Winterbucht« (1993, dt. 1995) und »Mauer aus Wut« (1995, dt. 1997) und Bart Moeyaert (*1964) in seinen albtraumhaften Erzähltexten »Bloße Hände« (1995, dt. 1997) und »Im Wespennest« (1997, dt. 2000), die von Rache, sinnloser Gewalt, Einsamkeit und Außenseitertum handeln. Extreme Bilder für den Verlust an Orientierungsmodellen hat Inger Edelfeldt (*1956) in ihren Jugendromanen über Außenseiter in schweren Krisen gefunden. Die

Heldin von »Kamalas Buch« (1986, dt. 1988) bleibt in ihrer Fantasie- und Konsumwelt, in ihren Träumen vom Märchenprinzen und einem schönen, erfüllten Leben befangen, mit Selbstinszenierungen verdeckt sie mangelndes Selbstbewusstsein. Konsequent verzichtet die Autorin darauf, eine Änderung der Lebenssituation auch nur anzudeuten.

Gängige Vorurteile und Stereotype hinterfragt Andreas Steinhöfel (*1962) in seiner zwischen Realistik, Fantastik und Märchen sich bewegenden Initiationsgeschichte »Die Mitte der Welt« (1998). Sie bezieht ihre Spannung aus dem Kontrast zwischen der archaischen Außenseiterwelt der exzentrischen Familie des Erzählers und der Welt der »kleinen Leute«, die die traditionellen Normen der Gesellschaft repräsentiert. Die durch Assoziationen kunstvoll miteinander verknüpften Episoden springen zwischen Erinnerungen an die frühe Kindheit und der Gegenwart hin und her. Steinhöfels kraftvolle, in üppiger Bildhaftigkeit schwelgende Sprache verrät viel hintersinnigen Humor und zeigt einen unverstellten Blick auf die Absurditäten des Lebens.

»Der Fänger im Roggen« als Muster des modernen Adoleszenzromans
Einen neuen Maßstab für die moderne Jugendliteratur setzte Jerome David Salinger (1919–2010) mit »Der Fänger im Roggen« (1951, dt. 1954). Der Ich-Erzähler Holden Caulfield monologisiert über die drei Tage seines ziellosen Herumirrens durch New York, nachdem ihm der vierte Schulverweis erteilt wurde. Seine zwanghafte Suche nach menschlicher Nähe geht einher mit der Unfähigkeit zu konventionellem sozialen Handeln. Salinger zeichnet das Bild einer desillusionierten Jugend, die die Schwelle zum Erwachsenen-Dasein ohne Hilfe der Gesellschaft bewältigen muss. Die hochexpressive, mit Flüchen, Slangausdrücken und Übertreibungen aufgeladene affektive Sprache Caulfields sahen Generationen von Jugendlichen als Ausdruck ihres eigenen Empfindens in einer als existenzielle Krise begriffenen Lebensphase. Unverkennbares, wenn auch unerreichtes Muster wurde »Der Fänger im Roggen« auch für die moderne deutsche Adoleszenzliteratur, die mit Ulrich Plenzdorfs (1934–2007) »Die neuen Leiden des jungen W.« (1973) ihren Anfang nahm. Wie Goethes »Werther« so scheitert auch Edgar Wibeau an der Unvereinbarkeit individueller Lebensentwürfe mit den Erwartungen der Gesellschaft. Thomas Brussig (*1965) kam in seinem kurz nach der Wende unter dem Pseudonym Cordt Berneburger veröffentlichten Entwicklungsroman »Wasserfarben« (1991) nicht an den maßlosen Tonfall des amerikanischen Vorbilds heran. Vergleichsweise harmlos wirken die ironisch-trotzigen Reflexionen des Abiturienten Anton Glienecke, der orientierungslos durch das Ende seiner Schulzeit schlingert, weil seine Zukunftswünsche mit der Kaderpolitik des Staates kollidieren. Auch Benjamin Lebert (*1982) bemühte sich vergeblich, Holden Caulfield zu kopieren. Dem jungen Ich-Erzähler von »Crazy« (1999) erscheint der Aufbruch ins Erwachsenenleben als Passionsweg in die Resignation. Auch endlose Gespräche mit den Freunden im Internat über Sex, Gott und Philosophie verheißen keine Perspektive.

Ob die avisierte Zielgruppe der etwa Vierzehn- bis Achtzehnjährigen von dieser speziell an sie adressierten Literatur tatsächlich erreicht wird, ist umstritten. Tendenziell lässt sich eine – von Autoren wie Verlagen unterstützte – Auflösung der Grenzen zwischen Jugend- und Allgemeinliteratur erkennen und eine Orientierung junger Leser an der Belletristik. Abgesehen vom außerordentlich beliebten Genre spannender Unterhaltungsromane (vor allem Stephen King) hat sich in den Neunzigerjahren die sogenannte »Popliteratur« als eine von jungen Menschen viel rezipierte Gattung an der Schnittstelle von Jugend- und Allgemeinliteratur etabliert. Aufgrund ihrer eigenen Nähe zu jugendlichen Erlebniswelten wirkten Werke wie Christian Krachts (*1966) »Faserland« (1995) oder Benjamin von Stuckrad-Barres (*1975) »Soloalbum« (1998) so authentisch, dass die Leser im vermittelten Lebensgefühl zwischen Musik, Selbstinszenierung und leisem Weltschmerz ihr eigenes Empfinden repräsentiert sehen. Es ist das Lebensgefühl einer Generation, die den permanenten Blick ins Innere verweigert, keine Feindbilder mehr hat und die wütende Gebärde der Rebellion durch nonchalante Wehmut und einen teils zynischen, teils ironischen Beobachterstatus ersetzt. Es sind keine Bücher, die – wie die konventionellen Jugendbücher – in irgendeiner Weise Hilfestellung auf dem Weg ins Erwachsenenleben geben wollen, sondern die dargestellten Denk- und Handlungsweisen als jugendspezifischen Ausdruck des Erwachsenenlebens begreifen.

Postmoderne Bilderbuchwelten

Die Entwicklung des Bilderbuches in den Neunzigerjahren ist weiterhin gekennzeichnet durch die Polarität von einem weit überwiegenden Anteil konventionell gestalteter Titel mit stereotypen Motiven, die vermuteten kindlichen Wünschen und Sehgewohnheiten entgegenkommen sollen, und einem sehr kleinen Anteil künstlerisch anspruchsvoller Werke. Eine Gruppe hoch professioneller und ambitionierter deutscher Grafiker und Texter hat dem künstlerischen Bilderbuch auch international zu neuer Geltung verholfen. Sie verweigern sich dem gängigen Klischee des Kindgemäßen, weil sie nicht glauben, dass Kinder die Welt grundsätzlich anders sehen als Erwachsene.

Mit einem vergnüglichen Bilderbuch über ein anrüchiges Thema wurde Wolf Erlbruch (*1948) bekannt. Seit der Geschichte »Vom kleinen Maulwurf, der wissen wollte, wer ihm auf den Kopf gemacht hat« (1989) hat er seinen Collagestil, in dem alle möglichen Techniken, Stile und Genres gemischt und zitiert werden, wesentlich radikalisiert. Übernahmen von Motiven, Mustern und Bildelementen von Otto Dix, Pablo Picasso, Max Beckmann und anderen Künstlern der klassischen Moderne lassen sich in »Die Menschenfresserin« (Text von Valérie Dayre, 1996) erkennen, einem hochkomplexen und mehrdeutigen Bilderbuch. Die eng auf die Textvorlage bezogenen, die innere Befindlichkeit der Protagonistin ausleuchtenden Illustrationen von grotesker Poesie zeigen in völliger Abkehr von den üblichen weiblichen Rollenklischees die riesige, barbarische Gestalt einer Mutter, die in maßloser Gier ihr eigenes Kind verschlingt und damit sich selbst zerstört. Die märchenhafte Erzählweise lässt unter anderem die parabolische Deutung zu, dass die Menschheit am Projekt der Zivilisation gescheitert ist.

Psychologische Subtilität kennzeichnet das kleinformatige Bilderbuch »Nachts« (1999). Die surrealen Figuren, die dem kleinen Fons auf dem nächtlichen Spaziergang begegnen, bleiben für seinen Vater unsichtbar. Mit dieser romantischen Chiffre verweist Erlbruch auf die Kraft kindlicher Imagination, die im Gegensatz steht zum rationalen Blick des Erwachsenen, für den die Welt keine Geheimnisse und Überraschungen mehr birgt.

Als Provokateur gilt auch Nikolaus Heidelbach (*1955), der 1982 sein erstes Bilderbuch veröffentlichte und 2000 bereits mit dem Sonderpreis des Jugendliteraturpreises für sein Gesamtwerk ausgezeichnet wurde. Verstörend wirken vor allem seine Kindergestalten, die so gar nichts mit den niedlichen, stets gut gelaunten Helden sonstiger Bilderbücher gemein haben. Heidelbachs eigenwilligen, manchmal monströsen Figuren sieht man ihr kompliziertes Innenleben an. Ihre Gesichter spiegeln Furcht und Wut, Einsamkeit und Aggressivität, sexuelle und gewalttätige Begierden. Dass es mithilfe der Fantasie möglich ist, Ängste zu bewältigen, zeigen etwa »Prinz Alfred« (1983) oder »Albrecht Fafner fast allein« (1992). Die Abgründe hinter scheinbaren Kindheitsidyllen werden auch in seinen unkonventionellen ABC-Büchern »Was machen die Mädchen?« (1993) und »Was machen die Jungs?« (1999) besonders gut deutlich.

Die Illustratorin Jacky Gleich (*1964) dagegen macht Empfindungen von Kindern sichtbar, indem sie Wirklichkeit so verzerrt, verformt und farblich dissonant abbildet, wie sie in Momenten tiefer emotionaler Verunsicherung wahrgenommen werden mag. »Mama ist groß wie ein Turm« (2001), wenn die Sehnsucht nach der verschwundenen Mutter übermächtig wird; und der fremde Mann am Frühstückstisch erscheint als bedrohlicher Riese, wenn »Der unsichtbare Vater« (1999) mit ihm konkurriert.

Dass Jutta Bauer (*1955) auch als Cartoonistin arbeitet, merkt man ihren Bilderbüchern an. Mit wenigen schwungvollen Strichen gelingen ihr lebendige, lebensnahe Figuren wie der kleine Julian in Kirsten Boies bekannter »Juli«-Reihe, die mit »Kein Tag für Juli« (1991) begann. Leicht und skizzenhaft wirken auch die Illustrationen der mehrfach ausgezeichneten märchenhaften Geschichte über »Die Königin der Farben« (1998) und ihre zu heftigen Gefühlsausbrüchen neigenden Untertanen. Auf einfache und durch die Personifizierung sehr anschauliche Weise werden Elemente der Farbenlehre und die psychologische Wirkung von Farben (sanftes Blau, wildes Rot usw.) thematisiert.

Rotraut Susanne Berner (*1948) wurde vor allem durch die Gestaltung origineller Buchumschläge von ausgeprägter Farbigkeit bekannt. Ihr vielfach ausgezeichnetes Bilderbuch »Die Prinzessin kommt um vier« (2000) zu einer hintergründigen Kurzgeschichte von Wolfdietrich Schnurre (1920–1989) besticht durch kunstvolle Naivität und viele witzige Details. Erzählt wird von einer rührenden »Liebesgeschichte« – so der Untertitel – zwischen einem etwas ungleichen Paar.

12. Grenzüberschreitungen (1998–2011)

Das Phänomen »Harry Potter«

In der Kinder- und Jugendliteratur begann das neue Jahrtausend etwas verfrüht. Mit »Harry Potter und der Stein der Weisen« (1997, dt. 1998) von Joanne K. Rowling (*1965) vollzog sich ein Epochenwechsel, dessen Auswirkungen bis in die unmittelbare Gegenwart hinein zu spüren sind. Die Buchserie, die sich vom Geheimtipp englischer Kinder zum weltweit präsenten, kommerziell höchst lukrativen Markenprodukt entwickelte, setzte neue Standards im Hinblick auf Verkaufszahlen, Merchandising und Zielgruppenansprache.

Über das Erfolgsgeheimnis der sieben Bände ist viel spekuliert worden. Rowling hat sich durch Klassiker der englischsprachigen Kinderliteratur (»Alice im Wunderland«, »Der Zauberer von Oz« usw.), aber auch durch Sagen, Fantasy und Märchen, Detektiv-, Schul- und Entwicklungsgeschichten anregen lassen. Aus Elementen dieser Genres hat sie ihre motivisch eng verklammerten Romane komponiert, die alles das enthalten, was Kinder zu allen Zeiten zum Lesen animiert hat: vor allem aufregende Abenteuer, innige Freundschaften und Kämpfe gegen das Böse. Zum Lesegenuss werden die Bände durch die ungemein bildhafte Sprache, eine unglaubliche Fülle kurioser, komischer und fantasievoller Einfälle sowie die zahlreichen höchst lebendigen Dialoge. Viele witzige, aber auch bedrohliche Effekte ergeben sich auch aus dem Nebeneinander von Alltags- und Zauberwelt. Zudem gelingt es Rowling, die Spannung über mehrere Hundert Seiten hin zu erhalten, durch Andeutungen, Vor- und Rückbezüge und genau kalkulierte Szenenwechsel, vor allem aber, weil ihr Erzählen ganz und gar der Handlung verpflichtet ist. Großen Anteil am Erfolg hat die Hauptfigur: Harry ist ein Held

> Alle sieben Harry-Potter Bände: »Harry Potter und der Stein der Weisen« (1997, dt. 1998); »Harry Potter und die Kammer des Schreckens« (1998, dt. 1999); »Harry Potter und der Gefangene von Askaban« (1999, dt. 1999); »Harry Potter und der Feuerkelch« (2000, dt. 2000); »Harry Potter und der Orden des Phönix« (2003, dt. 2003); »Harry Potter und der Halbblutprinz« (2005, dt. 2005); »Harry Potter und die Heiligtümer des Todes« (2007, dt. 2007)

mit Schwächen, schüchtern und unauffällig lebt er in der Welt der »Muggels«, wo ihn seine Verwandten drangsalieren. In der Wunderwelt jedoch ist er eine bewunderte Gestalt mit legendärem Ruf, dort kann er das Gefühl des Ausgeliefertseins überwinden. Das im Buch gestaltete Aschenputtelmotiv bietet ein ausgeprägtes Identifikationspotenzial. In »Harry Potter« erfüllt sich die Sehnsucht nach persönlicher Großartigkeit, aber auch das Bedürfnis nach Unterhaltung und Regression auf einem sprachlich-stilistisch hohen Niveau.

Variationen fantastischer Leselust

»Harry Potter« verhalf der fantastischen Kinder- und Jugendliteratur zu einem beispiellosen Popularitätsschub. Kaum ein Verlag, der nicht Hexen, Magier oder andere Zauberwesen ins Programm aufnahm, und wer als Autor Geld verdienen wollte, tat gut daran, magische Welten zu erfinden. Das erste Jahrzehnt des neuen Jahrtausends stand ganz im Bann üppig dimensionierter Fantasy, mindestens eine Trilogie musste es sein, gern auch mehr. Ein Ende des Trends ist noch nicht abzusehen. Damit die Leser nicht das Interesse an den recht gleichartigen Stoffen verlieren, in denen meist ein Außenseiter Länder, Völker oder das Universum retten muss, nutzt man im Wesentlichen zwei Mittel: das Empfindungspotenzial verschärfen und bekannte Genres neu mischen. Waren schon Rowlings Bücher von Band zu Band düsterer und gewalttätiger geworden, so verstärkte sich der Hang zur ausgiebigen Darstellung emotionaler Extremsituationen in der Folge noch. Durch Zutaten aus Science-Fiction, Mystery, Thriller oder Romanze werden fantastische Geschichten aufgepeppt und erwecken so zumindest den Anschein, innovativ zu sein.

Zu den Gewinnern der Pottermania zählt unter anderem der amerikanische Fantasyautor Christopher Paolini (*1983), der im Alter von fünfzehn Jahren mit dem Schreiben des Drachenreiterepos »Eragon« begann. 2004 erschien der erste Band, der vierte und bislang letzte kam im November 2011 heraus und eroberte sofort Platz eins der Spiegel-Bestsellerliste. Sieben Bände umfasst zurzeit die Reihe über »Artemis Foul« (ab 2001) des Iren Eoin Colfer (*1965). Colfer hat Fantasy mit Science-Fiction kombiniert: Der anfangs zwölfjährige Gentlemenganove und Computerfreak Artemis Foul trifft in einer unterirdischen Nebenwelt auf technisch hochgerüstete Elfen, Zwergen und Kobolde. Von den

Cornelia Funke (*1958) ist gelungen, was bisher kaum einem deutschen Schriftsteller gelang: Sie hat den angloamerikanischen Buchmarkt erobert. Die ausgesprochen vielseitige Autorin war erst als Illustratorin tätig, begann 1986 mit dem Schreiben und wurde in Deutschland zunächst mit der realistischen Mädchenbuchserie »Die wilden Hühner« (5 Bde. 1993–2003) populär. Mit »Herr der Diebe« (2000) gelang ihr der internationale Durchbruch. Funkes Hauptfiguren sind meist ganz normale Mädchen und Jungen, die in aufregende Abenteuer verstrickt werden. Ihr Markenzeichen sind Geschichten, die in der Wirklichkeit verankert sind, aber ins Fantastische hinübergleiten. Exemplarisch dafür sind die Tintenwelt-Romane »Tintenherz« (2003), »Tintenblut« (2005) und »Tintentod« (2007), ihre auch international gesehen bisher größten Erfolge. Die Bände erschienen zeitgleich in Deutschland, England, den USA, Australien und Kanada. Insgesamt veröffentlichte sie in zwanzig Jahren vierzig Bücher mit einer weltweiten Auflage von rund fünfzehn Millionen Exemplaren. Seit 2005 lebt Cornelia Funke in den USA.

deutschen Autoren hat insbesondere Kai Meyer (*1969) zahlreiche Fans. 2001 gelang ihm mit der »Merle«-Trilogie der Durchbruch; mit der »Wellenläufer«-Trilogie (2003–2004) konnte er seinen Bekanntheitsgrad noch steigern. Meyer verbindet realistische und fantastische Erzählweisen, greift gerne mythologische Motive auf und setzt auf starke Identifikationsfiguren.

Am überzeugendsten gelang es Cornelia Funke (*1958), die zuweilen als »deutsche Rowling« tituliert wird, an den Erfolg der Engländerin anzuknüpfen, obwohl sie inhaltlich und stilistisch einen ganz eigenständigen Weg beschritten hat. Die »Tintenherz«-Trilogie (2003–2007) handelt von der Liebe zu Büchern und der Begeisterung für das Vorlesen. Der Buchbinder Mo verfügt über die Fähigkeit, Gestalten aus der Literatur in die Realität hineinzulesen, für die im Gegenzug Menschen in Büchern verschwinden. Mit »Reckless. Steineres Fleisch« (2010), inspiriert von den Märchen der Brüder Grimm, konnte Funke ihre Leserschaft offenbar nicht im gleichen Maße begeistern.

Stephenie Meyers (*1973) Rezept für hohe Auflagen und Spitzenplätze auf Bestellerlisten ist ein Mix aus Liebesgeschichte, Thriller und Fantasy. Von »Bis(s) zum Morgengrauen« (2005, dt. 2006) angefangen, können die Leserinnen vier Bände lang mitfiebern, ob Bellas unsterbliche Liebe zu dem Vampir Edward sich erfüllt.

Ebenfalls bis auf die vordersten Verkaufsränge schaffte es Kerstin Gier (*1966) mit ihrer »Edelstein«-Trilogie (2009–2010). »Rubinrot«, »Saphirblau« und »Smaragdgrün« (2010) sind Zeitreiseromane, die ins historische England führen, angereichert mit Fantasyelementen und einer romantischen Liebesgeschichte.

Kinderliteratur als Markenerlebnis

Die Erfolge von »Harry Potter« und seinen Erben verdanken sich nicht zuletzt medialen Neuerungen. In den Achtziger- und Neunzigerjahren verlor das Buch seine Position als Leitmedium an das Fernsehen, inzwischen verbringen Jugendliche mehr Zeit vor dem Computer als vor dem Fernseher und nutzen ansonsten alle Medien von der Zeitung bis zum Handy.

Vor allem die neuen Möglichkeiten der sozialen Netzwerke im Internet sorgten bei der Distribution von Kinder- und Jugendliteratur für einschneidende Veränderungen. Verlage und Autoren können seither mit der Zielgruppe direkt kommunizieren, und müssen nicht mehr den Umweg über die Erwachsenen nehmen, die in der Regel eher Büchern mit pädagogischem Mehrwert den Vorzug geben als solchen mit reiner Unterhaltungsfunktion. Das sogenannte Endkundenmarketing eröffnete völlig neue Perspektiven. Durch Gewinnspiele, Making-of-Videos, Fanaktionen, Leseclubs, Social-Media-Kampagnen über Facebook und andere soziale Netzwerke sowie weitere Formen des viralen Marketings lassen sich Neuerscheinungen wesentlich effektiver und nachhaltiger als zuvor präsentieren. Autoren pflegen eigene Web- und Fansites, für einzelne Titel und Reihen richten Verlage oder Leser Homepages ein. Kinder und Jugendliche sind längst nicht mehr nur Adressaten von Werbebotschaften, sondern tragen sie selbst aktiv weiter, durch Empfehlungen, Rezensionen, das Drücken von »Gefällt-mir«-Buttons und das Teilen von Informationen. So ergibt sich für beliebte Titel ein enormer Multiplikationseffekt.

Auf diese Weise sind enge Bindungen zwischen Autor und Leser entstanden. Das gilt nicht nur für die erwähnten Fantasyautoren, sondern für besonders produktive Schreiber allgemein.

> **Benjamin Blümchen** ist ein prägnantes Beispiel für einen der ersten Multimedia-Erfolge: 2002 feierte er seinen 25. Geburtstag. 1977 erfand Elfie Donnelly den freundlichen Elefanten, der seine grandiose Karriere dem Einzug der Hörkassette ins Kinderzimmer verdankte. Fast hundert Abenteuer zwischen Afrika und dem Weltraum hat er inzwischen bestanden, 60 Platin- und 113 Goldene Schallplatten gewonnen. Seit der medialen Aufrüstung in deutschen Kinderzimmern ist die Benjamin-Blümchen-Welt ebenso expandiert wie die der zahlreichen anderen kommerziell erfolgreichen literarischen Figuren (Heidi, Alice, Pippi, Sams usw.). Von Büchern, Hörkassetten, Gameboys, Videos und multimedialen Spielgeschichten auf CD-Rom bis hin zu Bettwäsche und Stofftieren reichen die Angebote.

Einer der Ersten, der die Bedeutung des virtuellen Direktkontakts zur Zielgruppe erkannte, war Thomas Brezina (*1963). Er bediente das ausgeprägte Interesse junger Leser an Pferde-, Grusel- und Detektivgeschichten mit diversen Reihen, die trotz moderner Attribute wie Computer und Internet ganz dem Trivialschema in der Tradition von Enid Blyton verpflichtet blieben. Die Klaviatur des Online-Marketings beherrscht auch Joachim Masannek (*1960) perfekt, der mit vierzehn Bänden über »Die Wilden Fußballkerle« (2002–2008) Lesespaß und aufregende Abenteuer bot und damit selbst Jungen zum Lesen brachte. Auf eine große und treue Anhängerschaft kann auch die ungemein erfolgreiche Mädchenbuchserie »Freche Mädchen – Freche Bücher« (seit 1998) bauen, deren umfangreiche Homepage ein breites Angebot an Informationen und Mitmachaktionen bis hin zu Schreibwettbewerben bereit hält. Die Romane, die vorzugsweise um die Wirren der ersten Liebe kreisen, werden von verschiedenen Autoren und Autorinnen verfasst. Allein sechsundzwanzig Bände hat bislang Bianka Minte-König (*1947), die Erfinderin der Reihe, beigesteuert.

Längst geht es den Werbestrategen in den Verlagen nicht mehr nur darum, zum Kauf eines Buches anzuregen, sondern ein umfassendes »Markenerlebnis« zu ermöglichen, das weit in alle Bereiche des Alltags und der Freizeit hineinwirkt. Die Literatur dient hier als Auslöser für weitere Kaufimpulse. Wie die Verwirklichung eines solchen Merchandisingkonzepts idealerweise aussieht, zeigt etwa der Prinzessin-Lillifee-Kosmos, in dem die Geschichten von Monika Finsterbusch (*1954) über die Blütenfee aus dem Zauberland Rosarien und ihre Freunde auf der breiten Produktpalette nur noch ein schmales Segment beanspruchen neben Musical, Kinofilm, TV-Serie, Zeitschrift, Trinkflasche, Armband, Zauberstab und anderen Angeboten – insgesamt mehr als dreihundertfünfzig – alle natürlich in Lillifee-Rosa. Dass die Prinzessin eine eigene Homepage und eine Fanseite bei Facebook unterhält, versteht sich von selbst.

Provokationen in der Jugendliteratur

Kennzeichnend für die Entwicklung der Kinder- und Jugendliteratur während der letzten Dekade ist ein Auseinanderdriften zweier Marktsegmente: Die bestsellertaugliche Unterhaltungsliteratur entfernt sich immer weiter vom literarisch ambitionierten Kinder- und Jugendbuch mit innovativem Anspruch. Die eher sperrigen

Titel mit ästhetischem Mehrwert werden vor allem von Pädagogen, Literatur- und Kunstwissenschaftlern, Journalisten und engagierten Buchhändlern empfohlen und von Heranwachsenden aus bildungsnahen Sozialschichten gelesen. Auf Bestenlisten wie »Die Besten 7« und unter den Titeln, die mit renommierten Preisen wie »Eule«, »Luchs« oder dem »Deutschen Jugendliteraturpreis« ausgezeichnet werden, dominieren weiterhin klassische Problemthemen wie Krankheit, Tod, Drogen, Alkohol, Sex, Gewalt, Familien- und Immigrationskonflikte.

Besonders gut trifft offenbar der englische Autor Kevin Brooks (*1959) die Erwartungen erwachsener Kritiker wie junger Leser. Er kombiniert Elemente des Problembuchs mit spannenden Krimihandlungen. Die Protagonisten geraten in extreme emotionale Schieflagen, müssen sich mit Erpressung, Verfolgung, Aggression, Mord, Hass, Rache und Liebe auseinandersetzen und schwierigste Gewissensentscheidungen treffen. Im Jahresrhythmus erschienen in Deutschland »Martyn Pig« (2002, dt. 2004), »Lucas« (2003, dt. 2005), »Candy« (2005, dt. 2006), »Kissing the Rain« (2004, dt. 2007) und »The Road of the Dead« (2006, dt. 2008). Die authentisch wirkenden Schilderungen der Milieus, die brutal ehrliche Sprache und die exakt kalkulierte Dramaturgie trugen seinen Romanen zahlreiche Auszeichnungen ein. Vier der fünf genannten Titel wurden für den Deutschen Jugendliteraturpreis nominiert (nur »Candy« nicht), für »Lucas« und »The Road of the Dead« gewann er ihn 2006 und 2009.

Während Brooks zwar drastisch schreibt, am Ende aber doch zumindest Lösungsansätze aufzeigt, gibt es andere Autoren, die sich konsequent einer wie auch immer gearteten Sinnkonstruktion verweigern, die bewusst polarisieren und so teilweise heftige Kontroversen ausgelöst haben. Den Beginn dieser Entwicklung markierte 1999 Kirsten Boies Kinderroman »Nicht Chicago. Nicht hier«. Im letzten Jahrzehnt wurde immer wieder darüber diskutiert, ob in einer desillusionierten Gesellschaft, die keine Sicherheiten mehr kennt, die alten Grundsätze der Kinder- und Jugendliteratur noch ihre Berechtigung haben: Soll Literatur für Heranwachsende auch unter veränderten Vorzeichen noch pädagogischen Mehrwert bieten, Sinnangebote bereitstellen, Lösungen aufzeigen und Werte vermitteln?

Zu den umstrittenen Autoren gehört die in England lebende US-Autorin Meg Rosoff (*1956). In ihren rätselhaften Romanen, die zwischen Wirklichkeit und Fantasie mäandern, geht es um existenzielle Dinge: Leben, Tod, Angst, Krankheit, Krieg und die rettende Kraft von Freundschaft und Liebe. Rosoffs Bücher »So lebe ich jetzt« (2004, dt. 2005), »Was wäre wenn« (2006, dt. 2007) und »Damals, das Meer« (2007, dt. 2009) fanden nicht zuletzt wegen ihres schonungslosen, eigenwilligen Schreibstil, der Schnoddrigkeit mit Beklommenheit vereint, viel Beachtung.

Noch radikaler sind die Gedankenexperimente, die Janne Teller (*1964) in »Nichts. Was im Leben wichtig ist« (2000, dt. 2010) und »Krieg – stell dir vor, er wäre hier« (2004, dt. 2011) konsequent durchspielt. »Nichts« stellt die Frage nach dem Sinn des Lebens ganz explizit und erzählt darüber eine ebenso eindringliche wie erschreckende Parabel.

Mit seiner unverblümten und realistischen Darstellung von Sexualität unter Jugendlichen, die deren Gedanken, Bedürfnisse und Gefühle sehr glaubwürdig abbildet, provozierte der englische Autor Melvin Burgess (*1954) in »Doing It« (2003, dt. 2004).

Von großer Bedeutung ist in der Jugendliteratur nach wie vor das Thema Gewalt. Kontroversen ergeben sich vor allem, wenn Autoren sich weigern, mit einfachen Ursache-Wirkung-Modellen zu erklären, wie Gewalttaten motiviert sind und sich verhindern lassen. Das trifft auf »Evil. Das Böse« (1981, dt. 2005) von Jan Guillou (*1944) und »Im Schatten der Wächter« (2003, dt. 2004) von Graham Gardner (1975) zu. Beides sind gelungene Beispiele für Romane, die Gefühle von Hilflosigkeit und Ohnmacht angesichts von Aggression zulassen, deutlich machen, wie schwer es ist, den Kreislauf der Gewalt zu durchbrechen, und zeigen, wie leicht Opfer zu Tätern werden können.

All Age – das Ende der Kinder- und Jugendliteratur?

Der auffälligste Trend des ersten Jahrzehnts nach 2000 betrifft Verschiebungen innerhalb des Systems der Kinder- und Jugendliteratur sowie die Überschreitung der Grenze zur Erwachsenenliteratur. Einerseits greifen Heranwachsende in immer jüngerem Alter zu Titeln, die eigentlich für eine höhere Altersstufe gedacht sind, andererseits bedienen sich Erwachsene ungeniert in den Bücherregalen der Kinder, und Mütter und Töchter fiebern gemeinsam der nächsten Neuerscheinung ihrer Lieblingsautorin entgegen. Doch nicht nur Fantasy und sehr komplexe Jugendbücher lassen

Ein Blick auf die Bestsellerlisten (basierend auf den Verkaufszahlen von Amazon und Media control) im Dezember 2011 macht deutlich, wie weit Kinder- und Jugendmedien inzwischen auf dem allgemeinen Medienmarkt präsent sind. An der Spitze der Kino-Hits steht die Vampirsaga »Breaking Dawn: Bis(s) zum Ende der Nacht« nach Stephenie Meyer, auf den Plätzen vier und fünf folgen Animationsfilme für Kinder. Bei den DVDs belegen Harry-Potter-Filme die beiden ersten Ränge, den dritten eine Ausgabe der ersten Bis(s)-Filme und den fünften »Der König der Löwen«. Bei den Romanen führen »Eragon« und »Gregs Tagebuch« die Liste an, bei den Hörbüchern steht »Eragon« an zweiter Stelle.

sich immer schwerer eindeutigen Leserschichten zuweisen. Beim Bilderbuch ist eine Tendenz zum Artifiziellen und damit ebenfalls zur Ausweitung der Alterszielgruppe zu beobachten. Steht der künstlerisch-ästhetische Aspekt der Gestaltung ganz im Vordergrund, richten sich die Werke oft nicht mehr an Vorschulkinder, sondern sprechen ältere Kinder an oder sind als Kunst- und Sammelobjekte für Erwachsene gedacht. Auch Sachbücher für Kinder und Jugendliche werden häufig von Erwachsenen gelesen. »All Age« heißt das Schlagwort, mit dem Verleger und Autoren die sprichwörtliche Lesergruppe von acht bis achtzig erreichen möchten. Beim Publikum scheint das Bewusstsein von einer spezifischen Altersdifferenzierung der Literatur zu schwinden. Viele Leser wissen nicht, ob sie ein Jugend- oder Erwachsenenbuch lesen. Zur Verwischung des Unterschieds trägt auch bei, dass wesentlich mehr Autoren als noch vor einigen Jahrzehnten für mehrere Zielgruppen schreiben. Kai Meyer etwa sagte in einem Interview, er finde eine Differenzierung künstlich. Zu den bekannteren Namen gehören Isabel Allende, Friedrich Ani, Andreas Eschbach, Paula Fox, Joyce Carol Oates und seit neustem John Grisham, der 2010 in Deutschland den ersten Band seiner Jugendbuchreihe »Theo Boone« veröffentlicht hat.

Deutlich wird die Grenzüberschreitung auch daran, dass seit einigen Jahren Bücher aus Publikumsverlagen den Deutschen Jugendliteraturpreis erhalten. Als 2002 Alexa Hennig von Lange (*1973) für »Ich habe einfach Glück« (2001) ausgezeichnet wurde, schien das ein Einzelfall zu sein, inzwischen sind viele weitere Titel gefolgt. Von den zwanzig meistverkauften Titeln zwischen 2002 und 2009 im Bereich Belletristik waren elf Jugendbücher: neben »Harry Potter« und der Tintenweltsaga auch Bücher von Markus Zusak, Kerstin Gier und anderen. Ein Blick auf die aktuellen Bestsellerlisten zeigt, dass dieser Trend sich weiter verstärkt hat.

So lässt sich Ende 2011 resümieren: Ob Kind, Jugendlicher oder Erwachsener, jeder sucht sich aus dem Gesamtangebot der Bücher, Filme, DVDs und Hörbücher offenbar das heraus, was seinen Interessen und Vorlieben entspricht. Ist das als Freiheit des mündigen Medienbürgers oder als Beliebigkeit eines auf größtmöglichen Profit bedachten Literaturmarkts zu bewerten? Vor allem: Was bedeutet dieser Befund für die Zukunft der Kinder- und Jugendliteratur? Wenn der Trend sich fortsetzt, könnte die spezifische Kinder- und Jugendliteratur im Sinne von Zielgruppenliteratur irgendwann mehr oder weniger vollständig im Gesamtsystem Literatur aufgehen. Vielleicht aber werden Kinder und Jugendliche das nicht zulassen und sich ihre eigene Literatur zurückerobern. Man darf also auf die weitere Entwicklung gespannt sein.

Auswahlbibliografie

Brunken, Otto: Kinder- und Jugendliteratur von den Anfängen bis 1945. Ein Überblick. In: Taschenbuch der Kinder- und Jugendliteratur. Hrsg. von Günter Lange. Bd. 1, Baltmannsweiler: Schneider 2000, S. 17–96

Der Deutsche Jugendliteraturpreis 1956–1983. Ausschreibungen, Begründungen, Laudationes, Kriterien. Hrsg. vom Arbeitskreis für Jugendliteratur e. V. München 1984.

Doderer, Klaus: Literarische Jugendkultur. Kulturelle und gesellschaftliche Aspekte der Kinder- und Jugendliteratur in Deutschland. Weinheim, München: Juventa 1992

Dolle-Weinkauff, Bernd: Comics. Geschichte einer populären Literaturform in Deutschland seit 1945. Weinheim, Basel: Beltz 1990

Erfolgreiche Kinder- und Jugendbücher. Was macht Lust auf Lesen? Hrsg. von Bernhard Rank. Baltmannsweiler: Schneider 1999

Ewers, Hans-Heino: Literatur für Kinder und Jugendliche. Eine Einführung. München: Fink 2000

Familienszenen. Die Darstellung familialer Kindheit in der Kinder- und Jugendliteratur. Hrsg. von Hans-Heino Ewers und Inge Wild. Weinheim, München: Juventa 1999

Geschichte der deutschen Kinder- und Jugendliteratur. Hrsg. von Reiner Wild. Stuttgart: Metzler 1990 (3. Aufl. 2008)

Geschichte der Mädchenlektüre. Mädchenliteratur und die gesellschaftliche Situation der Frauen. Hrsg. von Dagmar Grenz und Gisela Wilkending. Weinheim, München: Juventa 1997

GeschichtsBilder. Historische Jugendbücher aus vier Jahrhunderten. Ausstellungskatalog. Staatsbibliothek zu Berlin Preußischer Kulturbesitz 2000

Gewalt in aktuellen Kinder- und Jugendmedien. Hrsg. von Bernd Dolle-Weinkauff, Hans-Heino Ewers und Regina Jaekel. Weinheim: Juventa 2007

Handbuch Kinderliteratur. Grundwissen für Ausbildung und Praxis. Hrsg. von Jens Thiele und Jörg Steitz-Kallenbach. Freiburg: Herder 2003

Handbuch zur Kinder- und Jugendliteratur: Vom Beginn des Buchdrucks bis 1570. Hrsg. von Theodor Brüggemann und Otto Brunken. Stuttgart: Metzler 1987 – Von 1570 bis 1750. Hrsg. von Theodor Brüggemann und Otto Brunken. Stuttgart: Metzler 1991 – Von 1750 bis 1800. Hrsg. von Theodor Brüggemann und Hans-Heino Ewers. Stuttgart 1982 – Von 1800 bis 1850. Hrsg. von Otto Brunken, Bettina Hurrelmann und Klaus-Ulrich Pech. Stuttgart: Metzler 1998 – Von 1850 bis 1900. Hrsg. von Otto Brunken, Bettina Hurrelmann, Maria Michels-Kohlhage und Gisela Wilkending. Stuttgart: Metzler 2008 – SBZ/DDR. Von 1945 bis 1990. Hrsg. von Rüdiger Steinlein, Heidi Strobel und Thomas Kramer. Stuttgart: Metzler 2006

Hopster, Norbert, Petra Josting und Joachim Neuhaus: Kinder- und Jugendliteratur 1933–1945. Ein Handbuch. 2 Bde. Stuttgart: Metzler 2001–2005

Jugendkultur im Adoleszenzroman. Jugendliteratur der 80er und 90er Jahre zwischen Moderne und Postmoderne. Hrsg. von Hans-Heino Ewers. Weinheim und München: Juventa 1994

Jugendliteratur zwischen Trümmern und Wohlstand 1945–1960. Ein Handbuch. Hrsg. von Klaus Doderer. Weinheim und Basel: Beltz 1993

Karrenbrock, Helga: Märchenkinder – Zeitgenossen. Untersuchungen zur Kinderliteratur der Weimarer Republik. 2. Aufl. Stuttgart: Metzler 2001

Kinder- und Jugendliteratur der Gegenwart. Ein Handbuch. Hrsg. von Günter Lange. Baltmannsweiler: Schneider 2011

Kinderlyrik zwischen Tradition und Moderne. Hrsg. von Kurt Franz und Hans Gärtner. Baltmannsweiler: Schneider 1996

Klassiker der Kinder- und Jugendliteratur. Hrsg. von Bettina Hurrelmann. Frankfurt/M.: Fischer 1995

Knigge, Andreas C.: Comics. Vom Massenblatt ins multimediale Abenteuer. Reinbek: Rowohlt Taschenbuchverlag 1996

Kümmerling-Meibauer, Bettina: Klassiker der Kinder- und Jugendliteratur. Ein internationales Lexikon. 2 Bde. Stuttgart: Metzler 1999 (Sonderausgabe, 3 Bde., 2004)

Lexikon Deutsch. Kinder- und Jugendliteratur. Autorenporträts und literarische Begriffe. Hrsg. von Jörg Knobloch und Steffen Peltsch. Freising: Stark 1998

Momo trifft Marsmädchen. 50 Jahre Deutscher Jugendliteraturpreis. Hrsg, von Hannelore Daubert und Julia Lentge. München: Arbeitskreis für Jugendliteratur e. V. 2006

Neue Impulse der Bilderbuchforschung. Hrsg. von Jens Thiele und Elisabeth Hohmeister. Baltmannsweiler: Schneider 2007

Pleticha, Heinrich und Siegfried Augustin: Lexikon der Abenteuer- und Reiseliteratur von Afrika bis Winnetou. Stuttgart, Wien, Bern: Edition Erdmann 1999

Richter, Karin: Kinder- und Jugendliteratur der DDR. In: Taschenbuch der Kinder- und Jugendliteratur. Hrsg. von Günter Lange. Bd. 1, Baltmannsweiler: Schneider 2000, S. 137–156

Roeder, Caroline: Phantastisches im Leseland. Die Entwicklung phantastischer Kinderliteratur der DDR (einschließlich der SBZ). Eine gattungsgeschichtliche Analyse. Frankfurt/Main: Peter Lang 2006

Schneider, Wolfgang: Theater für Kinder und Jugendliche. Beiträge zu Theorie und Praxis. Hildesheim: Olms 2005

Seibert, Ernst: Themen, Stoffe und Motive in der Literatur für Kinder und Jugendliche. Wien: Facultas 2008

Steinz, Jörg und Andrea Weinmann: Die Kinder- und Jugendliteratur der Bundesrepublik nach 1945. In: Taschenbuch der Kinder- und Jugendliteratur. Hrsg. von Günter Lange. Bd. 1, Baltmannsweiler: Schneider 2000, S. 97–136

Taschenbuch der Kinder- und Jugendliteratur. Hrsg. von Günter Lange. 2 Bde. Baltmannsweiler: Schneider 2000

Theorien der Jugendlektüre. Beiträge zur Kinder- und Jugendliteraturkritik seit Heinrich Wolgast. Hrsg. von Bernd Dolle-Weinkauff und Hans-Heino Ewers. Weinheim, München: Juventa 1996

Thiele, Jens: Das Bilderbuch. Ästhetik – Theorie – Analyse – Didaktik – Rezeption. Oldenburg: Isensee 2000

Zwischen Bullerbü und Schewenborn. Auf Spurensuche in 40 Jahren deutschsprachiger Kinder- und Jugendliteratur. Hrsg. von Renate Raecke und Ute D. Baumann. München: Arbeitskreis für Jugendliteratur e. V. 1995

Quellensammlungen

Abc und Abenteuer. Texte und Dokumente zur Geschichte des deutschen Kinder- und Jugendbuches. Hrsg. von Alfred Clemens Baumgärtner und Heinrich Pleticha. 2 Bde. München: dtv 1985

Kinder- und Jugendliteratur der Aufklärung. Eine Textsammlung. Hrsg. von Hans-Heino Ewers. Stuttgart: Reclam 1980

Kinder- und Jugendliteratur der Romantik. Eine Textsammlung. Hrsg. von Hans-Heino Ewers. Stuttgart: Reclam 1984

Kinder- und Jugendliteratur vom Biedermeier bis zum Realismus. Eine Textsammlung. Hrsg. von Klaus-Ulrich Pech. Stuttgart: Reclam 1985

Kinder- und Jugendliteratur von der Gründerzeit bis zum Ersten Weltkrieg. Hrsg. von Hans-Heino Ewers. Stuttgart: Reclam 1994

Kinder- und Jugendliteratur. Mädchenliteratur vom 18. Jahrhundert bis zum Zweiten Weltkrieg. Eine Textsammlung. Hrsg. von Gisela Wilkending. Stuttgart: Reclam 1994

Verzeichnisse

Das Bilderbuch. Ein Empfehlungskatalog. Hrsg. von Doris Breitmoser und Kristina Bernd. München: Arbeitskreis für Jugendliteratur e. V. 13. Aufl. 2008

Das Kinderbuch. Ein Empfehlungskatalog. Hrsg. von Doris Breitmoser und Julia Lentge. München: Arbeitskreis für Jugendliteratur e. V., 6.. Aufl. 2009

Das Jugendbuch. Ein Empfehlungskatalog. Hrsg. von Kristina Bernd und Doris Breitmoser. München: Arbeitskreis für Jugendliteratur e. V., 3. Aufl. 2010

Sehen – Hören – Klicken: Kinder- und Jugendliteratur multimedial. Hrsg. von Doris Breitmoser und Julia Lentge. München: Arbeitskreis für Jugendliteratur e. V., 2. Aufl. 2004

Töne für Kinder und Jugendliche 2007/2008. Kassetten und CDs im kommentierten Überblick. Hrsg. von Heide Germann, Susanne Brandt, Karen Gröning und Willy Gröning. München: Kopaed 2008

Informationsportal zur Kinder- und Jugendliteratur

Homepage des Arbeitskreises für Jugendliteratur e. V., München: www.jugendliteratur.org (Linkliste mit vielen Adressen)